HEYNE BÜCHER

Von Helmut Dietl/Patrick Süskind sind
als Heyne-Taschenbücher erschienen:

Monaco Franze · Band 01/6399
Kir Royal · Band 01/6881

HELMUT DIETL
ANITA NIEMEYER

MÜNCHNER GESCHICHTEN

Szenen einer Stadt

In der Originalfassung

WILHELM HEYNE VERLAG
MÜNCHEN

HEYNE ALLGEMEINE REIHE
Nr. 01/7609

Genehmigte, ungekürzte Taschenbuchausgabe

Printed in Germany 1988
Umschlagfoto: Bildarchiv Engelmeier, München
Innenfotos: Die Szenenfotos stellte balance film GmbH
zur Verfügung
Umschlaggestaltung: Atelier Ingrid Schütz, München
Gesamtherstellung: Ebner Ulm

ISBN 3-453-00763-8

Inhalt

Vorwort

Die ›Münchner Geschichten‹ sind keine historischen Erinnerungen. Sie sind Szenen, die erfunden wurden, aber wahr sein könnten.

Die ›Münchner Geschichten‹ sind eine Fernsehserie des Bayerischen Rundfunks. Wie alle Fernsehsendungen leben auch sie vor allem durch den visuellen Eindruck. Daß die vorliegenden Fernsehfolgen als Buch erscheinen, war ein Wunsch vieler Zuschauer. Die Geschichten um Tscharli Häusler (Günther Maria Halmer) und seine Oma (Therese Giehse) werden hier nicht in einer neuen Form erzählt – die Dialoge sind in ihrer Originalität fast unverändert übernommen. Wer sie liest, soll sich an die TV-Ausstrahlung 1975 und die Wiederholungen erinnern oder Lust bekommen, Tscharli und seiner Oma neu zu begegnen.

Die Anna Häusler in den ›Münchner Geschichten‹ ist die letzte Rolle von Therese Giehse, die am 3. März 1975 in ihrer Heimatstadt München gestorben ist. Noch nie hatte die Giehse in einer Fernsehserie mitgewirkt. Daß sie die Oma Häusler in den ›Münchner Geschichten‹ gespielt hat, war ein Glücksfall. Denn ihre Ansprüche waren zeitlebens hoch.

Therese Giehse war 1898 in eben jenem Stadtteil geboren worden, in dem die Geschichten spielen – im Lehel, einem Viertel der Münchner Innenstadt, das heute durch Motorisierung und Grundstücksspekulation vollends sein Gesicht zu verlieren droht.

Therese Giehse wohnte nach dem Krieg bis zu ihrem Tode zweihundert Meter von ihrem Geburtshaus entfernt. Sie kannte das Lehel, sie wußte, was da starb und bereits gestorben ist. Und sie wirkte mit an einem fröhlich-melancholischen Abgesang auf eine Zeit, der sie skeptisch gegenüberstand. Ihr ist dieses Buch gewidmet.

Die Personen und ihre Darsteller

ANNA HÄUSLER	*Therese Giehse*
TSCHARLI	*Günther Maria Halmer*
GUSTL SEILER	*Frithjof Vierock*
SUSI HILLERMEIER	*Michaela May*
ACHMED	*Towje W. Kleiner*
HERR HEINRICH	*Karl-Maria Schley*
ERWIN HILLERMEIER	*Karl Obermayr*
RUTH HILLERMEIER	*Ruth Drexel*
HERR EDER	*Fritz Strassner*
FRAU EDER	*Barbara Gallauner*
MAX LITZNER	*Hans Brenner*
FISCHHUBER	*Gustl Bayrhammer*
PICKL	*Kurt Raab*
MANNI	*Wolfgang Fischer*
sowie:	
KATJA	*Katja Rupé*
HERR EHRLICHER	*Toni Berger*
SEKRETÄRIN	*Barbara Valentin*
HERR JÄGER	*Wilfried Klaus*
FRAU NEUBAUER	*Ilse Neubauer*
ERICH ZEUSEL	*Hans Löscher*
TRABRENNFAHRER	*Konrad Wagner*
PFERDEPFLEGER	*Ludwig Schmid-Wildy*
EINSTEINER	*Michael Habeck*
SULKY-FAHRER	*Max Grießer*
HANNERL	*Margot Mahler*
IRMI GRASSL	*Elisabeth Karg*
JUNGE FRAU IM NEUBAU	*Irm Hermann*
FRANZ GRASSL	*Axel Bauer*
BEISAL	*Aslanhan Ibrahim*
1. POLIZIST	*Walter Sedlmayr*
2. POLIZIST	*Willy Harlander*

Junge Frau	*Heidi Stroh*
Spieler	*Herbert Fux*
Otto Seiler	*Willy Schultes*
Filialleiter	*Hans-Reinhard Müller*
Herr kussner	*Otto Bolesch*
Frau Bachmeier	*Maria Stadler*
Pfarrer	*Harald von Koeppelle*
Oberin	*Ruth Horwitz*
1. Packer	*Uli Steigberg*
2. Packer	*Rudolf Waldemar Brem*
Inge	*Johanna Mertinz*
Frau Radlbeck	*Carlamaria Heim*
Herr Fischer	*Gustl Datz*

1

Dreiviertelreife

Tscharli steht in seinem Zimmer vor dem Spiegel in Anzug und Krawatte. Mit gewissem Stolz überprüft er seine äußere Erscheinung. Nur die Krawatte drückt – weil ungewohnt.
Oma Häusler kommt herein. Sie ist ebenfalls zum Ausgehen angezogen.
OMA *unruhig.* Gehst jetzt mit?
TSCHARLI. Omaa! I muß mi jetzt in dem Reisebüro vorstellen. Mir pressierts. Und aa wenns ma ned pressiern tat, dann tate aa ned mitgeh. Weileme da bloß aufregn müssad. Und wenne duwar – dann tate aa ned hingeh, weilsde du aa bloß aufregst. Und macha kannst soweso nix.
OMA. Ich reg mich do gar ned auf.
TSCHARLI. Dann regste halt ned auf.
OMA. Ich reg mich auch nicht auf.
TSCHARLI. Dann brauchst aa gar ned hingeh. Weil ned aufregn kannste daheim aa.

Inzwischen hält Tscharlis Freund Achmed mit seinem Taxi vor dem Haus, hupt zweimal. Oben öffnet Tscharli das Fenster, schaut hinaus, ruft hinunter:
Kumm so!
Tscharli holt seinen Mantel aus dem Schrank.
Oma und Tscharli gehen die Treppen hinunter. Beide unterhalten sich in ziemlich erregtem Tonfall.
TSCHARLI. Hundertachzg Mark im Monat habn oder ned habn, san dreihundertsechzg. Des isa Geld, was man merkt, wenns eim fehlt. Und wennst mi fragst, dann muß er weiterzahln, der Achthaler. A Leibrente geht bis zum Tod. Leib-Rente! Des sagt ja der Name scho.

OMA. Von was soll ers denn zahln, wenn er jetzt selber kein Gschäft mehr hat.
TSCHARLI. Des ist doch sei Sach, des kann doch dir wurscht sei, du hast ihm dein Gschäft verpacht, und wenn jetzt das Haus abgrissen werd', da kannst du ned krank sein dafür. Vertrag is Vertrag.
OMA. Mir han ja gar kein Vertrag. Mir habn des ja damals bloß ausgmacht.
TSCHARLI. Des ist doch ganz wurscht. Dann wars a mündliche Vereinbarung. Des gilt genauso. Dreieinhalb Jahr hat er zahlt, deswegen muß er weiterzahln. Gewohnheitsrecht. Verstehst. Des sagt dir jedes Gericht.
Die Oma schaut zweifelnd.
TSCHARLI *denkt lange nach.* Aber da machma scho was. Da rede mim Dr. Böhm, der kommt jedn Mittwoch zur Susi ind Wirtschaft. Der is ein Rechtsanwalt und da machma was. Weil so gehts ja aa ned. Da machma auf jedn Fall was.
OMA. Da machma gar nix.
TSCHARLI. Wieso denn ned?
OMA. Weil ich kein Geld nimm von jemand, der selber nix hat.
Tscharli will platzen, dann überlegt er sich's und atmet bloß tief durch. Er schaut seine Oma an.
OMA. Verstehst des ned?
TSCHARLI. Doch.
Er gibt ihr einen Kuß.
TSCHARLI. Regde ned auf!
OMA. Ich reg mich ned auf.
Tscharli steigt ins Taxi. Das Taxi fährt ab.

Ein Haus in der Innenstadt wird abgerissen.
Im Erdgeschoß des Hauses befindet sich der kleine Weißwarenladen, den Oma Häusler gegen eine kleine monatliche Rente an das Ehepaar Achthaler verpachtet hatte.
Die Abbrucharbeiten werden behindert durch eine Gruppe Jugendlicher, die auf dem Bürgersteig vor dem Haus protestie-

ren. Bauarbeiter versuchen sie abzudrängen. Es kommt zu Handgreiflichkeiten. Auf der anderen Straßenseite hat sich eine Menge Schaulustiger versammelt. Unter ihnen Oma Häusler, Ruth Hillermeier, die Mutter von Tscharlis Freundin Susi, sowie der Wohnungsnachbar der Häuslers, Herr Eder.

RUTH *angesichts der Hausfassade, die mit einem tonnenschweren Eisenblock zerschmettert wird.* Mit Gwalt!

EDER. Weils no ned gnug daschmissn ham im Krieg.

Ein Funkstreifenwagen biegt in die Straße ein. Hält vor dem Haus.

PASSANT. Jetzt kummas mit da Funkstreifn daher.

An Omas unbewegtem Gesicht ist nichts abzulesen.

Die Polizisten steigen aus dem Wagen. Ein paar der jugendlichen Protestierer zerstreuen sich schnell. Ein Polizist kann gerade noch ein Mädchen fassen, das sich besonders lautstark hervorgetan hat. Das Mädchen wehrt sich – ein zweiter Polizist kommt zu Hilfe.

Ein dritter Polizist geht über die Straße auf die Zuschauer zu.

POLIZIST. Weitergehn! Da gibts nix zum Sehen. Gehns weiter. Keine Aufläufe. Weitergehen.

Eder steht im Weg. Er rumpelt mit dem Polizisten zusammen. Zufällig.

EDER *reagiert cholerisch.* Was isn da los ha?

POLIZIST. Sie sollen weitergehen.

EDER. Sie langa mi ned o, gell.

POLIZIST. Sie sollen weitergehen.

EDER. Oglangt ham Sie mich. Des derfa Sie gar nicht. Da kenneme nämlich genau aus. Sie ham mich überhaupt nicht zum Berühren, wennes Ihnen ned extra erlaubt hab', des wissen Sie ganz genau.

Vor dem Haus reden die Polizisten auf das Mädchen ein. Der Abbruchlärm übertönt den Dialog. Aus der Gestik des Mädchens und der Polizisten ist jedoch zu erkennen, daß das Mädchen sich ausweisen soll, jedoch offenbar nicht kann. Die Oma beobachtet den Vorgang, während Eder neben ihr weiter räsoniert.

POLIZIST. Ich hab' Sie nicht anglangt, und berührt hab' ich Sie scho glei gar nicht. Da müssen Sie vorsichtig sein, wenn Sie so was behaupten, weil hier lauter Zeugen anwesend sind, gell Herr.
EDER *deutet auf die Oma.* Die Frau hat ein Gschäft in dem Haus. Und was hats jetzt – jetzt hats ein Gschäft ghabt. Vielleicht überlegens Ihnen des amoi, was des is, wenn a Existenz hi is.
Die Oma schaut Eder an. Es ist ihr nicht angenehm, daß ausgerechnet Eder sich zum Sachwalter ihres Problems aufspielt.
POLIZIST. Da brauch ich mir gar nix überlegen. Und vorsichtig tät ich sein, bevor Sie mir da drohen, wenn ich Sie wär, ganz vorsichtig. Und jetzt gengas zu, weiter. Jetzt gengas halt zu.
EDER. Wie heißen Sie?
POLIZIST. Das were scho wissn.
Oma beobachtet die beiden Polizisten auf der anderen Straßenseite. Das Mädchen muß in den Streifenwagen einsteigen.
OMA *zu Ruth.* Die hat doch gar nix getan.
RUTH. Des sind oft Sachen, die mir gar nicht wissen.
OMA. Nix hats getan.
EDER *zum Polizisten.* Ich möcht jetzt sofort Ihren Namen wissen.
EDER *zur Oma.* Des mussa mir sagn. Da kenneme nämlich aus.
OMA. Jetzt gebns doch a Ruh!
EDER *zum Polizisten.* Ich möcht Ihnen bloß sagn, daß ich den Kriminalrat Belzer gut kenn.
POLIZIST. Da kenna Sie kenna wens möchtn. Des is mir ganz wurscht. Weitergehn! Gehns zu, meine Herrschaftn!
EDER. Und zwar sehr gut kenn ich den. Da wern Sie noch hörn von mir. Weil de Zeitn san vorbei. Polizeistaat!
POLIZIST. Was is mim Polizeistaat?
EDER. Da san Sie no gar ned auf der Welt gwesn.

Da geh ich jetzt nüber – das ist eine Gemeinheit.

Die Oma schaut zum Polizeiwagen hinüber, in dem das Mädchen sitzt.

OMA. Da geh ich jetzt nüber. Das ist eine Gemeinheit. Das Mädl hat gar nix getan.

RUTH *will die Oma aufhalten.* Des geht doch uns nix an. Kommens, Frau Häusler, kommens, gemma.

OMA. Da geh ich jetzt nüber.

Sie geht über die Straße. Ruth folgt ihr. Halbherzig, ängstlich etwas neugierig. Oma kommt zum Streifenwagen. Ruth versucht, sie noch einmal abzuhalten. Sie läßt sich nicht aufhalten. Oma Häusler zu dem Polizisten, der am Funkgerät des Wagens sitzt. Grüß Gott.

POLIZIST. Bitte?
OMA. Was machen Sie mit dem Mädl?
POLIZIST. Wieso?
OMA. Sie können ned an Menschen verhaftn, der gar nix getan hat.
POLIZIST. Mischens Ihnen da ned ein, Frau. Gehns heim.
OMA. Warum ham Sie das Mädl verhaftet?
POLIZIST. Bei uns wird niemand verhaftet. Des is eine Ausweiskontrolle. Und des Fräulein hat hier demonstriert. Ohne einen festen Wohnsitz. Und des überprüfn mir jetzt. Und jetzt gengas heim, gute Frau.
Das Mädchen schaut Oma Häusler flehend an.
RUTH *wird es langsam ungemütlich.* Kommens, Frau Häusler, jetzt gemma.
Oma Häusler bleibt stehen, holt ihren Ausweis aus der Tasche. Hält ihm dem Polizisten hin. Des Fräulein wohnt bei mir. Bitte, da hams mei Kennkartn.
Der Polizist schaut Oma Häusler mißtrauisch an. Nimmt den Ausweis. Die Oma nickt dem Mädchen zuversichtlich zu. Das Mädchen lächelt. Die Oma auch.

Im Reisebüro Ehrlicher sitzt Tscharli vor dem Schreibtisch des Chefs. Herr Ehrlicher ist ein Herr mittleren Alters.
EHRLICHER. Ja – dann habn Sie mittlere Reife – oder was habn Sie?
TSCHARLI *schüttelt den Kopf.* Logesch habe mittlere Reife. Aber ich sag Ihnen ja, daß man des ned so rechnen kann, weil – ich hab' ja mehr als mittlere Reife.
EHRLICHER. Dann habens ein Abitur?
TSCHARLI. Ja, des heißt, ned direkt, verstehns?
EHRLICHER. Was ned direkt? Habns jetz a mittlere Reife oder habns jetzt a Abitur.
TSCHARLI. Ich sag Ihnen ja doch, daß man des ned so sagn kann – Weil – was is a *mittlere* Reife? Verstehns. A *mittlere* Reife is gar nix.

EHRLICHER. A mittlere Reife san in jedem Fall sechs Klassen Oberschul. Habns des?
TSCHARLI. Des habe leicht, weil genau gsagt habe siebneinhalb. Aber da kommen wir schon wieder vom Thema ab. Weil, was ich sagn wollt is, daß diese Begriffe ja alle falsch san. Reife is nix, was man in Zahlen ausdrücken kann, verstehns? Jedenfalls ned bei einem Menschen. Bei einem Käs vielleicht, da is das was anderes, aber bei einem Menschen doch ned.
EHRLICHER. Ahhh.
Ehrlicher blickt nicht durch.
TSCHARLI. A mittlere Reife wärn ungefähr fünfzig Prozent, und ich hätt dann mit meine siebneinhalb Klassen sagma – neun gibts insgesamt – neun zu sechs wie siebeneinhalb zu Ix. Stimmt auch nicht, weil wenn sechs Klassen eine *mittlere* Reife sind, also fünfzig Prozent, dann können ja neun Klassen ned 100 Prozent sein, sondern zwölf.
EHRLICHER. Was?
TSCHARLI. Klassen, zwölf Klassen moane. Des sehns ja, daß das scho ned stimmt. Is auch wurscht. Überschlagsmäßig wär meine Reife dann irgendwo zwischen fünfundsiebzig und achtzig Prozent. So ein Blödsinn. Genauer gesagt habe dann, wenns mi so fragn, die Dreiviertelreife. Des is doch ein Blödsinn, des sehns doch selber.
EHRLICHER *blickt nicht durch.* Hmhm – Welche Fremdsprachen können Sie?
TSCHARLI. Wie meinens des? Fremd-Sprachen?
EHRLICHER. Ja, könnens Englisch oder Französisch oder...
TSCHARLI. Englisch is für mi koa Fremdsprach in dem Sinn, Englisch kann heut a jeder. A Fremd-Sprach is für mich, sagma Chinesisch. Chinesisch is eine Fremd-Sprache. Oder bestimmte indische Dialekte, die vom indogermanischen Sprachstamm so stark abweichen, daß scho wieder eigene Sprachen für sich san, verstehns? Das versteh ich unter Fremd-Sprache. Und wennsme natür-

lich danach fragn, dann muß ich ehrlich sagn – also ehrlich – Chinesisch kanne ned. Und dings, Tamil, aa ned. Tut mir leid. Aber da möchte ned lügn. Des möchte lieber gleisagn. Des san alles Sprachen – die kann ich nicht, da müßt ich mich erst a gwisse Zeit damit befassen, verstehns?

Ehrlicher schaut Tscharli an, er ist wirklich verblüfft.

TSCHARLI *hakt gleich nach.* Da schenier ich mich aber gar ned, des sage Eahna wies is. Weil solche Sprachen können viele nicht. Außerdem braucht mans auch gar nicht so häufig, wie immer behauptet wird. Ich möchte nicht wissen, ob einer von den Reiseleitern, die Sie jetzt da haben – ob die des alle können. Des möcht ich nicht wissen.

Ehrlicher schaut Tscharli lange an, dann entschließt er sich zu einem kurzen Grinsen.

TSCHARLI *spielt den Irritierten.* Was is?

EHRLICHER. Also, passens auf, Herr Häusler...

In der Küche der Gastwirtschaft St.-Anna-Eck telefoniert Ruth Hillermeier mit Oma Häusler in ihrer Wohnung. Neben der Oma sitzt das Mädchen Katja, in Jeans und schäbiger Pelzjacke, auf einem Matchsack am Boden. An Ruths Unruhe merkt man, daß sie gerade in ihrer Arbeit unterbrochen wurde.

RUTH. Naa. Bei uns isa ned. Aber Sie ham doch gsagt, dassase wo vorgstellt hat. Vielleicht isa do no.

OMA. Da isa nimmer. Ich müßtn nämlich ganz dringend sprechen, weil wegn dem Mädel, weil des Mädel müssad ja irgendwo schlafen.

RUTH. Ja, is de jetzt oiwei noch bei Ihnen?

OMA. Ja, weil – sie hat ja koan Wohnsitz ned. Da muß sich ja wer kümmern.

Katja schaut auf.

RUTH. I hab' Ihnen ja glei gsagt, daß mir uns da ned

neimischen solln. Des habe kommen sehn, dassas jetz am Hals ham. Und was is jetzt – was tuns jetzt? I kann jetzt aa gar ned weg da. Die Susi is beim Frisör. Und mir kriegn an Haufn Gäst heud aufd Nacht von da Liedertafel. Des is ja jetzt blöd is des . . . was machma denn jetzt da.

OMA *freundlich, aber bestimmt.* Da brauchn Sie gar nix machn. Des mache scho selber. Und wenns mein Enkel sehn, dann sagns ihm halt, daß er gleich kommt oder antelefoniert. Dank schön, Frau Hillermeier.

Die Oma legt auf. Ruth legt auf. Schüttelt den Kopf. Wendet sich wieder ihrer Arbeit am Herd zu. Katja steht auf. Nimmt ihren Matchsack, geht zur Tür.

OMA. Wo wollns denn jetzt hin?!

KATJA *mit einem gleichgültigen Achselzucken.* Irgendwohin.

OMA *ärgert sich.* Wo irgendwo-hin?

KATJA. Irgendwo kann man immer hin.

OMA. Dumms Gred. Sie bleim jetzt da. *Sie schaut Katja streng an.* Irgendwohin! Wos gar kein Wohnsitz ham.

Eine Herren-Boutique. Die Verkäuferin bringt einen marineblauen Blazer. Über einem Stuhl liegen schon diverse andere Anzüge und Hosen. Verkäuferin sagt nichts mehr. Sie hat nur noch vorwurfsvolle Blicke für Tscharli übrig. Tscharli antwortet mit Lächeln. Läßt sich nicht irritieren. Als er den Blazer angezogen hat und vor den Spiegel geht, macht er das Bild frei, und wir sehen Tscharlis Freundin Susi Hillermeier sowie seine Freunde Gustl und Achmed, die in einer Reihe dasitzen und zuschauen. Tscharli macht ein paar Schritte, bleibt dann vor den dreien stehen.

TSCHARLI. Wie is so was?

GUSTL *lakonisch.* Schön.

SUSI *steht auf, nimmt den Stoff zwischen die Finger. Tut fachmännisch.* Was is des für ein Stoff, Fräulein?

VERKÄUFERIN. Ein guter.

SUSI *zu Tscharli.* Dreh dich amal um.

Tscharli dreht sich gelassen, etwas mechanisch um die Achse.

Wie ein seriöser junger Geschäftsmann.

Susi. Sitzen tuts. Aber irgendwas stört mich. Ganz hundertprozentig stimmts ned.

Gustl zwinkert Achmed zu, Achmed steigt sofort ein.

Gustl. 's Hemd paßt halt nicht dazu.

Achmed. Des Hemd? Des paßt *überhaupt* nicht dazu.

Tscharli. Des wissma scho.

Susi. Da mussma sich a einfarbiges Hemd dazu vorstelln. Ein taubenblaues zum Beispiel.

Gustl *zu Achmed.* Aha. Kannst du dir des vorstelln – taubenblaues Hemd?

ACHMED *träumerisch.* Ich stell mir grad so ein dunkelgrünes Jägerhemd vor – dazu.
SUSI. Oiso des paßt überhaupt nicht dazu.
GUSTL. Des tat ja furchtbar ausschaun zu a solchen Jackn.
ACHMED *schüttelt sich in eingebildetem Abscheu.* Entsetzlich. Ein Jägerhemd zu dera Jackn.
SUSI. Des is koa Jackn, des is ein englischer Bläser.
GUSTL. Da paßt ein Jägerhemd ja überhaupt nicht dazu.
ACHMED. Des gscheitste waar so ein einfarbiges taubenblaues.
GUSTL. Genau ein Bläserhemd.
VERKÄUFERIN. Was is jetzt?
SUSI. Könntn Sie bitte so gut sein und amal das Etikett wegmachen. Des stört irgendwie.
Verkäuferin atmet durch, dann macht sie das Etikett weg.
GUSTL. Ah, jetzt is ja vui besser. Oder was sagst du?
ACHMED. Vui besser. Wei der Buckl jetzt aa weg ist.
TSCHARLI *irritiert.* Was füra Buckl?
GUSTL. Naja, der leichte Buckl, den du sonst oiwei hast.
TSCHARLI. Wer hat an Buckl? Wo?
Tscharli stellt sich seitlich zum Spiegel, schiebt die Schultern vor und zurück, um zu sehen, ob er einen Buckel hat.
SUSI. Lassde ned ärgern. Von dene da. De ham ja koa Ahnung, des is jetzt sehr gut ohne das Etikett. Da brauchst jetzt a graue Flanellhose dazu.
GUSTL. In der Badhosen hat der Tscharli owei so an leichtn Buckl ghabt. Der – der is jetzt weg.
ACHMED. Gott sei Dank.
GUSTL. Des is ja verheerend für einen jungen aufstrebenden Reiseleiter, wenn der an Buckl hat. Stell dir des vor. Ein südlicher Strand. Zwanzig hübsche Damen in der Gruppe. Musik. Man will baden, und dann kommt der Reiseleiter und hat an Buckl. Is doch ois hi.
ACHMED. Da is dann gut wenna so an Bläser dabeihat.
GUSTL *hebt den Zeigefinger.* Und ein taubenblaues Hemd.

Wegn deim Kropf – verstehst?

Susi. Ihr seids ja blöd seids ihr. Des nemma jetzt. Des schaut sehr gut aus. Wie ein seriöser junger Geschäftsmann. Sehr schick is des.
Brauchma no an Krawattn. Wo ham Sie denn die Krawattn, Fräulein?
Verkäuferin. Krawattn sind da hinten. Wenns amoi mitgehn.
Tscharli *leicht verärgert zu Gustl und Achmed.* Spinnts ihr oder was?
Gustl. Geh moi her. I muß dir was sagn.
Tscharli. Was?

GUSTL. Mit Krawattn mußt aufpassn, gell! Des weißt ja.
TSCHARLI. Wieso?
GUSTL *zu Achmed.* Sags ihm du!
ACHMED. I woaß ned, ob mir ihm des sagn solln.
TSCHARLI. Was denn?
GUSTL. Aba ned dassd uns dann beleidigt bist.
TSCHARLI. I bin ned beleidigt. Jetzt sag halt.
GUSTL *macht es spannend. Schaut nach links, schaut nach rechts. Dann.* Also – mit Krawattn mußt du wahnsinnig aufpassn, gell!
TSCHARLI *platzt.* Wieso?
GUSTL *leise mit einer Bewegung an den Hals, die unterstützt, was er meint.* Wegen deim Kropf – verstehst?
Tscharli schaut verdutzt. Achmed und Gustl kugeln sich vor Lachen.

Katja schaut sich interessiert in Tscharlis Zimmer um, blättert in den Büchern, die da herumliegen (Kunst des Verhandelns, Genies der Weltgeschichte, wie sie angefangen haben etc.). Der Hauch eines spöttischen Lächeln huscht über ihr Gesicht. Sie schaltet das Kofferradio ein, das am Nachttisch steht, und macht ein paar Tanzschritte.
Oma Häusler kommt herein. Über dem Arm trägt sie frische Bettwäsche. Sie bleibt stehen und schaut Katja zu, wie sie sich zur Musik bewegt. Katja bemerkt die Oma. Beider Blicke treffen sich, Lächeln. Man merkt, daß sich die beiden sympathisch sind.
Katja hört auf zu tanzen, macht das Radio aus und will der Oma das Bettzeug abnehmen.
KATJA. Geben Sies mir. Das mach ich selbst.
OMA. Des machma miteinand.
Die beiden Frauen überziehen Tscharlis Bett.
KATJA. Und wenn Ihr Enkel dann kommt ...
OMA. Dann hama halt einen Besuch.
KATJA. Wird er da nichts dagegen haben? In seinem Zimmer?

OMA. Heut nacht mach ich ihm sein Bett im Wohnzimmer. Und morgn is dann a neuer Tag. Da überlegma uns dann, wies weitergeht mit Ihnen. Gute Nacht. Und schlafens gut. Wenns aufwachen und wohin müssn des ist die zweite Tür auf der rechtn Seitn. Gute Nacht, Fräulein. Und a Licht is neben der Tür.
KATJA. Ich heiße Katja.
OMA. Also gut Nacht, Fräulein Katja.
Man hört Geigenspiel aus Heinrichs Zimmer. Katja stutzt.
OMA. Das ist unser Zimmerherr. Der Herr Heinrich. Der war früher mal ein berühmter Geiger.
KATJA. Aja... seltsam, früher hab' ich auch immer... vielleicht sollt ich Ihnen sagn...
OMA. Sagens mir nix. Schlafens jetzt. Und wenns mir was sagn wolln, dann hamma morgn auch noch Zeit.
KATJA. Warum haben Sie mir eigentlich gholfen? Bei der Polizei? Und mich mitgenommen?
OMA. Warum? Ja mei – wissens, ich hab' da ein Gschäft ghabt, fünfundzwanzig Jahr lang in dem Haus, des wos da abgrissn ham. Und da hab' ich mich halt gärgert dann. Ich hab' fest vorghabt, daß ich mich nicht ärger. Aber dann hab' ich eine solche Wut gehabt. *Sie lächelt.* Da machtma halt dann solche Sachn. Gute Nacht, Fräulein Katja.
Die Oma geht hinaus. Katja beginnt sich auszuziehen. Von nebenan hört man Herrn Heinrich Geige spielen.

In einem China-Restaurant. Tscharli ißt fingerfertig mit Stäbchen. Susi schielt über ihre Schüssel hinweg immer auf Tscharlis Hände und korrigiert ihre Stäbchenhaltung. Sie hat große Schwierigkeiten. Gustl ißt zügig mit Genuß mit einem normalen Besteck.
Tscharli trägt den Blazer, Hose, Hemd und Krawatte, die er am Nachmittag in der Boutique gekauft hat.
GUSTL. Was zahlta dir denn?
TSCHARLI. Fixum und Prozente.
GUSTL. Und wievui is des?

TSCHARLI. Des kanne jetzt no ned so genau sagn, weil die Prozente sind ja abhängig von verschiedene Dinge, verstehst?
GUST. I red ja ned von de Prozente, i red ja vom Fixum – wievui is des?
TSCHARLI. Warum willst jetzt des wissn?
GUSTL. Weils mich halt interessiert. Brauchstas ja ned sagn, wenns a Geheimnis is.
TSCHARLI. Wieso is des a Geheimnis. Des is doch koa Geheimnis. Geheimnis!
Tscharli schüttelt den Kopf. Sagt aber nichts und ißt weiter.
SUSI *nach einer Pause.* Wievui isn dann des Fixum?
TSCHARLI *kauend, vernuschelt die Zahl.* Hmt-hundert.
GUSTL *zu Susi.* Hast du des verstandn?
SUSI. Naa.
GUSTL. Wievui hast du gsagt?
TSCHARLI *leicht verärgert.* Achthundert. Woaß gar ned, was ihr oiwei habts. Des Fixum is doch gar ned interessant.
GUSTL. Naa – is aa ned. Achthundert. Da hata di aba sauba prellt.
TSCHARLI. Wer hat mich prellt. Wer?
GUSTL. Des is genau des, was ich in der Versicherung verdien.
TSCHARLI. Des kann man ned vergleichn. Du arbatsd ja bloß halbtags.
GUSTL. Ebn.
Susi kommt mit den Stäbchen nicht zurecht.
SUSI. Achthundert Mark is aba ganz wenig. *Zu Gustl.* Bist du fertig?
GUSTL. Bitte.
Susi nimmt Gustls Löffel und ißt weiter.
TSCHARLI. Das entscheidende san ja die Prozente, verstehst, und wenn einer was kann, dann verdient der was er mag. Und zwar spielend.
GUSTL. Prozente von was?
TSCHARLI. Ois mögliche. Also, wenn a Reiseleiter sagma

in Istanbul is, ja, dann hata da seine Gschäfte im Bazar, die kennt er, da bringt er sei Gruppe hin und von dem, was die kaufn, kriegt er dann 10 Prozent oder mehr. Des is individuell verschiedn. Oder Ausflüge, sagma, i bin in Afrika, in Mombasa . . .

GUSTL. Du bist in Mombasa?

TSCHARLI. Ja, also, ein Reiseleiter is in Mombasa, sagma, da gibts dann Ausflüge, Safari, Besichtigungen, die werdn direkt vom Reiseleiter verkauft. Und wenn so ein Ausflug meinetwegen dreihundert Mark kostet und dreißig Leut sans und i krieg zehn Prozent, dann san des neunhundert Mark. Is des schlecht? Mit oam Ausflug?

GUSTL. Aba du bist ja no koa Reiseleiter.

TSCHARLI. Aba ich werd' einer. Im Frühjahr gehts los. Bis dahin mach ich Innendienst, Organisation und so. Und dann gehts los. Zuerst mit Spanien, bißl Europa zum Gewöhnen und dann Übersee. Überall hin, verstehst.

SUSI. Und i?

TSCHARLI. Was?

SUSI. Was mach dann i?

TSCHARLI. Wieso?

SUSI. Und i sitz dann daheim und wart, bis du alle Monat amal kommst. Des sageda fei glei, dasse des ned mach.

GUSTL. Bis jetzt isa no ned in Übersee. Und dann nimmt der Herr Reiseleiter halt seine Frau mit auf die Reise. Des machst du doch, Tscharli, oder?

TSCHARLI. Mei Frau? Was füra Frau? Wieso?

Susi schaut Tscharli an. Dann zerknüllt sie ihre Serviette, wirft sie auf den Tisch, steht auf und geht.

TSCHARLI. Susi? Was is denn jetzt? Susi!! Wo gehts jetzt hin?

GUSTL *dreht kurz den Kopf.* Aufs Klo.

Tscharli bleibt stehen; als er sieht, daß Susi nicht weggeht, sondern tatsächlich zur Toilette geht, setzt er sich wieder.

TSCHARLI. Glabstas.

GUSTL. Solche Probleme hat ein Seemann jeden Tag.

TSCHARLI. Bloß gut, daß dir so gutgeht.

Gustl. Mi freuts einfach, daß du jetzt an Tschob hast, der dich interessiert.
Tscharli. Des werd' a größere Sach, werst sehen.
Gustl. Schauma moi. Gemma no ins Pinkie?
Tscharli *schaut auf die Uhr.* I muß heim. I muß schlaffn, damit i morgn fit bin.
Gustl. Des sagst du?
Tscharli. Wieso? Was glabst, was da jetzt auf mich zukommt. Topfit mussma da sei.
Gustl. Woaßt, wie du mir vorkommst?
Tscharli. Wie?
Gustl. Du kommst mir vor wie *ich* dir – früher.

Die Oma sitzt zu Hause am Wohnzimmer-Tisch. Auf der Couch ist ein Bett gemacht. Die Oma trägt Nachthemd und Schlafrock. Sie schreibt auf ein Blatt Papier: ›Karl, geh nicht in Dein Zimmer! Dein Bett ist im Wohnzimmer. Oma.‹ Sie liest es noch einmal durch. Dann fügt sie vor ›Karl‹ noch ›Lieber‹ hinzu.
Sie nimmt den Zettel, geht zu Tscharlis Tür, heftet ihn mit einem Reißnagel an. Sie horcht noch kurz an der Türe. Als alles ruhig ist, geht sie ins Wohnzimmer zurück.

Nachts vor Susis Huus. Tscharli und Susi stehen vor dem Hauseingang. Die St.-Anna-Kirche beginnt zehn Uhr zu schlagen. Tscharli umarmt Susi. Sie küssen sich.
Susi. Gehst nimmer mit nauf?
Tscharli. Schau, i muß ja fit sei morgn früh.
Susi. Pst.
Susi *zählt mit.* Jetzt is zehne. Wennst bis halb zwölfe bleibst, dann bist um zwölfe daheim. Wann mußtn aufsteh?
Tscharli. Um achte.
Susi. Hast acht Stundn Schlaf. Da bist leicht fit.
Tscharli. Bine ned, wenne jetzt mit dir naufgeh.
Susi *kokett.* Warum denn ned?
Tscharli. A andersmoi. Heut ned.

SUSI. Is was? Hast du was?
TSCHARLI. I hab' nix. I muß ins Bett. I bin ja des überhaupt ned gwöhnt. So früh aufstehn.
SUSI. Tscharli ...
TSCHARLI. Was is denn?
SUSI. Nimmst mich da dann wirklich mit, nach Afrika und Übersee und überall hin?
TSCHARLI *will zunächst barsch antworten, dann überlegt er sich's.* Jaaa.
SUSI. Sagst des jetzt ned bloß damit i a Ruh gib?
TSCHARLI. Nein.
SUSI *umarmt Tscharli.* Da freu ich mich drauf. Da freu ich mich wahnsinnig drauf.
Tscharli schließt resignierend die Augen.

Susis Zimmer. Das Telefon, das am Tisch steht, läutet. Einmal – zweimal – dreimal. Die Zimmertür fliegt auf, und Susi läuft herein zum Telefon.
RUTH. Ja sagamoi, wo bistn du?
SUSI. Ja, daheim bine.
RUTH. Des merke. Und i steh da und derf mi dawutzeln mit 65 Gäste. Jetzt schaugst aba schleunigst, daßd rüberkommst.
SUSI. Ja, i bin mim Tscharli ...
RUTH. Is der bei dir?
SUSI. Naa.
RUTH. Der soll sei Oma anrufn. De sitzt daheim mitam fremdn Fräulein und wart auf ihren Enkel.
SUSI. Was? Mit wem? Was is los?
RUTH. Gibn her!
SUSI. Wenneda sag, daßa ned da is!
RUTH. Dann schaugst, daßd jetzt nüberkommst. Aber schnell.
SUSI. Was füra Fräulein?
RUTH. Des verzähleda dann scho. Jetzt hör auf zu telefoniern und komm.

Erna, die Bedienung im St.-Anna-Eck, steckt den Kopf durch das Fenster der Essensausgabe in die Küche.
ERNA. Was isn mit die drei kaltn Plattn?
RUTH *noch am Telefon.* Jaa. I kann ja ned hexn.
ERNA. Da Fischer hat gsagt, wenns ned glei kommen, geht er.
RUTH. Dann soll er geh von mir aus, Herrgott no amoi. Bine an Mensch oder was bine.

Susi legt in ihrem Zimmer den Telefonhörer auf, setzt sich kurz, denkt. Dann steht sie auf, nimmt ihren Mantel und läuft aus dem Zimmer.

In der Wohnung Häusler. Tscharli schließt die Wohnungstür auf, macht Licht. Leise geht er zu seinem Zimmer. Die Türe ist angelehnt. An der Tür hängt ein Zettel: ›Lieber Karl! Geh nicht in Dein Zimmer. Dein Bett ist im Wohnzimmer. Oma.‹
Tscharli nimmt den Zettel von der Tür. Wundert sich. Dann geht er in sein Zimmer. Das Bett ist aufgeschlagen. Tscharli schaut, er sieht niemanden. Das Telefon läutet im Gang. Er geht aus dem Zimmer zum Telefon, hebt ab. Am Apparat ist Susi, die inzwischen in die Gaststätte gegangen ist.
SUSI *aufgeregt.* Wo bist du?
TSCHARLI. Wo solle sein. Daheim bine.
SUSI. Und? Hast du mir nix zu sagen?
TSCHARLI. Wieso? Möchstmi kontrolliern, ob i heimgangen bin, sag. Des kanne fei überhaupt ned leiden so was.
SUSI. Ihr habts einen Besuch.
TSCHARLI. Was ham mir?
SUSI. Stell dich doch ned so. Bei euch wohnt ein Mädchen in der Wohnung.
TSCHARLI. Was, was, was? Spinnst du?
Aus dem Bad hört man das Geräusch von fließendem Wasser.

Susi. Jetzt weiß ich auch, warumst so schnell heimgangen bist. Warum lügst du mich an?
Tscharli. Jetzt gehts aber los. Sag amoi, bist du ned ganz gscheit im Kopf?
Susi. Was is des für ein Mädchen?
Tscharli. Was denn für ein Mädchen?
In dem Moment geht die Tür vom Bad auf und Katja kommt auf den Gang. Sie ist nicht sehr vollständig bekleidet. Katja sieht Tscharli. Tscharli schaut entgeistert.
Katja. Guten Abend.
Susi. Dann frag amoi dei Oma.
Tscharli *zu Katja.* Guten – Abend.
Susi. Tscharli! Hallo! Tscharli!
Susi legt wütend auf. Tscharli schaut Katja nach.
Tscharli. Moment – hallo! Fräulein! Halt!
Katja ist in Tscharlis Zimmer verschwunden.
Tscharli *in den Hörer.* Susi, hallo. Susi. Suuusiii!
Keine Antwort. Tscharli legt auf.
Tscharli macht einen Schritt in Richtung seines eigenen Zimmers, bleibt stehen – überlegt –, dann geht er ins Wohnzimmer. Als er die Tür öffnet, wacht Oma auf, die im Sessel vor dem Sofa sitzt.
Tscharli. Grüß dich.
Tscharli schaut verwundert auf das Bett, das auf dem Sofa gemacht ist.
Oma. Gut, daß du da bist.
Tscharli *schaut sie an.* Des Gfühl hab' ich auch.

Am nächsten Morgen fährt Achmed, der bei Hillermeiers als Taxichauffeur angestellt ist, seinen Freund Tscharli ins Reisebüro. Neben ihm sitzt Tscharli und döst vor sich hin. Achmed singt. Ob-la-di-Ob-la-da. Fröhlich. Tscharli öffnet ein Auge. Achmed bemerkt es. Grinst. Singt weiter.
Tscharli *nach einer Pause, versonnen, mit geschlossenen Augen.* Komm i heim. Liegt a Zahn in meim Bett.
Achmed. Jaja.
Tscharil. Was?

ACHMED. Kommt da Susi ihr Verlobter heim und da liegt ein Zahn im Bett von da Susi ihrm Verlobtn. So a Zufall.
TSCHARLI. Die braucht ein Zimmer.
ACHMED. Da muß sich wer kümmern.
TSCHARLI. Um was solle mi denn no ois kümmern. I muß mi jetzt in erster Linie um mein Tschob kümmern. Du, ah... vielleicht...
ACHMED. Naa.
TSCHARLI. Was naa?
ACHMED. Ich weiß kein Zimmer. Und des weißt du auch, daß ich keins weiß.
TSCHARLI. Aha. – I hab' gmoant, du bist a Freind.
ACHMED. Sonst taati di ja ned dauernd umanandfahrn ohne daß – aja rednma ned drüber. Eines Tages bist du ein bekannter Reiseleiter und dann zahlst du mir sicher die fuchzg Mark Pauschale vom letztn Monat.
TSCHARLI. Aso. Ja, so was Dumms. Jetzt bine nämlich ganz blank durch den Bläser und de Sachn da. So was Dumms.
ACHMED. I sag ja, rednma ned drüber.
TSCHARLI. Horch halt a bißl rum. Vielleicht hörst was. Rein zufällig. Wega so eim Zimmer.
ACHMED *schaut Tscharli an.* Dann horch i halt amoi, wennst meinst.

In ihrer Küche bügelt Oma Häusler Tscharlis Hemden. Auf der Bank sitzt Katja. Sie hat ein Buch in der Hand, sie liest vor.

KATJA. Das kapitalistische Wirtschaftssystem, das heißt die private Verfügungsgewalt über die Mittel der Güterherstellung durch eine Minderheit der Gesellschaft, schafft zwei Gruppen von Menschen. Solche, die in erheblichem Umfang über die Produktionsmittel und damit über den Güterreichtum der Gesamtgesellschaft verfügen, und solche, die nicht über die Produktionsmittel verfügen und in ihrer Arbeit fremdem Willen unterworfen und zu freier Selbstbestimmung nicht in der Lage sind.

OMA. Des sind mir.

KATJA. Das geht noch weiter.

OMA. Wenn mir da was mitzuredn ghabt hättn, der Herr Achthaler und ich, dann wär des Haus nicht abgrissen wordn und den Laden hättn mir auch noch. So hama nix. Der Achthaler hat kein Ladn mehr und ich mei Leibrente nimmer.

KATJA. Da muß man sich wehren. Das darf man sich nicht gefallen lassen.

Katja sucht nach einer anderen Stelle im Buch.

OMA *unterbricht sie.* Das sagt der Karl auch. Aber das mach ich nicht. Wenn der Herr Achthaler wieder an Laden hat und a Geld, dann kann ja sein, daß er weiterzahlt. Des wär mir auch recht. Aber verklagen tu' ich ihn nicht. Des tu' ich einfach nicht.

KATJA. Sie sollen sich ja nicht gegen diesen Herrn wehren, der Ihren Laden gepachtet hat, Frau Häusler, sondern gegen ein System, das Leute wie Sie und diesen Herrn Achthaler ihrer Existenzgrundlagen beraubt.

OMA. Gegen wen solle mi wehren?

KATJA. Gegen das System.

OMA. Wer isn des?

KATJA. Die, die dahinterstecken.

OMA *schaut Katja an.* Die kenn ich ja gar nicht.

Die Tür geht auf. Heinrich kommt mit seinem Geigenkasten herein. Herr Heinrich ist der Zimmerherr der Häuslers, ein sensibler älterer Musiker, der schon bessere Tage gesehen hat.

HEINRICH. Guten Tag.

OMA. Grüß Gott, Herr Heinrich – des is Fräulein Katja, und des is da Herr Heinrich unser Zimmerherr – wie ich Ihnen schon erzählt hab'.

KAJA. Guten Tag.

Im Reisebüro Ehrlicher. Tscharli sitzt an einem Schreibtisch.

Inmitten der Unordnung und Bescheidenheit der Büroeinrichtung wirkt er in seinem marineblauen Blazer mit Krawatte fast ein wenig fehl am Platze. Zwei Tische weiter sitzt ein Sachbearbeiter mittleren Alters, daneben eine Sekretärin. Beide sind schlicht gekleidet. Tscharli brütet über einem Flugplan. Zwischen Ohr und Achsel hängt der Telefonhörer.

TSCHARLI. Nomoi von vorn. Also: Abreise von Hannover Zielort London-England?

TELEFONSTIMME. Türlich England, Mensch, wo sonst. Das kann doch nicht so schwer sein, Mensch.

TSCHARLI. London gibts mehrere. In Amerika gibts eins, in Kanada gibts eins. So is des ned.

TELEFONSTIMME. London, England, Großbritannien, klar, Mensch?

TSCHARLI. Alles klar. Und wann genau?

TELEFONSTIMME. Freitag, hab' ich gsagt.

TSCHARLI. Freitag. Aha. Vormittag oder Nachmittag?

TELEFONSTIMME. Die erste Maschine, Mensch.

TSCHARLI. Moment – London, London...

Der Sachbearbeiter macht ein Zeichen. Tscharli reagiert nicht. Der Sachbearbeiter deutet auf den Flugplan.

SACHBEARBEITER. Sommerflugplan.

TSCHARLI. Was?

SACHBEARBEITER. Sie ham den Sommerflugplan.

TELEFONSTIMME. Hallo!

TSCHARLI. Moment, Sommerflugplan, aha.

Tscharli sucht nach dem Winterflugplan. Findet ihn nicht. Zuckt die Achseln.

TELEFONSTIMME. Ich will nicht im Sommer fliegen, Mensch. Diesen Freitag will ich fliegen. Ist denn das so schwer?

Die Sekretärin nimmt ihren Plan vom Tisch und wirft ihn Tscharli auf den Tisch.

TSCHARLI. Habs scho, also a erste Maschine in dem Sinn gibts ja nicht. Die erste Maschine von Hannover nach London ist erst zehn Uhr vierzig. Da fliegen Sie gleich besser über Frankfurt, Moment. Hannover ab 7.15 Uhr, Frankfurt an 8 Uhr null. Frankfurt ab 11 Uhr zehn. Aha, da habns dann drei Stunden Aufenthalt. Aha, sind sie in London ... *Sucht nach der Ankunftszeit, findet sie nicht.* Moment, ja, gegen Mittag sinds dann in London.

TELEFONSTIMME. Ist doch viel zu spät. Wenn ich Ihnen sage, die erste Maschine. Verdammt, das kann doch nicht so schwer sein.

TSCHARLI. Haben Sie a Ahnung.

Sachbearbeiter steht auf, nimmt Tscharli das Telefon ab.

SACHBEARBEITER. Hören Sie! Siebenuhrzwanzig ab Hannover, achtuhrfünfundvierzig in London. Wollns gleich fest buchen?

TELEFONSTIMME *erleichtert.* Ja, Mensch. Endlich. Weiß gar nicht, was da so schwer ist.

Tscharli wischt sich den Schweiß von der Stirn. Steht auf. Zündet sich eine Zigarette an. Sekretärin schaut kurz, dann geht sie zum Fenster und öffnet es.

SACHBEARBEITER *noch mit dem Telefonhörer in der Hand.* Mach halt das Fenster zu. Ich bitt dich. Mir kriegn ja alle noch die Grippe da herin. *Ins Telefon.* Ja. Ja. Jaja – Herr von Stein. Ja. Von Stein, wie mans spricht. Ja. Fest buchen. Sie können sich darauf verlassen.

SEKRETÄRIN. Solang da herin graucht werd', bleibt das Fenster offen.

SACHBEARBEITER *flehentlich zur Sekretärin.* Hilde, schau! Mir kriegn ja alle die Grippe. Dann samma alle krank – schau. Ich bitt dich.

SEKRETÄRIN. Solang da herin graucht werd' bleibt das Fenster offen.

Sachbearbeiter schaut Tscharli an, nickt freundlich-auffordernd. Tscharli schnippt die Zigarette aus dem Fenster.

Abends vor dem Reisebüro. Susi geht auf und ab. Es ist kalt. Sie schaut ins Schaufenster. Tscharli kommt aus dem Haus. Mit ihm die Sekretärin und der Sachbearbeiter und noch zwei weitere Personen.

TSCHARLI. Bis morgen.
SACHBEARBEITER. Bis morgen.
Die Sekretärin schaut interessiert, wer das Mädchen ist, das Tscharli abholt. Dann dreht sie sich um und geht auch weg. Tscharli und Susi umarmen sich.
SUSI. Wie wars?
TSCHARLI. Sehr interessant.
SUSI. Was hastn ois machn müssn?
TSCHARLI. Ganz verschiedene Sachn.
SUSI. Erzähl halt!
TSCHARLI *gereizt.* I mag ned.
SUSI. Warum denn ned? Wenns mi interessiert.
TSCHARLI. Jetzt laß mi halt erst amoi a bißl verschnaufn.
Susi drückt sich eng an Tscharli.
TSCHARLI. Moanstn was da los is an ganzn Tag.
SUSI. Hast viel Arbeit?
TSCHARLI. Mmei. Da macht ma sich ja als Außenstehender gar koane Begriffe, was in solche Büros garbeit werd' an ganzn Tag. Telefon. Und Telex. Und der will des und der andere wieder was anders. Dann ruft wieder einer aus Athen an und will eine Information. Dann ruf ich in Paris an und sag dene wieder Bescheid. Und so geht des an ganzn Tag. Da bist gschafft. Aufd Nacht. Des sage da.
SUSI *bewundernd.* Und des machst du so – ois?
TSCHARLI. Einer muß's ja machn. Bevore am jedn ois oiwei lang erklär, da maches doch lieber glei selber. Aba des schlaucht ein natürlich ganz sauber. I bin jetzt – i bin wahnsinnig müd jetzt. I glaub 's Gscheitste is, wenne jetzt heimgeh und mich glei ins Bett leg.
SUSI *bleibt abrupt stehen.* Zu deim Bsuch vielleicht, hm?
TSCHARLI. Was?
SUSI. Glaubst i weiß ned, was los is. Ich weiß genau, was los is. Dein Schmarrn da – mit wahnsinnig müd und i bin so geschafft und so.
In der U-Bahn. Tscharli steht an einer Tür. Susi an einer anderen. Zug fährt in den Bahnhof Marienplatz ein. Beide steigen aus. Jeder an seiner Tür. Susi ist dem Ausgang näher.

Tscharli geht mehrere Meter hinter ihr. Tscharli wird angerempelt. Als er sich umdreht, ist Susi unter der Menge der Leute am Bahnhof verschwunden.
TSCHARLI *ruft.* Susi! Susi!
Er bleibt stehen, zündet sich eine Zigarette an. Dann geht er langsam dem Ausgang zu. Er fährt mit einer Rolltreppe hoch.

Die Oma, Herr Heinrich, Katja und Tscharli sitzen am Eßtisch im Wohnzimmer.
OMA. Schmeckts Ihnen ned?
KATJA. Doch. Aber ich bin es nicht mehr gewöhnt, so viel zu essen. *Katja zündet sich eine Zigarette an.*
OMA. Regelmäßig mußma essen. Ned viel. Aba regelmäßig. Bsonders wennma so lebt wie Sie. Sonst werdma krank.
KATJA. Das erinnert mich an zu Hause. Wenn ich ein Problem hatte, egal welches, hieß es immer: Jetzt iß erst mal – als ob sich die Dinge änderten, wenn der Magen voll ist.
OMA *schaut Katja an und sagt mit leichter Strenge im Ton.* Wenn Sie fei meinen, dasse a bißl deppad bin, Fräulein Katja, dann täuschens Ihnen. I hab' ned von Ihre Probleme gredt, sondern von Ihrer Gesundheit.
KATJA. Des weiß ich schon, aber das ist trotzdem so.
OMA. Und außerdem will ich Ihnen was sagn. Leider, Fräulein Katja, leider is bei viele Völker des erste Problem scho no, obs was im Magn ham oder ned. Des ham Sie heut selber gsagt, wie mir über Fietnam gredt ham.
KATJA. Das ist doch was ganz anderes. Das eine ist das Ernährungsproblem der Dritten Welt und das, was ich meine, sind Essenszwang und Völlerei in den hochentwickelten Industrieländern als Bestandteil eines umfassenden Unterdrückungsinstrumentariums.
OMA *schaut Katja an.* Wie ich so alt war wie Sie, da hab' ich ein kennt, der hat immer gsagt: zerst kommt das Fressen und dann kommt die Moral.
HEINRICH. Ganz richtig.

KATJA. Unsinn. Der Satz ist von Brecht und gmeint hat ers ironisch.
HEINRICH. Das wissen Sie so genau, wie das gemeint war? Und woher wollen Sie das wissen, wenn ich mir die Frage erlauben darf?
KATJA. Ich... Ich habe Germanistik studiert... angefangen.
HEINRICH. Aber jetzt studieren Sie nicht mehr, oder?
KATJA. Nein.
HEINRICH. Und warum nicht mehr, wenn ich mir die Frage erlauben darf?
KATJA. Weil mein Vater nicht mehr bezahlt, wenn Sie's genau wissen wollen.
HEINRICH. Da wird er ja sicher seine Gründe haben, Ihr Herr Vater.
KATJA. Was wollen Sie eigentlich von mir, wollen Sie sich mir mir streiten oder was wollen Sie?
Die Oma schaut Heinrich an, schüttelt den Kopf, will, daß er aufhört. Heinrich hebt kurz die Hand, um sie zu beruhigen.
HEINRICH. Und warum wollte er nicht mehr bezahlen, Ihr Herr Vater? Wenn ich mir die Frage erlauben darf?
KATJA. Weil wir verschiedener Auffassung sind über gewisse Dinge.
HEINRICH *hellhörig*. Dinge politischer Art?
KATJA. Auch das.
HEINRICH. Deswegen bricht man doch sein Studium nicht ab, das hört man sich an, und wenn man dann anderer Meinung ist als die Eltern, dann schweigt man so lange, bis man zu Ende studiert hat. So haben wir das auch gemacht, zumindest macht man sich wenigstens die Mühe, den Standpunkt der Eltern zu verstehen. Audiatur et altera pars. Wenn Sie schon studiert haben.
KATJA. Das sind keine Argumente.
OMA *erinnert sich*. Früher hat ein Vater keine Argumente braucht, da hat man gehorchen müssen, wenn man ein Kind war.
KATJA. Finden Sie das richtig?

OMA. Richtig – find ichs ned, aber einfacher wars halt. Viel einfacher.

Ruth und Susi bei der Arbeit in der Küche vom St.-Anna-Eck.
Achmed kommt herein. Seine Hände sind schwarz von Öl. Er geht zum Spülbecken und läßt das Wasser laufen.
RUTH. Was machstn du da?
ACHMED. D'Händ waschema, wenns recht is. Mit dem Karrn mit dem gottverfluchtn. Jeden Tag was anders hin. Jetzt langtsma bald. Wenna jetzt ned bald an neuen kafft, dann mussase an andern Deppn suchn, der eahm sei Taxi fahrt.
Ruth räumt das Geschirr aus dem Spülbecken.
RUTH. Mußtas ihm halt sagn. Ned! Jetzt hör halt auf. Werd' ja wieder ois dreckad. Susi – tu' des Gschirr da raus.
ACHMED. Des sage eahm scho seit zwoa Jahr.
Susi schaut vom Herd auf. Ihre Augen sind rotgerändert. Offenbar hat sie geweint. Susi geht zum Spülbecken. Achmeds und Susis Blicke treffen sich.
ACHMED. Was hastn?
SUSI. Nix.
ACHMED *zu Ruth.* Wo isa, der Chef?
ACHMED. Jetzt sages eahm aber.

In einem Nachtlokal. Tscharli und Katja sitzen an der Bar, Musik, Tscharli ist in seinem Element. Wippt zum Rhythmus der Musik, lächelt alle möglichen Mädchen an, hebt sein Glas.
TSCHARLI. Tschiers!
Katja trinkt.
TSCHARLI. A irrsinnig dufte Kneipn is des, bine öfters. San zum Teil sehr interessante Leut. Der da drübn zum Beispiel, der da, jetzt schauta her, Servus, Bubi!
Tscharli grüßt lässig durch Heben einer Hand. Bubi lächelt nur schmal und schaut dann wieder weg.

TSCHARLI. Des is da Bubi, Bubi Altmüller. Ausschaugn tut er a wie a Metzger, dabei hat er eine der größten Fleisch- und Wurstfabriken im süddeutschen Raum. Gerbt. Vor zwei Jahr, mit zirka sechshundert Angstellte, und jetzt, jetzt hat er scho bald tausend. So ein Hund, der Bubi. Und der da hintn, jetzt siehtma sei Gsicht ned, aber des is ja der Größte überhaupt. Der kontrolliert den ganzn Gebrauchtwagenmarkt südlich von Frankfurt. Da geht nix, ohne daß ers nicht weiß, der Wolfi. Ganz a harter Bursche. Was da für Leut verkehrn, des denkt ma gar ned, wennma da koan Einblick hat.
KATJA. Ich finde diese Typen zum Kotzen.
TSCHARLI *ganz irritiert.* Aha. – Ja, ja, des is . . . a Gschmacksach. Die muß ma mögn, sonst mag ma des ned. Magst no an Wodka-Tonic?
Katja zuckt gleichgültig die Achseln.
TSCHARLI *zur Bardame.* Tschuffi, Schatzi, gib uns no zwoa.
Tschuffi nimmt die Gläser, schenkt nach.
Tscharli *lächelt Katja an, nach einer Pause.* Wo bistn du oiwei so hinganga? Wennst wo hinganga bist?
TSCHUFFI *kommt mit den zwei Gläsern, lächelt professionell.* Zwei Betthupferl . . .
Tscharli holt einen zerknitterten Zwanziger aus der Tasche.
TSCHARLI *zu Tschuffi.* Bist a Schatz. Bussi.
TSCHUFFI. Macht achtzehn Mark, wennstas glei zahlst.
Tscharli *reicht Tschuffi den Zwanziger.* Stimmt scho.
KATJA. Das gibt es ja nicht, was die hier verlangen.
TSCHARLI. Mei, de san *die* Top-Discothek. De san – im Moment san de in. Des wissen die genau, was die verlangen müssn, damit ned an jeder neikimmt. Gewisse Gäste scheiden bei solche Preise von vornherein aus. A ganz a raffinierte Masche is des.
KATJA *ironisch.* Das imponiert dir, was? Da stehst du drauf, auf raffinierte Maschn, hm?
TSCHARLI. I, wieso? Wirkle ned.
KATJA. Das imponiert dir doch unheimlich, solche Typen

Die muß ma mögn, sonst mag ma des ned.

wie dieser Wurstfabrikant und der Autohändler, stimmt doch, oder?

TSCHARLI *windet sich.* Des san ... auch Menschn, genauso, oder vielleicht ned?

KATJA. Weich doch nicht aus!

TSCHARLI. Wer weicht aus, i weich doch net aus. Ausweichn! Schmarrn. Komm, tanzma.

KATJA. Zuerst gibst du mir eine Antwort.

TSCHARLI. Was füra Antwort.

TSCHARLI. Ich hab' dich gefragt, ob dir diese Leute hier imponieren, also?

TSCHARLI *windet sich unter Qualen.* Komm, tanzma.

KATJA *hat Spaß an dem Spiel.* Ja oder nein?
TSCHARLI *verärgert.* Aja, Kruzefix, und scho. Jedenfalls san des Leut, die was macha. Andere macha gar nix, die macha wenigstens was.
KATJA *steht auf.* Das wollt ich nur wissen. Komm.
TSCHARLI. Du bist oane, du bist vielleicht oane. *Er lächelt.*

Achmed sitzt auf einem Stuhl in seinem Zimmer und spielt auf der Gitarre. Er summt ein Lied dazu. Susi sitzt auf dem Sofa.
SUSI. Wie sich ein Mensch verändern kann.
ACHMED *schaut Susi kurz an, unterbricht das Spiel.* Ab morgn kann er sich an andern Fahrer suchn.
SUSI. Da hat ma sich gfreut, daßer an Tschob hat, der wo ihn interessiert, und dann ... des is typisch.
ACHMED. Da werd' er sich oschaugn, wer mit dem Karrn fahrt. Koaner. Gar koaner. Überhaupt koaner.
SUSI. Die Mama hat gsagt, daß des a ganz a hübsches Mädchen sein soll. Ich find des ja auch unmöglich von seiner Oma. Mir san immer zu mir gangen, wennma ... wennma amoi für sich sein wollt, weil er gsagt hat, daß des sei Oma net mag, und jetzt, jetzt wohnt die glei dort. Möcht wissn, ob des überhaupt erlaubt ist.
ACHMED. Und wenner oan findt, dann fahrt der koane zwoa Tag damit, des sage dir. Weil ihm dann der Karrn unterm Hintern zsamfallt. Aber des freut mich dann.
SUSI. Da freut ma sich zerst, daß aufwärtsgeht, und dann ... dann is wieder ois anders, als man sichs vorgstellt hat.
ACHMED. Und dann, dann muß er »Bittschön« sagn zu mir. »Bittschön, fahr wieder«, muß er dann sagn zu mir. Und dann stell ich meine Bedingungen: ein neuer Wagen, eine höhere Beteiligung am Umsatz, geregelte Freizeit. Und wenner des ned macht, dann werd' ich ihm sagn: Nicht? Dann halt nicht, Herr Hillermeier. Auf Wiedersehn, dann geh ich. Ein für allemal.
SUSI *nach einer Pause.* Immer is ois anders.
Achmed beginnt wieder zu spielen.

Im Reisebüro Ehrlicher. Sachbearbeiter, Sekretärin und Tscharli sind an ihren Tischen und arbeiten. Tscharli sortiert Buchungen.
Tscharli zündet sich eine Zigarette an. Sofort steht die Sekretärin auf, öffnet das Fenster.
Tscharli schaut sie an, resigniert, geht aus dem Raum. Sachbearbeiter steht auf, macht das Fenster wieder zu. Setzt sich wieder. Die Tür geht auf, eine Dame, Ende Dreißig, kommt herein, gut gekleidet, ganz gut aussehend: Frau Neubauer.
FRAU NEUBAUER. Herr Jäger!
Jäger sinkt in sich zusammen, lächelt gequält, schaut die Sekretärin an, dann steht auf.
JÄGER. Frau Neubauer.
FRAU NEUBAUER. Also.
JÄGER. Nein.
FRAU NEUBAUER. Dann mach ich einen Prozeß.
JÄGER. Des machens.
SEKRETÄRIN *steht inzwischen schon auf, zieht sich den Mantel an. Zu Jäger.* Gemma.
JÄGER. Jetzt gemma.
FRAU NEUBAUER. Wo gehn Sie hin?
JÄGER. Mir gehn jetzt essen, weil Mittag is, Mahlzeit!
FRAU NEUBAUER. Ich muß mit Ihnen reden. Sie können jetzt nicht weggehen, Herr Jäger.
JÄGER. Schaun Sie, Frau Neubauer, erstens is jetzt Mittag, und zweitens bin ich gar nicht mehr zuständig.
FRAU NEUBAUER. Ja, wer is denn dann zuständig. Irgendeiner muß ja zuständig sein.
JÄGER. Da haben wir jetzt einen jungen Kollegen, der kommt gleich, der redet gern mit Ihnen, dem können Sie alles erzählen, der kennt das noch ned, der freut sich bestimmt. Da sind Sie ganz gut aufgehoben, gell, Frau Neubauer. Mahlzeit.
Jäger und Sekretärin gehen aus dem Zimmer. Neubauer wischt einen Stapel Prospekte vom Tisch.
FRAU NEUBAUER. Lügen. Nichts als Lügen.
Jäger schließt schnell die Tür.

Draußen kommt Tscharli gerade aus der Toilette, wo er geraucht hat.
JÄGER *und* SEKRETÄRIN *zu Tscharli, freundlich.* Mahlzeit.
Tscharli geht ins Büro, die Tür fällt zu, Jäger und Sekretärin gehen auf Zehenspitzen zur Tür und lauschen.
Man hört die Stimmen von Tscharli und Frau Neubauer. Frau Nebauer überfällt Tscharli sofort.
FRAU NEUBAUER. Sie sind der Neue?!
TSCHARLI *irritiert.* Ja, bitte, ja, was kann ich für Sie tun, gnädige Frau?
FRAU NEUBAUER *hektisch und aufgeregt.* Wissen Sie Bescheid in meiner Angelegenheit.
TSCHARLI. Noch nicht.
FRAU NEUBAUER. Also, mein Name ist Neubauer, ich ...
TSCHARLI *nimmt einen Zettel.* Moment, ich notier mir des gleich.
Frau Neubauer strahlt, weil sie das Gefühl hat, jetzt beim richtigen Mann zu sein.
FRAU NEUBAUER. Moment. Jetzt heiße ich Neubauer. Aber als das passierte, hab' ich noch Pfeifer geheißen.
TSCHARLI. Frau Pfeifer.
NEUBAUER. Neubauer.
TSCHARLI. Aha.
FRAU NEUBAUER. Also, im Jui/August bin ich mit meim Mann, des heißt, damals warn mir noch verlobt, jetzt iser aber mei Mann, weilma verheirat sind.
Da san mir in Torrestrella gwesn. Erstens hats die ganze Zeit grengt, aber damache niemand an Vowurf, des hat mir auch der Herr Jäger scho gsagt, des is a höhere Gewalt. Gut, is recht. Aber zerst hats gheißn, daß mir ein Doppelzimmer kriegn für den Preis von zwei Einzelzimmer. Nana, Moment, für, für ... des war anders ... des war so. Zerst hab' ich überhaupt ein Einzelzimmer bucht ghabt, weil mei Verlobter damals noch ned gwußt hat, ob er mitfahrt. Dann wolltma aber a Doppelzimmer, und des hamma auch rechtzeitig gsagt. Dann iser mitgfahrn. Dann hats koa Doppelzimmer gebn, sondern nur zwei

Einzelzimmer. Aber des hab' ich auch dem Herrn Jäger scho gsagt. Da brauche ned verlobt sei... wenne zwei Einzelzimmer hab'. Jedenfalls hats gheißn mit Meerblick und Bad und ois. Und ruhig. Des war mir das wichtigste, wissens, weil ich in der Landsberger Straß wohn. Kennense die Landsberger Straß?

TSCHARLI. Wo die Huren oiwei... die Dings, moanas. Jaja, woaß scho, ja, ja, kenne – die Landsberger Straß. Is ja wahnsinnig laut.

FRAU NEUBAUER. Ebn, drum wars mir wichtig, daß ruhig is. Also, ruhig wars überhaupt ned, sondern ganz laut, gell. Weil, weils baut ham.

TSCHARLI. Vorm Hotel?

FRAU NEUBAUER. Überall habens baut, vorm Hotel und hinterm Hotel und rechts und links und im Hotel auch. Und überhaupt war des gar koa richtigs Hotel, sondern ein Neubau.

TSCHARLI. Dann war des ein modernes Hotel?

FRAU NEUBAUER *schwenkt um und ist rückwirkend begeistert.* Aber auch ganz modern, ganz modern. Mein Mann, der kommt aus der Baubranche, der hat gsagt, daß das ein Stil is, und eine Konstruktion wie die schönstn Bürohäuser bei uns. Und wann des amoi ois fertig is, dann is des dort wunderbar, des streit auch niemand ab.

Tscharli versucht, daß Gespräch in eine positivere Richtung zu bringen.

TSCHARLI. Dann hats Ihnen ja gfalln, so im großn und ganzn.

FRAU NEUBAUER. Mir hats halt gfalln, weil mei Mann dabei war. Da wars oft schön, sehr schön sogar. Aber dann is oganga, zerst scho mim Essn. Also, im Hotel hatma gar ned essn können, weils die Küche erst baut ham. Jetzt habn mir Gutscheine kriagt für ein Lokal, was in der Nähe war. Habns gsagt, des war aber ned in der Nähe, sondern dreiviertel Stund z' Fuß. Und wia de uns behandelt ham. Ja, des wünsch ich ja niemandm. Weil mir bloß Gutscheine ghabt han, da waarn mir die Untermenschn gwesen. Zerst sind immer die andern drankommen, die normal zahlt ham. Dann hats meistens nur gewisse Speisen gebn. Die hat mein Mann überhaupt ned vertragn. Da hat er dann an Dünn ... also er hat tagelang im Zimmer bleibn müssn, das wär ja an sich wurscht gwesen, weil der Strand so voll gwesn is, daß ma sowieso koan Platz kriegt hat. Und immer wennma Platz kriegt hat, dann is des Wasser glei so dreckat gwesn, daßam graust hat. Wissens warum?

TSCHARLI. Wegn der Umweltverschmutzung.

FRAU NEUBAUER. Von wegen. Ois Ausredn. A Kanalisation habens keine ghabt, und des Hotel hat einfach ois ins Meer ... pfui Teufel, wie das oft gstunken hat.

TSCHARLI. A Sauerei is des.

FRAU NEUBAUER. Sehns, des sagn Sie auch. Des ghört sich doch ned so was.

TSCHARLI. I find des a Riesensauerei.

FRAU NEUBAUER *ist der Faden gerissen.* Jaja.

Tscharli lächelt sie an.

FRAU NEUBAUER. Ja ... aso, ja, ja, auf jedn Fall habn mir uns beim Reiseleiter beschwert. Der hat dann gsagt, daßma dann ... daßer nix machen kann. Mir solln halt zruckfliegn, wenns uns nicht paßt, des hamma dann gmacht.

TSCHARLI. Des find ich sehr vernünftig.

FRAU NEUBAUER. Gell, des sagn Sie auch. Des war eine Linienmaschine und hat neunhundertsechzig Mark kost. Die möcht ich jetzt wiederhabn. Sonst mache an Prozeß. Ich möcht mein Geld wieder, des verstehn Sie doch, oder?

TSCHARLI. Ja, logesch.

FRAU NEUBAUER. Der Reiseleiter hat gsagt, daß er nicht das Hotel is und ... und daß ihm seine Hände sowieso gebunden sind. Mir solln halt zurückfliegn, des hat er gsagt, vor Zeugen. Entweder ich krieg jetzt mei Geld oder ich mach an Prozeß.

TSCHARLI. Aber Frau Neubauer, da brauchns doch kein

Prozeß machn, so was wird sich klärn lassn zur beiderseitigen Zufriedenheit.

Katja hilft der Oma beim Putzen der Wohnung. Katja steht auf einer kleinen Leiter und macht die frisch gereinigten Vorhänge auf. Die Oma steht dabei und hilft ihr.

KATJA. Da fehlen noch zwei Ringe.

OMA. Tunsn nomoi runter.

KATJA. S'geht scho. Geben Sie mir die Ringe.

Oma gibt Katja die Ringe. Katja streckt sich und hängt die Ringe an die Schlaufen und dann den Vorhang ein.

Herr Heinrich steht in der Tür, schaut interessiert.

OMA. Da schaugns, gell, was mir ois machn.

Man merkt Oma die Freude über die Hilfe des jungen Mädchens an.

HEINRICH. Jetzt haben Sie ja endlich jemand, der Ihnen hilft.

OMA *arglos.* Des mit de Vorhäng is der Katja ihr Idee gwesn. Ich hätt des ja allein gar ned machn können.

HEINRICH. Da wärs doch gut, wenn das Fräulein gleich hier wohnen bleibt. Wenn Sie sich so gut mit ihr verstehen.

OMA *noch immer arglos.* Wennma mehr Platz hättn, dann täte s sofort bhaltn, die Katja.

Oma lächelt Katja voll Sympathie an.

HEINRICH. Ist doch ganz einfach. Sie kann ja mein Zimmer nehmen.

OMA. Ja und Sie?

HEINRICH. Ich zieh dann aus. Dann stör ich nicht mehr.

Oma und Katja schauen Heinrich überrascht an.

OMA. Ham Sie an Föhn heut?

HEINRICH. Wieso? Is doch so. Dann holen Sie sich noch ein paar von den Typen, dann können Sie gleich eine rote Zelle hier aufmachen.

KATJA *regt sich auf.* Was soll denn das heißen.

HEINRICH. Das wissen Sie ganz genau. Glauben Sie, ich hätte nicht längst gemerkt, aus welcher Ecke Sie kommen.

Wissen Sie, da hab' ich eine feine Nase. Diese Dinge, die hab' ich alle erlebt, am eigenen Leib. Damals waren es die Faschisten von rechts, und jetzt sind es die Faschisten von links. Aber ich will jetzt meine Ruhe – endlich, verstehen sie? Die Kraft hab' ich nicht mehr – und wenn ich das hier nicht haben kann, dann muß ich eben gehen.
Herr Heinrich geht aus dem Zimmer.
KATJA. Das ist doch eine Unverschämtheit.
OMA. Des derfens ned so ernst nehmen, Katja. Der Herr Heinrich hat ein Schicksal hinter sich. Der meints nicht so. Außerdem iser oiwei scho so a Wehleidiga gwesn.
KATJA *sehr bestimmt.* Das sagt er nicht noch mal zu mir.
Aus Heinrichs Zimmer hört man im Gegensatz zu sonst ganz aggressives Geigenspiel.

Im Reisebüro steht Tscharli vor Herrn Ehrlicher, der einen Reiseprospekt des Unternehmens in der Hand hat.
EHRLICHER. Was falltn Ihnen ein, ha, Herr Häusler. Wie kommen Sie denn da dazu, daß Sie solche Zusagen mache, ha. Gebnsma a Antwort, Herr Häusler.
TSCHARLI. Ja – wieso?
EHRLICHER. Wie Sie dazu kommen, möchte wissen. Hams Eahna amoi unsere Reisebedingungen durchglesn?
TSCHARLI. Logesch. *Sucht im Prospekt.* Da stehts unter zwölf a, daß der Reiseveranstalter haftet ... Moment, da, »der Reiseveranstalter haftet für Schäden, die durch ...«
EHRLICHER *nimmt seinen Prospekt, der aufgeschlagen vor ihm liegt.* Sie solln ned zwölf a lesn, sondern zwölf b und da steht: »Der Reiseveranstalter haftet nicht für Handlungen und Unterlassungen der einzelnen Leistungsträger, Unregelmäßigkeiten aller Art, Ausfälle, Änderungen, Verspätungen ...«
TSCHARLI. Aber unter zwölf c heißts, die Reiseleitung ist ausdrücklich beauftragt, für die Behebung der beanstandeten Mängel zu sorgen.
EHRLICHER. Und unter zwölf d hoaßts: Die Reiseleitung

ist nicht befugt, für den Reiseveranstalter irgendeine rechtsverbindliche Erklärung abzugeben.
TSCHARLI. Aber...
EHRLICHER. Ruhe! Sofern der Reiseteilnehmer ganz oder teilweise auf von ihm gebuchte Leistungen verzichtet, erfolgt keine Rückerstattung. Ebenso ist in solchen Fällen jegliche Haftung des Reiseleiters ausgeschlossen. Hams des jetzt kapiert, Herr Häusler?
TSCHARLI. Wenn unter zwölf a des oane steht und unter zwölf b das Gegenteil und unter zwölf c wieder das Gegenteil von zwölf d, dann möchte wissen, was das überhaupt für an Sinn hat.
EHRLICHER. Sie! Unsere Verträge sind von Juristen ausgearbeitet. Verstengas me. Das hat an Haufn Geld kost, damit des ois ganz klar formuliert is, daß keine Mißverständnisse geben kann. Und da wern Sie jetzt ned daherkemma und nach am Sinn fragn, gell. Vertrag ist Vertrag. Und wenna unterschriebn is gilta. Hams me? Und de Krampfhenna da, de Neubauer, de soll prozessiern, wenn ihr was nicht paßt. A Prozeß is oiwei was Schöns, wenma recht hat. Des werdn Sie aa no lerna.
TSCHARLI. Aber des is doch a Frage der Auslegung, wer da recht hat. Nach dene Paragraphen kann genausogut de Frau Neubauer recht ham.
EHRLICHER. Jetz sage Eahna was fürs Leben, Herr Häusler. Weil Sie a junger Mensch san und ned blöd. Recht hat oiwei der, wose den bessern Anwalt leistn kann. Das ist nicht schön, daß es so is, des wissma aa, aber so is, gell. Deswegn soll de Frau Neubauer prozessiern, solangs will. Dem seh ich mit der größtn Ruhe entgegen. Hams mi? Und jetzt sage Eahna no was, was Sie sich fürs Leben merkn können. Des hat mit der Psüchologie von an Menschn zu tun. Wenn wieder moi wer kommt und der Herr Jäger is ned da, und der möchtse beschwern, dann schaugnsese den erst amoi in Ruhe an, ob der überhaupt die Nervn hat für a Beschwerde. Und wenn Sie sehn, daßas ned hat, so wie de Krampfhenna da, dann müssn

Sie ganz stur sein. Des werdn Sie sehn, daß der dann nie wieder kommt. Aber wenn einer kommt, der ganz ruhig is, dann is des wieder was anders. Dann is des gefährlich. Des müssns dann dem Herrn Jäger überlassn oder mir. Wenne da bin. So. Jetzt hams wieder a bißl was glernt. Für de nächstn Tag is gscheider, wenn Sie vielleicht nix mit Kundn zu tun ham. I muß morgn früh schnell nach Palma, übermorgn bine wieder da. Des san die Unterlagn für den neuen Prospekt. Der muß nomoi überprüft werden aufn letztn Stand. De Datn und de Dias hat der Herr Jäger. Und dann mussa glei in de Druckerei. Heut nacht no. Da habns jetzt a Aufgabe, des machens jetzt, da lernas wieder was. Und des mit der Frau Neubauer des vergeß ma halt dawei, gell. Ein Fehler macht a jeder, Sie sind ein junger Mensch, an zwoatn Fehler machas nimmer, gell, sonst fliegens raus, ois klar, Herr Häusler?
Tscharli nickt.

Tscharli liegt auf dem Boden in seinem Zimmer. Vor ihm Listen, Dias, Kataloge etc. Katja blättert in einem Prospekt, nimmt eine maschinengeschriebene Liste, vergleicht, schüttelt den Kopf.
TSCHARLI. Was?
Aus Heinrichs Zimmer hört man Geigenspiel, das immer wieder abbricht und neu anhebt.
KATJA. Wie die Leut betrogen werden. Hier im Prospekt steht Golfhotel. Weltbekanntes Hotel der Superluxusklasse. Direkt am Meer. Privatstrand. Große Parkanlagen. Schwimmbad. Tennis. Alle Zimmer mit Bad/Dusche, WC, Balkon, Klimaanlage. Exklusiver Nightclub, Spezialitätenküche etc.
Und hier auf der Liste von dem Prüfer steht, daß es in der letzten Saison zahlreiche Beschwerden gegeben hat, weil das Essen ungenießbar ist, die Klimaanlage defekt, das Wasser im Schwimmbad dreckig, der Service lustlos und unfreundlich und das ganze Hotel überhaupt völlig heruntergekommen ist.

TSCHARLI. Gib de Listn her! Des san Internas. Des geht niemand was an. Kommt, tuma weiter. Oiso, wo is des Foto vom Diplomatic?
KATJA. Da.
TSCHARLI. Ned des, da muß a neus gebn, a bessers.
KATJA. Das ist symptomatisch für das ganze System. Nicht die Hotels werden besser, sondern die Fotos.
TSCHARLI. Also, so könnma ned arbeitn. Entweder du hilfstma jetzt oder du bist schtad. I kann nix dafür – i kanns aa ned ändern, i muß des jetzt macha, weil des heut nacht no in die Druckerei muß. Verstehst. Also red jetzt ned scho wieder vom System, sondern sagma die Zahlen vom Miramar Palace.
KATJA. Du kannst auch was dafür.
TSCHARLI. Was denn?
KATJA. Du hast die Informationen, die wirklichen, realistischen, aber du gibst sie nicht weiter an die Kunden.
TSCHARLI. Des derfe doch gar ned. Wie stellstn dir des vor. Was moanst, was da los is. Kein Kunde bucht dann mehr irgendwas.
KATJA. Das glaub ich gar nicht. Ich glaube viel eher, daß eine ehrliche Beschreibung der Tatsachen den Kunden konsumkritischer macht und dadurch in der Konsequenz die Qualität der Ware steigert.
TSCHARLI *schaut Katja an.* Aha... Ahaa... *Begeistert.* Du... des is, woaßt, was des is, was du da jetzt gsagt hast, woaßt, was des is?!
KATJA. Die Förderung des kritischen Bewußtseins im Verbraucher und die Erziehung zur Mündigkeit gegenüber dem Konsumterror des kapitalistischen Wirtschaftssystems.
TSCHARLI. Schmarrn, Schmarrn! A Riesenidee is des. Negativwerbung, verstehst. A ganz a raffinierte Masche is des.

Katja betrachtet Tscharli sekptisch.
TSCHARLI. Des is ja die Idee. Des is ja a – Revolution in der

Touristik is des. So. Gib de Listn her. Jetzt fangma nomoi von vorn an. Ja – des is ja – a Riesenidee is des…

Oma Häusler sitzt bei Herrn Heinrich. Heinrich packt seine Geige ein.

HEINRICH. Ich habe nichts gegen das Mädchen, Frau Häusler, gar nichts. Ich finde sie sogar sehr nett. Rein privat. Aber die Ideen, die sie hat, sind gefährlich. Die sind sehr gefährlich. Ich kenne diese Leute. Die wollen alles verändern, alles umstellen, alles kaputtmachen. Sie haben es damals erlebt, und ich hab' es erlebt.

OMA. Des kannma doch gar ned vergleichn. De Nazi ham doch ganz a andere Anschauung ghabt wie des, was die Katja meint.

HEINRICH. Sicher, sicher. Ich bin ja nicht dumm. Das weiß ich schon zu trennen, aber, Frau Häusler, ob mich einer von links erschießt oder von rechts, bleibt letzten Endes gleich. Wenn man der ist, den die Kugel trifft.

OMA. I woaß gar ned, was Sie oiwei für ein Zeugs daherredn. Wer werd' erschossen? Wer!? Wo schießt wer? Ich glaub, Sie müssn amoi ins Gebirg fahrn zur Erholung. Sie sehn ja scho Gschpenster.

HEINRICH. Ich sehe alles ganz klar, Frau Häusler, glasklar. Kennen Sie dieses Mädchen, wissen sie, wo sie herkommt, wer ihre Hintermänner sind? Gar nichts wissen Sie. Sie haben sie einfach auf der Straße aufgelesen. Und jetzt sitzen wir hier auf dem Pulverfaß und wissen nicht, wanns losgeht.

Oma schaut Heinrich an, sie steht auf und geht wortlos aus dem Zimmer.

Tscharli hat den Katalog abgegeben und ist mit Katja in einem Nachtlokal. Schnelle Musik. Aber Tscharli tanzt ganz langsam und sehr eng mit Katja.

KATJA. Komm. Jetzt tanz doch richtig.

TSCHARLI. Ich bin jetzt sehr müd.

Katjas und Tscharlis Augen treffen sich. Tscharli lächelt. Katja lächelt ironisch.

KATJA. Keine sehr raffinierte Masche.

TSCHARLI. Des macht nix. Aber schön is.

KATJA. Ein ganz sentimentaler Bürger bist du.

TSCHARLI. Aber schön is. Oder is ned schön?

KATJA. Hm.

TSCHARLI. Weich ned aus.

KATJA. Ich weich nicht aus.

TSCHARLI. Dann gibma a Antwort. Is schön oder ned?

KATJA. Hm.

Tscharli bleibt einfach stehen und läßt sie los. Katja ist überrascht.

TSCHARLI. Ja oder nein.

Katja antwortet nicht. Sie nimmt Tscharli am Arm, zieht ihn sanft heran. Sie tanzen weiter.

Katja und Tscharli kommen nach Hause. In Heinrichs Zimmer brennt noch Licht.

TSCHARLI. Gut Nacht.

KATJA. Gute Nacht.

Sie bleiben noch ein paar Sekunden lang stehen, schauen sich an.

TSCHARLI. Also dann, gut Nacht.

KATJA. Gute Nacht.

Katja geht in Tscharlis Zimmer, Tscharli wartet, zögert, macht einen Schritt in Katjas Richtung, dann geht er doch ins Wohnzimmer, wo sein Bett ist. Heinrich öffnet die Tür, schaut heraus. Schließt die Tür wieder.

Es ist dunkel, Katja kommt auf den Gang. Geht langsam und vorsichtig an Heinrichs Zimmer vorbei, zum Wohnzimmmer. Öffnet die Tür.

Heinrich öffnet seine Türe. Leise. Katja merkt nichts. Sie huscht in das Wohnzimmer zu Tscharli. Heinrich schaut, schüttelt den Kopf, dann schließt er seine Tür.

Tscharlis Kollege Jäger und die Sekretärin schauen sich vielsagend an, als Tscharli am nächsten Morgen mit Schwung das Reisebüro betritt.
TSCHARLI. Morgn!
Tscharli setzt sich an seinen Platz, zündet sich eine Zigarette an. Sekretärin steht auf und öffnet das Fenster.
JÄGER *ruhig*. Sie solln zum Chef kommen, Herr Häusler.
TSCHARLI. Da Chef is in Palma.
EHRLICHER. Hams gmoant, gell?!
Tscharli schaut auf. Ehrlicher steht in der Tür zu seinem Zimmer. Tscharli schluckt, steht auf, er legt seine Zigarette in den Aschenbecher, geht in Ehrlichers Zimmer.
Jäger steht auf, drückt Tscharlis Zigarette aus, schließt das Fenster. Sekretärin lächelt.
Jäger setzt sich wieder.

Im Wohnzimmer Häusler sind Oma, Katja und Heinrich versammelt. Oma Häusler und Katja sitzen einander gegenüber. Heinrich steht.
OMA. Is des wahr, was da Herr Heinrich sagt?
KATJA. Ja, das ist wahr.
Oma Häusler schaut Katja an. Katja hält den Blick aus.
OMA. Des hätte ned denkt vom Karl, dassa des tut.
HEINRICH. Er ist doch nicht zu ihr, sie ist doch ...
KATJA *schaut zu Heinrich*. Sie sind jetzt still! Ich bin zu ihm ins Zimmer gegangen, Frau Häusler, nicht er zu mir.
OMA. So!
KATJA. Ist das so schlimm?
OMA. Schlimm is ned.
HEINRICH. Na, hörn Sie mal, Frau Häusler. So geht das doch nicht. Ich kann mich noch genau erinnern, wie damals dasselbe Problem mit der Susi war. Da waren Sie aber sehr dagegen. Ich weiß noch genau, was Sie da gesagt haben zum Karl. »Wenn es schon sein muß, dann nicht in meiner Wohnung.« Haben Sie da gesagt. Haben Sie das gesagt oder nicht? Das habe ich ja kommen sehn. Das ist der Einfluß dieser Leute, diese Ideologie, da

werden alle Werte umgekehrt, umgedreht und zerstört...
Katja geht während der Rede von Heinrich aus dem Zimmer. Sie geht den Gang entlang in Tscharlis Zimmer, stopft ihre Sachen in den Matchsack, geht aus der Wohnung.

Im Reisebüro Ehrlicher steht Tscharli vor seinem Chef. Ehrlicher sitzt, hat die Layouts und maschinegeschriebenen Texte für die Prospekte vor sich liegen.
EHRLICHER *liest vor.* Oder des zum Beispiel. »Golfhotel: Ein Tip für den harten Mann, eine Fundgrube für den Individualurlauber. Wenn Sie die schwermütige Atmosphäre eines Luxushotels lieben, dessen beste Tage vorbei sind – wenn Sie gesund genug sind, eine Küche zu würdigen, die selbst in die robusten Mägen der Eingeborenen wie ein wahrer Hammer...« *Unterbricht.* Was? Ein Hammer...
Tscharli während des ganzen Textes schon sehr ungeduldig, weil er findet, daß Ehrlicher falsch vorliest und den Text nicht richtig formuliert.
EHRLICHER. Wie ein wahrer Hammer schlägt.
Tscharli unterbricht ungeduldig, übernimmt den Text, den er schon auswendig kann, und trägt ihn eindrucksvoll vor.
TSCHARLI. Wenn Sie eine echte Kämpfernatur sind und Ihren langweiligen Büroalltag vergessen wollen...
Ehrlicher liest leise mit.
TSCHARLI. ... dann stürzen Sie sich in die Schlacht und führen Sie den aufregenden, herrlichen und nervenzerfetzenden Kampf gegen unser ungeschultes und lustloses Bedienungspersonal. Kommen Sie ins Golfhotel, go where the action is Golfhotel.
Tscharli endet mit einem gespannten Gesichtsausdruck und erwartet jetzt endlich das fällig Lob von Ehrlicher.
EHRLICHER. Sagns amoi, san Se...
Ehrlicher deutet unmißverständlich an die Stirn, dann schreit er Tscharli an.
EHRLICHER. San Se ganz narrisch worn, Häusler, ha!?

Ehrlicher reisen mit Ehrlicher-Reisen, verstehns.

TSCHARLI *lächelt, schüttelt besserwissend den Kopf.* Derfe amoi was sagn?

EHRLICHER *brüllt ihn an.* Ruhe!!

TSCHARLI. Weilse ned sehn, daß des eine Revolution is in der Touristik. Negativwerbung is des, verstehns, a Riesenidee is des.

EHRLICHER. Was is des?

TSCHARLI *stolz.* Ehrlicher reisen mit Ehrlicher-Reisen, verstehns. Die schlechten Hotels werden in witziger Weise kritisiert...

EHRLICHER. Was solln da witzig sei, Häusler, was da witzig is, möchte wissn!?

Dreiviertelreife, Dreiviertelreife!

TSCHARLI. ... und die guten Hotels, die werden gelobt. Lesens amoi, was ich übers Diplomatic gschriebn hab', des müssens amoi lesen. Nur das Beste – unds Beste dran is, daß auch noch stimmt. Da gibt es keine Beschwerden mehr, weil den Leuten schon im Prospekt gesagt wird, worauf sie sich eingelassen haben. Negativwerbung, verstehns. A Riesenidee.

EHRLICHER *ruhig*. Ich verklag Sie, gell, damit Sies wissen, da brennas Ihr Lebn lang. Für an jedn Kundn, der wo nicht bei mir bucht, verklag ich Sie auf Schadenersatz, Millionen! Millionen, gell, daß Sies wissen, Sie sind entlassen, fristlos, naus!

Ja, hätteme nur auf mei Gfühl verlassn, a Mensch, der ned amoi a Ausbildung hat, auf mein ersten Eindruck hätteme verlassen solln. A Mensch, der ned amoi a mittlere Reife hat.

Tscharli geht hinaus, dreht sich noch einmal um, mit erhobenem Zeigefinger.

TSCHARLI. Dreiviertelreife, Dreiviertelreife!

Und schon ist Tscharli draußen. Schließt die Tür hinter sich. Ehrlicher wischt ärgerlich die Layouts und Texte zur Seite.

EHRLICHER. Negativwerbung.

Er bleibt einen Moment sitzen, holt sich die Texte wieder her, liest noch einmal halblaut vor sich hin aus dem Text.

EHRLICHER. »Golfhotel! Wenn Sie eine echte Kämpfernatur sind und Ihren langweiligen Büroalltag vergessen wollen, dann stürzen Sie sich in die Schlacht und führen sie den aufregenden, herrlichen und nervenzerfetzenden Kampf gegen unser ungeschultes und lustloses Bedienungspersonal.«

Ehrlicher hebt den Kopf, denkt nach, ein Lächeln geht über sein Gesicht. Er schlägt mit der Hand auf den Schreibtisch.

EHRLICHER *begeistert.* Negativwerbung! *Schreit.* Jäger!!

Jäger stürzt herein.

EHRLICHER *wirft sich in die Brust.* Jäger, passens auf, ich hab' da eine Riesenidee. Das is *die* Masche. Eine Revolution in der Touristik, Jäger, Negativwerbung.

Jäger schaut ratlos.

Achmed, Gustl und Tscharli sitzen im Taxi. Achmed fährt. Er singt. Tscharli schaut aus dem Fenster.

TSCHARLI. Halt!

Achmed bremst.

Tscharli schaut einem Mädchen nach, das von hinten ähnlich aussieht wie Katja. Dann dreht sie sich um.

TSCHARLI. Doch ned.

GUSTL. Die findma ned.

TSCHARLI. Die findma scho. *Zu Achmed.* Fahr weida.

Achmeds und Gustls Blicke treffen sich vielsagend.

ACHMED. Wohin jetzt?
TSCHARLI *leicht verzweifelt.* I woaß doch aa ned.
GUSTL *zu Achmed.* Fahr nach Schwabing.
TSCHARLI. Fahr nach Schwabing.
Achmed fährt los.
Tscharli schaut aus dem Fenster. Sieht ein Mädchen.
TSCHARLI. Halt!
Achmed bremst.
TSCHARLI *springt aus dem Auto, läuft dem Mädchen nach.* Katja!
Das Mädchen dreht sich um – es ist eine andere.
TSCHARLI. Tschuldigung.
Tscharli setzt sich ins Taxi.
ACHMED. Wohin?
TSCHARLI. Irgendwohin.
ACHMED. Irgendwohin is ganz schwer.
GUSTL *schaut Tscharli besorgt an. Dann zu Achmed.* Fahr zu Susi.

Wohnung Häusler. Die Oma zieht das Bett von der Couch im Wohnzimmer ab. Dann geht sie den Gang entlang in Tscharlis Zimmer, beginnt dort, Katjas Bett abzuziehen. Geigenspiel aus Heinrichs Zimmer.
In der Küche stopft Oma die Bettwäsche in einen Wäschesack. Die Tür ist offen. Man hört das Geigenspiel. Die Oma geht zur Tür. Mißbilligende Blicke in Richtung Heinrichs Zimmer. Sie geht wieder in die Küche, schließt demonstrativ und laut die Tür. Auf dem Küchentisch liegt noch das Buch, aus dem Katja vorgelesen hat.
Oma Häusler blättert darin, setzt eine Brille auf, beginnt zu lesen.

2

Glücksach

Ein Mann, Erich Zeusel, steigt vor einem Appartement-Haus von seinem Moped ab. Er trägt Bundhosen, Kniestrümpfe, eine zu weite Windjacke sowie eine Motorradhaube. Die abgewetzte Aktenmappe unter dem Arm, eilt er auf die Eingangstür des Hauses zu. Nach kurzem Suchen drückt er auf einen Klingelknopf. Eine weibliche Stimme antwortet durch die Sprechanlage. Ja?
ZEUSEL *beugt sich näher zum Mikrophon.* Ist der Max da?
WEIBLICHE STIMME. Wer ist da?
ZEUSEL. Der Max. Ob er da ist?
WEIBLICHE STIMME. Wer is denn da?
ZEUSEL. Der Erich waar da.
Ein Knacken in der Sprechanlage. Die Frauenstimme hat das Gespräch abgebrochen.
ZEUSEL. Hallo!
Zeusel rüttelt an der Tür, drückt wieder auf den Klingelknopf.
ZEUSEL. Aufmachen!
Zeusel tritt ein paar Schritte zurück. Schaut an der Fassade des Hauses hoch. Ein Mädchen kommt von der Straße auf die Haustür zu. Sie öffnet die Tür. Zeusel schlüpft mit hinein.

Im Treppenhaus wird eine Wohnungstür aufgerissen. Max stürmt heraus, einen Koffer in der Hand. In der Wohnungstür erscheint eine Frau. Max wirft einen Blick auf den Lift. Die Lichtsignale zeigen an, daß der Lift bereits im 3. Stück ist. Max bleibt einen Moment unschlüssig stehen. Schaut nach links, schaut nach rechts.
FRAU. Bussi!
MAX *irritiert.* Was?

FRAU. Bussi!
MAX *macht eine ärgerliche Handbewegung.* Ah...
Dann entschließt er sich, nach links die Treppen hinunterzulaufen.

Zeusel im Lift. Er schaut auf die beleuchtete Anzeige des Stockwerks. Max rennt mit seinem Koffer aus der Haustüre. Auf der Straße, zwanzig Meter weiter, ist ein alter Amischlitten geparkt. Max springt hinein. Als Max das Auto startet, sieht er den atemlosen Zeusel aus dem Haus herauslaufen. Zeusel springt in die Mitte der Straße und breitet die Arme aus, um Max zu stoppen. Max fährt rasant auf Zeusel zu. Zeusel bleibt wacker stehen. Max grinst. Er reißt das Steuer herum und wendet mitten auf der Straße um 180 Grad. Um Haaresbreite gleitet er an den parkenden Autos vorbei. Und schon ist er davon.
Zeusel schaut dem davonrasenden Auto nach. Er geht zum Moped. Setzt sich auf den Sattel. Aus der Tasche seiner Windjacke holt er einen Schnupftabak hervor. Er nimmt eine Prise. Nach zweimaligem kräftigen Niesen lächelt er erleichtert.
ZEUSEL. So a Hund so a vareckta.

Vor einem im Halteverbot geparkten Amiauto steht ein Abschleppwagen. Polizei ist da sowie ein paar Schaulustige. Vom Ende der Straße her kommt Tscharli, der mit Genuß in eine Brezel beißt und manchmal stehenbleibt, um einen Schluck aus einer Kakaotüte zu nehmen. Der Polizist gibt den Abschleppern ein Zeichen.
POLIZIST. Weida!
ABSCHLEPPER zum Kollegen. Langsam. Halt. Ned so gach!
MAX *geht auf den Abschlepper los.* Vielleicht bindst du glei das Seil los, du Krüppl du, von mein Auto, he!
PASSANT. Jetzt hautan. Paß auf. Jetzt raffas glei.
MAX *wird immer wütender. Zum Polizisten.* Bin i villeicht a Krimineller, ha?!

POLIZIST. Bitte, das hab' ich nicht gesagt.
MAX. Bloß weile mei Scheckkartn jetzt ned find!
MAX *packt den Koffer, wirft ihn dem Polizisten vor die Füße.* Suchenses Eahne doch glei selber!
PASSANTIN. Jetzt hautan Polizisten.
POLIZIST. Wenn Sie frech werden, kommen Sie gleich mit auf die Wache.
MAX *etwas leiser.* Ah, leck mich doch am Arsch.
POLIZIST. Was haben Sie da jetzt gesagt? Das ist eine Beamtenbeleidigung, damit Sies wissen?
MAX *packt seinen Koffer.* Des woaß i scho.
Die Winde zieht das Auto zu weit seitlich.
ABSCHLEPPER *schreit den Kollegen an.* Halt! Siehst des ned, daß des ned geht aso du Depp du!
KOLLEGE. Dann machs doch alloa, wennst aso gscheit bist.
Tscharli schaltet sich ein. Er geht zu Max, der seinen Koffer zupreßt.
TSCHARLI *grinst Max an.* Da tata mir aa schtinga.
MAX *schaut Tscharli erstaunt an. Dann steht er auf.* Ja ... Ja, bistas du oder bistas ned?
TSCHARLI. Logesch binis.
MAX *begeistert.* Ja, der Tscharli!
TSCHARLI. Der Maxe!
MAX. JA, SO A MASSL, JA, WIE GEHTS DIR DENN?
POLIZIST. HALLO! SIE! WAS IS JETZT MITM ZAHLN?
Das Auto ist jetzt endlich fachmännisch angehoben und vertaut.
MAX *zu Tscharli.* Leihstma an Hunderter?
TSCHARLI. Logesch.
MAX *schreit den Abschlepper an.* Mei Auto runter, bevor i narrisch wer.

Tscharlis Zimmer. Max packt seinen Koffer aus. Tscharli hilft ihm dabei. Er nimmt ihm einzelne Sachen ab und hängt sie auf Bügel in den Schrank. Die abenteuerliche Garderobe von Max erregt Tscharlis Interesse. Besonders eine verwegene Kombi-

Leihstma an Hunderter?

nation von weinroter Hose und zweireihig schwarzgelb gestreiftem Blazer mit Wappen und Goldknöpfen.

Max. Des gfallt dir, gell?

Tscharli. Voglwuid is des. Da mußt lang gesucht ham.

Max. In Europa findst sowas ja überhaupt ned.

Tscharli. Des glaub i.

Max. Der Stoff is aus de Staaten. Den hab' i mir kauft wie i neulich beim Käntackidärbi war. Und wie i dann beim Großen Preis von Milano gwesn bin, bin i zu meim Schneider ganga. Zu am andern geh i ja gar nimmer. Weil de italienischen Schneider halt einfach super san. Der meine is a Graf. Früher hab' ich mein Schneider in Landn ghabt. Den hab' i bloß otelefoniern müssn wenn i in Äskot beim Renna war, nachad is er wie der Blitz kemma. Anprobe aufm Rennplatz. Aba des is nix mehr mit de englischen Schneider weils mir zu konservativ san. Des is oiwei dasselbe. Oiwei Oxford. Was anders kenna de ned und mögns a ned. Da is mei Graf scho was anders. Ausgfalln. Der Schnitt und de Farben. Der traut si was.

TSCHARLI. Des siehtma aufn erstn Blick.

Max nimmt Tscharli den Bügel aus der Hand. Hebt ihn demonstrativ hoch.

MAX. Gib amoi her! Was schätztn was des kostn derf? De Hosn und des Sakko.

TSCHARLI. Mei.

MAX. Schätz halt!

TSCHARLI. Da kann i gar nix sagn. Ehrlich.

MAX. Schätz! Du derratstas soweso ned.

Max gibt den Bügel mit Hose und Jackett zurück. Dabei rutscht die Jacke runter und die Innenseite wird sichtbar. Ein großes deutliches Etikett von C & A Tscharli spielt den Ahnungslosen.

TSCHARLI. Gschpassige Etiketten hat er, dei Graf. Genau wie vom Brenningmeier.

Max stutzt einen Moment. Aber schon hat er sich wieder gefaßt.

MAX. Was? Aso. Raffiniert, gell. Des hab' i mir neimacha lassn. Der macht des so raffiniert, daß a Fremder den Unterschied gar ned kennt. Hast du no an Bügl? I brauch no an Bügl.

TSCHARLI. Unten liegn no welche.

MAX. So. Des hättma.

Max holt ein paar Hemden aus dem Koffer und legt sie in ein Schrankfach.

MAX. De Hemdn. So.

Max kramt im Koffer nach Unterwäsche und Socken.

MAX. Für de paar Tag geht des scho da. Samstag is da Bayern Pokal, da bine in Daglfing draußn. Und am

Sonntag drauf bine soweso scho wieder in Paris. Weil da der Grabri vom Arkedetriompf is. Des möcht ma ja ned moana, daß in ganz München koa Hotelzimmer gibt. Was isn eigentlich los? Modewoche oder Messe oder was? Was i da umanandgfahrn bin, des glabst ned. Ned amoi im Vierjahreszeitn, wo i normalerweis mei Switn hab' wenn i zufällig da bin. »Tut mir leid«, sagt der Kreschnik der dort der Portier is. Dabei kenn i den schon zehn Jahr. »In Ihrer Swite wohnt der König von Burundi.« – »Des is mir wurscht, Kreschnik«, sag i. »Des is mir scheißwurscht, nachad muß er halt wieder ausziehn, der Herr König.«

Jetzt beginnt sich Tscharli langsam zu amüsieren.

Max ist fertig mit seiner Auspackerei. Er läßt sich in einen Stuhl fallen.

MAX. So. – Nett is bei dir. Nix Bsonders aber gmütlich. Du werstas ned glaubn, aber mit der Zeit werd' oam des größte Grandhotel fad.

Max holt ein dickes goldenes Zigarettenetui aus der Tasche und läßt es mit lässiger Geste aufschnappen. »Klick« macht der Verschluß. Ganz laut.

MAX. Zigarette?

Tscharli nimmt eine der superlangen Zigaretten und schaut interessiert auf das goldgedruckte Monogramm oberhalb des Filters.

TSCHARLI. EM – EL.

MAX. Des san meine Anfangsbuchstaben.

TSCHARLI. Wer machtn so was?

Max holt ein ebenso schweres goldenes Feuerzeug hervor, zündet sich zuerst seine Zigarette an, dann die von Tscharli.

MAX. Die Zigarettn san aus einer Plantasche in der Nähe von Rio. Ghört am Freund von mir. A Rennstallbesitzer. Wie i mein eignen Stall aufglöst hab' vor a paar Jahr da hab' i eahm a paar von meine Araberstutn gschenkt. Für was brauch i sechzg Pferdl. Erstens kost des a Vermögn aber ums Geld is mir gar ned ganga. Aber des Ausreitn jedn Tag. De müssen ja bewegt wern. Was glabstn du wie anstrengend des is.

Tscharli deutet auf den offenen Koffer, in dem mehrere Pakete Spielkarten liegen.

TSCHARLI. Spuist oiwei no Kartn?

MAX *ganz nebenbei.* Ja so – gelegentlich. Du nimmer?

TSCHARLI. Logesch.

MAX. Kannst pokern? *Er zwickt die Augen zusammen. Lauernd.* Kannstas gut?

TSCHARLI. Derfst ned vergessen, daß i mim Pokern mei Studium finanziert hab'.

MAX. Ah geh. Is des wahr? *Er holt ein Paket Karten aus dem Koffer.* Magst?

TSCHARLI. Logesch.

Ein kleiner Tisch wird herangerückt. Max beginnt zu mischen. Man sieht an der Art wie er mischt, daß er damit sehr vertraut sein muß.

Eine Spielhölle in der Ledererstraße. Erich Zeusel biegt auf seinem Moped um die Ecke. Er steigt ab und läutet an der Tür des Spielcasinos, das kleine Fenster wird geöffnet. Ein Mann schaut heraus.

MANN. Was willstn du?

ZEUSEL. Is der Max da?

MANN. Da mußt scho früher aufsteh.

Klapp – und das Fenster ist zu. Zeusel steigt wieder auf sein Moped und fährt ab.

Susi kommt in die Küche vom St. Anna Eck. Bindet ihre Schürze ab.

RUTH. Wie oft muß i dir jetzt no schrein.

SUSI. I hab' jetzt soweso koa Zeit mehr.

RUTH *spitz.* Wie bitte?

SUSI *regt sich auf.* Weil ich dir gsagt hab', daß ich heut ins Kino geh und jetzt is soweso scho dreiviertl achte und weil i mi a no herrichtn muß. Weil i des gar ned einseh, daß i mi oiwei abhetzn muß bis zur letztn Minutn. Daßdas weißt.

RUTH. Wie redstn du mit deiner Mutter?

SUSI. Weils immer dasselbe is. Und weil i mir des nimmer gfalln laß.
RUTH. So? Und i? Wann kann denn i vielleicht ins Kino geh oder wohi? Was habn i vielleicht zur Unterhaltung mei Lebn lang?
SUSI. Du hastn Papa.
RUTH. Weil des a scho was is!
SUSI. Des hättst dir halt früher überlegn müssn.
Susi läuft hinauf.
Die Bedienung kommt wieder zur Essensausgabe.
ERNA *fordernd.* Das Böfflamott!
RUTH *grantig.* Ja, glei!

Tscharlis Zimmer. Die Karten liegen auf dem Tisch. Tscharli steht am Fenster, raucht – schaut hinaus. Ein Feldherr nach einer großen Niederlage. Max geht zu einem Wandspiegel, rückt seine Krawatte zurecht. Kämmt sich sorgfältig sein Haar.
MAX *nebenbei.* Wie möchst du mir jetzt de vierhundertfuchzg Mark zruckzahln? Bar oder auf Raten oder wie?
TSCHARLI. Dreihundertfuchzg.
MAX. Was?
TSCHARLI. Dreihundertfuchzg. Weile dir an Hunderter gliehn hab' fürs Abschleppn.
MAX. Is aa a schöns Geld.
TSCHARLI. Werstas scho krieagn.
Max setzt sich in einen Sessel, holt das gewonnene Geld aus der Tasche. Zählt es. Zählt die Zettel, die ihm Tscharli als Schuldscheine unterschrieben hat.
MAX. Jaja. Natürlich ... hundertvierzg Mark. Wenig.
TSCHALI. Was wenig?
MAX. Wenig zum Wetten. Weile jetzt sonst nach Daglfing nausgeh tat.
TSCHARLI. Des is doch erst am Samstag hast gsagt.
MAX. Schmarrn. Da Bayern Pokal is am Samstag. Heit is Abendrennen. Moanstn was da los is.
Du – ob dir dei Oma vielleicht a Geld? ...

TSCHARLI. Erstens is ned da, weils wo is. Und zwoatens hatsas ned.
MAX. Und euer Zimmerherr?
TSCHARLI. Hast Angst, daß dei Geld ned krieagst oder was? Werstas scho krieagn.
MAX. Wo i an solchn Tip hab', mei hab' i einen Tip, aba scho glei an soichn.
TSCHARLI *mit neuem Interesse.* Kannma mit hundertvierzg Mark nix gwinna?
MAX. Bist du no nie in Daglfing gwesn?
Tscharli will nicht zugeben, daß er noch nicht beim Rennen war.
TSCHARLI. Kenna tu' is natürlich. Des is ja logesch. Aber so direkt draußn gwesn, so direkt selber, da kannt i mi jetzt gar ned so genau erinnern.
MAX. Oisa dann!?
TSCHARLI. Aber bsonders ligwid bin i fei nimmer. Eigentlich überhaupt nimmer.
MAX. Hundertvierzig Mark hamma. Des langt. Vui is ned, aba a bissl was is aa.

Rennplatz Daglfing. Tscharli und Max sitzen im Teehaus am Fenster. Tscharli ist aufgeregt. Er kann nicht sitzen bleiben. Wie verschiedene andere Gäste im Teehaus springt auch er auf, als zwanzig Längen vor dem Ziel das zweite Pferd hinter ›Jardin‹ noch einmal angreift.
TSCHARLI. Mei ... mei ... der Fünfer. Jetzt derwischtan no. Der derwischtn no. Mei ... Schau hi! Der derwitschn no.
Max sitzt ganz ruhig auf seinem Stuhl. Vor ihm liegt die Traberzeitung, die Max aufmerksam studiert. Er macht sich Notizen am Rand der Zeitung. Max lässig, mitleidig.
MAX. Geh!
TSCHARLI. Schau hi na siehstas. Und wiean glei derwischt. Schau hi!
MAX. Da brauch i ned hischaugn, weils des ned gibt.
Der Fünfer holt gefährlich auf. Tscharli ist ganz stumme

Spannung jetzt. Aber ›Jardin‹ wehrt ab und geht sicher mit einer halben Länge ins Ziel.
Hörbar löst sich die Spannung im Publikum. Tscharli sinkt erschöpft auf den Stuhl.
TSCHARLI. Jetzt hättan aber beinah dawischt. No zwanzg Meter und scho hättan ghabt.
MAX. An Schmarrn. Koa Schaas hatta ghabt der Fünfer. Koa Schaas ned.
TSCHARLI. Wie möchstn du des wissen wennan scho fast ghabt hätt.
MAX. *Fast* oiwei – aber ghabt nie.
TSCHARLI *ärgert sich über das Besserwissen von Max.* Und warum ned?
MAX *geheimnisvoll lächelnd.* Des möchst gern wissn, gell?
Tscharli ist sauer. Antwortet nicht. Trinkt aus seinem Bierglas. Max hat seine Notizen beendet.
MAX. So. Auf wievui is jetzt der Schardä fürn Sieg gstandn?
TSCHARLI. Sechsadachzge.
MAX. Sechsadachzg für zehn. Und füran Fuchzger hamman ghabt.
TSCHARLI *reißt es.* Was? Du hastn ghabt?
Max holt den Wettschein heraus und wirft ihn auf den Tisch.
MAX. Was hastn du gmoant?
TSCHARLI. Du hast doch gsagt, du wettst ned glei beim ersten Lauf.
MAX. Gsagt hab' ich scho vui in meim Lebn.
TSCHARLI *verblüfft.* Ja... nachad hamma ja jetzt gwunna.
MAX. Du bist a Schnellschpanner. Oiso: sechsadachzg mal fünf san vierhundertdreißg. Da gehst jetzt nunter an Kasse und holstas ab. Und nachad gehst an Schalter und spuist des was i da aufgeschriem hab'. Da. Des kost fünfhundert Mark. Gib i dir no siebzge.
Max holt noch siebzig Mark aus der Tasche.

TSCHARLI. Des ganze Geld? Jetzt hamma doch scho was gwonna.
MAX. Wega a paar hundert Mark samma ned herganga –
TSCHARLI. Ja aber...
MAX. Is des mei Geld oder deins? Oiso.
TSCHARLI *steht auf. Noch einmal beugt er sich zu Max.* Is des jetzt dei Ernst. Fünfhundert Mark?
MAX. Da Pfarra predigt ned zwoamoi.
TSCHARLI *immer noch zögernd.* Dann geh i jetzt. Und des – des mach i jetzt dann... Du! Eigentlich ist des ja irgendwie mei Geld aa. Gwesn moan i.
MAX. Wemma was gwinna bist dabei.
TSCHARLI. Ehrenwort?
MAX. Ehrenwort.
Tscharli geht. Max bleibt am Tisch sitzen. Grübelt über der Traberzeitung.

Ansage der Rennleitung: Die Pferde zur Parade bitte. Das Rennen wird in wenigen Minuten gelaufen.
Ein Mann, Jossl, setzt sich unaufgefordert neben Max auf Tscharlis Stuhl.
JOSSL. Nu?
Max schaut ihn kurz an, schaut wieder in seine Zeitung. Jossl stippt ihn an.
JOSSL. Nu? Was hertsach?
MAX *schaut nicht auf.* Nix.
JOSSL *zwinkert ihn an.* Ebbes mussma doch hern.
MAX. Von mir erfahrst nix.
Jossl läßt sich nicht so ohne weiteres abspeisen. Er stippt ihn wieder.
JOSSL. Hast scho ebbes getroffn?
MAX. Bekannte.
JOSSL. Abba! Oder du bist a Freind oder nisch. Was is los. Du redst nisch du sugst nisch. Haste Zores?
MAX. Schleichde!
Ansage der Rennleitung: Die Pferde bitte an den Start. Das Rennen wird in wenigen Minuten gelaufen.

Tscharli kommt herein und bleibt vor dem Stuhl stehen, auf dem Jossl sitzt.
MAX. Hostas?
TSCHARLI. Logesch.
MAX. Gib die Zettl her!
JOSSL *zu Tscharli.* Oooh. Der Schitteff. Der Herr Partner, die Ehre. A großer Zokker, der Max. A begabter Mensch. Weit kann ers bringen. Wie weit man weiß nischt genau. Alles hat ma schon erlebt. Ich weiß, ich sitz auf Ihrem Stuhl. Sie solln sich nischt kränkn. Ich geh schon.
JOSSL *steht auf.* An scheenen gitten Tag.
Tscharli setzt sich – Jossl kommt noch mal zurück, schaut Max kurz über die Schulter auf den Wettschein, der obenauf liegt. Max dreht sich um. Jossl grinst vielsagend. Verneinende Geste mit dem Zeigefinger.
JOSSL. Dä Greco, dä Corelli, dä Home Hix!? Maax! Nischt heite. Nischt bei dem Boden. Im Kopp muassmas haben, Max, im Kopp.
Ansage der Rennleitung: Start ab!
Die Pferde laufen hinter dem Starterwagen an. Tscharli fiebert.

Am selben Abend in Susis Zimmer. Tscharli und Susi im Bett.
TSCHARLI. Jetzt kumm i mir wieder langsam vor wie a Mensch.
SUSI. Dreihundertsechzig Mark.
TSCHARLI. In drei Stund. A Wahnsinn. War hart. Aber interessant.
SUSI. Da hast a saubers Massl ghabt.
TSCHARLI. Mit Glück hat des nix zum tun. Kenna mussmas. Und kuul mussma sei. Ganz kuul. Des is des Wichtigste. Ohne gefühlsmäßige Emotionen. Kalt und leidenschaftslos.
Susi rückt näher. Sie küssen sich kurz. Tscharli macht wieder einen tiefen Zug an der Zigarette.
TSCHARLI. Wie i da so draußen gstandn bin. Mitten unter

die ganzn Leit. In der Atmosphäre. Da habes aufamoi gwußt.

SUSI. Was hast du da gwußt, Tscharli?

TSCHARLI. Gschpürt habes wieder. Aba scho so genau. So genau habes überhaupts no nia gschpürt.

SUSI. Was hastn gschpürt, Tscharli?

TSCHARLI. Daß des a Riesensach is. Wemmas richtig macht. A Riesensach. Da san welche draußn de san so bläd daß ned amoi wissn wiasase schreim. Aba gwinna teans. Undwia. Was moanst du was da los is wenn da oaner kimmt mitam Verschtand. Mmei!

SUSI. Aba des is doch a reine Glücksach. Mit de Pferdl. Des woaß doch a jeder.

TSCHARLI. Moant a jeder. Naanaa. Glück – gibst ned. Des wissn aa de wenigstn.

SUSI. Aba i woaß wasa Glück is.

TSCHARLI. Was?

SUSI *schmiegt sich an ihn.* Daß du jetzt da bist.

TSCHARLI *streichelt sie.* Des is wieder was anders. Aba a Glück in dem Sinn gibts jedenfalls ned. Gebn tuts höchstns a Wahrscheinlichkeit. Und de hat mim Glück nix zu tun sondern mit der Mathematik, verstehst.

SUSI. Warum ham dann manche Leut mehra Glück und andere ned?

TSCHARLI. Schau. Jetzt sageda a Beischpiel. An Napoleon kennst doch oder? Oiso. Sei Lebn lang hat der ois gwonna. Aba ois. Und in Waterluu dann wias auf Schpitz und Knopf gschtandn is da hatta aufamoi verlorn. Und warum hatta verlorn?

SUSI. Weil de andern mehra gwesn san.

TSCHARLI. Naa.

SUSI. Weila a Pech ghabt hat.

TSCHARLI. Foisch. Weila Hämorridn ghabt hat. Deswegn hatta verlorn.

SUSI. Wo hastn *den* Schmarrn her?

TSCHARLI. Koa Schmarrn. Tatsache. Heit kannt eahm sowas überhaupt nimmer passieren. Und warum ned?

Wie i da so draußen gstanden bin ... Da habes aufamoi gwußt ...

SUSI. Weila nimma lebt.
TSCHARLI. Weil es heute kein Problem gibt worauf die Wissenschaft keine Antwort weiß. Deswegen. Des hamma ja gsehn. Mim Mond. Oder vielleicht ned?
SUSI. Doch.
TSCHARLI. Oiso. Und wenn des mim Mond ganga is, nachad werstma doch glaum daß so a Pferderennen gar nix is dagegn. Oder ned?

SUSI. Doch.
TSCHARLI. Oiso. Und so mache des. Wissenschaftlich.
SUSI. Und wie soll des geh?
TSCHARLI. Da hab' ich schon einen Plan. Und wenn des lafft am Samstag – des sage da – dann bine a King.
SUSI. Du schpinnst ja.
Susi zieht Tscharlis Kopf hoch und will ihn küssen. Tscharli macht sich noch einen Moment frei.
TSCHARLI. Des hams zum Kolumbus aa gsagt. Bisas eahna dan zoagt hat.

Am nächsten Morgen. Oma Häusler kommt mit Einkaufstasche in die Küche.
Tscharli sitzt am Tisch. Frühstückt. Wie immer liest er dabei Zeitung und hat das Radio an. Musik. Die Oma räumt die Einkaufstasche aus. Im Vorbeigehen schaltet sie das Radio aus. Tscharli schaut hinter der Zeitung hervor. Versucht, die Stimmung der Oma zu ergründen. Die Oma beachtet ihn nicht. Sie räumt die Sachen ein, die sie eingekauft hat. Zwischendurch dreht sie wie immer mechanisch am tropfenden Wasserhahn.
OMA. Glump.
Tscharli blättert in der Zeitung.
Oma setzt Wasser auf. Aus den Augenwinkeln wirft sie Tscharli einen prüfenden Blick zu.
Tscharli spürt den Blick. Es ist ihm unbehaglich.
TSCHARLI. Hast du was?
Oma Häusler antwortet nicht. Sie setzt sich an den Tisch. Holt ein altes Schulheft aus der Schublade – trägt die Summen der Einkaufszettel ins Haushaltsbuch ein.
TSCHARLI. Is was? Sag halt!
OMA. Ham mir einen Besuch?
TSCHARLI *als ob er nicht verstanden hat.* Was moanst?
Aber die Oma schaut Tscharli nur an.
TSCHARLI *windet sich.* Aso. Des moanst. Wegam Ding

Hamm mir einen Besuch?

moanst. Ja, des is ja – a direkter Bsuch is des ja ned. Des is nur weil des so a oider Freind is von mir. Normalerweis wohnt der im Vierjahreszeiten. Wo er eine Switn hat. Aber da wohnt jetzt a ausländischer König drin. Und – und solang kannta ja bei uns übernachtn. Hab' i gmoant.

OMA. Hast du des gmoant?

Sie steht auf und geht zu dem Wassertopf. Sie wirft Grünzeug hinein und ein Stück Suppenfleisch.

TSCHARLI *mit aufgeräumter Stimme.* Wie warn jetzt des bei dem Ausflug? Mitm Goldnen Münchner Herz? Wars schön?

OMA *verächtlich.* Lauter oide Leut.

TSCHARLI. Wars ned schön? Im Gebirg und so. Sag halt wies war!

OMA. Wies halt so is im Gebirg.

TSCHARLI. Hatsda ned gfalln?

OMA. Der Herr vom Verein hat immer gsagt mir solln Eindrücke sammeln. Das hamma halt dann gmacht.

Tscharli holt Geld aus der Tasche. Die Oma beobachtet ihn. Tscharli legt Geld auf den Küchentisch.

TSCHARLI. Dann gib i dir jetzt glei mein Teil von der Miete. Des san amoi hundert Mark und des san noamoi fuchzg Mark.

OMA. Für was?

TSCHARLI. A so halt. Wennst was brauchst. Wennst was magst. Daß das vielleicht kaufst. Irgendwas werst doch mögn.

Die Oma geht zum Tisch. Nimmt das Geld und legt es in die Tischschublade.

OMA. Arbadsd was?

TSCHARLI *lächelt geheimnisvoll.* Logesch.

OMA. Was arbadsd denn?

TSCHARLI *gibt Oma einen Kuß.* Eine – Überraschung. Pfüade. Mir pressierts.

TSCHARLI *merkt, daß seine Oma besorgt ist.* Hast du was?

OMA. Der gfallt mir ned dein Freund.

TSCHARLI. Du kennstn doch gar ned.
OMA *schaut Tscharli an.* Trotzdem gfallta mir ned.

Im Versicherungsbüro. Gustl und Martin, sein Kollege, sitzen über Akten und arbeiten. Das Telefon klingelt. Martin hebt ab.

MARTIN. Unfall und Haftpflicht, Bergmann – Ja – Moment. *Zu Gustl.* Für di. *Gibt ihm den Hörer.*
GUSTL. Feuer und Einbruch, Seiler.
TSCHARLI *sonor.* Genie und Wahnsinn, Häusler.
GUSTL. Depp du. Warum bistn ned kumma, gestern?
TSCHARLI. Des verzähl i dir in zehn Minutn, da treff ma uns nämlich.
GUSTL. Spinnst du, i muß ja...
TSCHARLI *unterbricht.* Pscht.
GUSTL. Wennedas sag.
TSCHARLI. Sag nix! Horch! Dir is nämlich schlecht.
GUSTL. Was is mir?
TSCHARLI. Fieber und Übelkeit.
GUSTL. Wieso?
TSCHARLI. Wieso ned?
Bei Gustl beginnt es langsam zu dämmern. Er wirft einen kurzen Blick auf seinen Kollegen.
GUSTL. Aso.
TSCHARLI. Ansteckend is aa.
GUSTL. Was genau?
TSCHARLI. Masern. I hol dich ab. In a Viertelstund. Tschau.
Gustl legt auf, beugt sich wieder über die Akten, dann faßt er sich mit der Hand an den Kopf, stöhnt.
MARTIN. Hast du was?
GUSTL. Woaß ned, mir is auf amoi so heiß und schwindlig is ma aa. Und juckn tuts mi überall.
Der Kollege schaut besorgt.

Vor dem Rennplatz. Tscharli und Gustl gehen zum Eingang. Dort stehen zwei Uniformierte, die sich miteinander unterhalten.

GUSTL. Da stenga zwoa.
TSCHARLI. Wo isn des Programm?
GUSTL. Des hab' i.
TSCHARLI. Sagma moi a paar Namen von de Träner.
GUSTL *blättert.* Wagner – Obermaier – Biendl.
TSCHARLI. Langt scho. So. Wichtig is, daß mir schnell genga und energisch. Du bist schtad. Redn tu' i.
Beide gehen zielstrebig auf den Eingang zu. Tscharli hebt lässig die Hand, als er an den Uniformierten vorbeigeht.
TSCHARLI. Is der Wagner da?
1. UNIFORMIERTER. Was?
TSCHARLI *streng.* Gengas in Stall nüber! Der Wagner soll rüberkemma. Aba schnell. Mir warten vor der Tribüne. Wenna in zehn Minuten ned da is fahr i am Flughafen und flieg nach Paris zurück. Und der Hengst fliegt mit. Dann is aus, Ende.
1. UNIFORMIERTER. Der Wagner is auf der Bahn.
TSCHARLI. So! Des werd' sei Glück sei.
Tscharli und Gustl gehen weiter.
Die zwei Uniformierten schauen den beiden nach. Der erste schüttelt den Kopf. Dann setzt er seine Schildmütze auf, die er in der Hand hat. Schaut auf die Uhr.
1. UNIFORMIERTER. Dann packmas wieder.
Die beiden Straßenbahner steigen in einen städtischen Omnibus, der leer an der Haltestelle steht, und fahren weg.
Auf der Rennbahn. Ein Fahrer fährt in schnellem Trab auf die Ziellinie zu. Gustl und Tscharli stehen am Ziel. Gustl hat die Uhr in der Hand.
GUSTL. Zwoundzwanzig dreißig, zwoundzwanzig vierzig, fünfzig, dreiundzwanzig – zehn – zwanzig, eins dreiundzwanzigdrei.
Das Pferd geht durchs Ziel.
TSCHARLI. Aufschreim!
Gustl notiert die Zeit.
Tscharli blättert in der Traberzeitung.
TSCHARLI. Wievui?
GUSTL. Einsdreiundzwanzigdrei.

TSCHARLI. Steht genau da drin.
GUSTL. Warum neahma nachad ned glei die Zeitn de im Herold stenga?
TSCHARLI. Glauben is gut. Kontrolle is besser.
GUSTL. Findst du?
TSCHARLI. Findt der Lenin. Und wo er recht hat hatta recht.
GUSTL. An wahnsinnign Hunger habe.
TSCHARLI. Wir fahrn jetzt soweso nei. Weilma jetzt den Kompjuta organisiern. Vielleicht telefonierst glei amoi mit dem Typen bei deina Versicherung daßma nachad ned warten müssn. Des pressiert jetzt.
GUSTL. Des glaube soweso ned, daß der des bis am Samstag macht.
TSCHARLI. Samstag – Samstag. Morgn brauchmas. Weil an Pokal vaschiebn de ned wega uns.
Vertraulich, mit Kopfzeichen zu dem Fahrer, der gerade vorbeigefahren ist.
TSCHARLI. Jetzt geh amoi damite da was macha ko.
GUSTL. Gibma zwoa Zehnal!
TSCHARLI *gibt ihm zwei Zehnerl.* I wart da dawei.
Gustl geht.
Tscharli bleibt am Geländer der Bahn stehen. Der Fahrer mit dem Pferd kommt zurück.
Tscharli lächelt ihn freundlich an. Der Fahrer bleibt stehen, steigt ab, untersucht den Wagen. Er versucht einen Riemen festzuziehen. Strengt sich an. Es geht nicht. Er schaut sich um, als ob er Hilfe suchte. Bückt sich wieder. Tscharli erfaßt die Situation. Er flankt über das Geländer und schon ist er bei dem Fahrer. Das Pferd ist unruhig. Der Fahrer kann den Riemen nicht befestigen. Tscharli geht zum Pferd und hält es.
WAGNER. He!
TSCHARLI. I haltn schnell.
Tscharli streichelt das Pferd, beruhigt es, redet auf das Pferd ein. Leise. Das Pferd hält still. Wagner kann den Riemen befestigen. Er setzt sich wieder in den Sulky. Fährt ab. Tscharli springt wieder über das Geländer.

Der Fahrer dreht um und fährt zurück. Vor Tscharli bleibt er stehen. Das Pferd streckt seinen Kopf zu Tscharli hin. Tscharli streichelt es.
WAGNER. Was bistn du für oaner?
TSCHARLI. I? Warum?
WAGNER. Was für oaner bist?
TSCHARLI. Ich bin ja aufgewachsen mit de Pferdl.
WAGNER. I bin der Wagner.
TSCHARLI. Dann san Sie ja berühmt.
WAGNER. Mit Pferdl bist du aufgwachsn. Wo nachad?
TSCHARLI. Wo? Mei. Überall. Mir ham ja selber welche ghabt aufm Hof. Solche natürlich ned. Aber schoo aa schöne. Über Pferdl geht a nix für mi. Wenne des scho riech. A Pferdl und a Stall. I hab' ja lang in an Stall garbad. War sehr schön.
WAGNER. In am Stall hast du garbad. Als was? Als Pfleger?
TSCHARLI. Jaja. Jahrelang.
WAGNER. An Pfleger kannte scho brauchn.
TSCHARLI *mit Begeisterung.* Is des wahr? Ehrlich. Mei. –
WAGNER. Zwoahundertfuchzig in der Wochn. Und zwoa Prozent vom Gewinn. Aufgeteilt natürlich aufn Stall. Is des vielleicht schlecht oder? Füran junga Burschn.
TSCHARLI. Des is ja riesig ist des. Für an junga Burschn. – Und was gwinna Sie so durchschnittlich? Wega de zwoa Prozent moane.
WAGNER. Wennstme kennst, nachad moaßt daß i oiwei gwinn.
TSCHARLI. Jaja. Des stimmt natürlich. Logesch.
WAGNER. Nachad kimmst glei morgn.
TSCHARLI Morgn bine da. Wie a Brezn.
WAGNER. Morgn in der Früah.
TSCHARLI. In der Früah? Aha. Und – wann waar des ungefähr so? In der Früah. Nur so ungefähr?
WAGNER. Um sechse werd' ogfangt. Aufn Schlag.
TSCHARLI. Um sechse! Aha.
WAGNER. Paßta des vielleicht ned?

TSCHARLI. Doch, doch. Pfundig is des.
...Und um achte? Da waars natürlich dann scho zschpät oder? Oder sagma um sieme. Wie waar des? Um sieme?
WAGNER. Um sechse aufn Schlag.
Wagner schnalzt mit der Zunge. Das Pferd setzt sich in Bewegung. Tscharli schaut nachdenklich hinter dem Pferd her. Plötzlich kommt ihm eine Idee. Er lächelt, schlägt mit der Hand aufs Geländer.

Wohnzimmer Häusler. Oma Häusler und Herr Heinrich sitzen beim Mittagessen. Heinrich ißt mit Genuß. Sie beobachtet ihn. Heinrich merkt es. Er schaut auf. Sie lächelt, weil es ihm schmeckt. Die Tür geht auf. Max steht in der Tür. Unausgeschlafen. Gähnt.
MAX. Morgen.
Deutet ein Kopfnicken an.
MAX. Litzner.
OMA *trocken.* Grüß Gott. Mittag is.
MAX. De Zeit vergeht.
Max setzt sich an den Tisch. Schaut neugierig in Heinrichs Tasse. Mit einer Hand winkt er sich den Duft des Kaffees in die Nase, schließt die Augen dabei!
MAX. Ah!...
Max grinst die Oma an. Eine unangenehme Pause entsteht. Die Oma zögert kurz, dann entschließt sie sich, zunächst gastfreundlich zu sein.
Sie holt noch eine Tasse. Stellt sie auf den Tisch. Gießt Kaffee ein. Deutet mit einer Bewegung des Kopfes auf die Tasse.
MAX *zu Heinrich.* Und wer san Sie?
HEINRICH. Leopold Heinrich ist mein Name.
MAX. Und was is nachad der Vorname?
HEINRICH. Leopold. Ich bin der Untermieter.
OMA. Zimmerherr!
MAX. Da kannma scho wohna. Da herin.
Max greift – nachdem er den Kaffee getrunken hat – über den Tisch. Hebt den Deckel von der Terrine, in der noch Fleisch und Gemüse ist.

Max *genießerisch.* Mhm. Ochsenfleisch und a Wirsching. Des is aa scho lang her, dasse sowas gessen hab'. Kriagstas ja fast nirgends mehr auf der Welt.
Wieder grinst Max die Oma an. Ihr bleibt nichts anderes übrig, als noch einen Teller zu holen. Sie stellt Max wortlos die Terrine vor die Nase. Max greift kräftig zu.
Max *kauend.* Mei, hat des an Gschmack. Da kummsta fei vor wia dahoam.
Heinrich *zu Oma.* Sehen Sie! Auch ein Kenner der feinen Küche, der junge Herr.
Die Oma ist fast geschmeichelt. Ein kleines Lächeln huscht über ihr Gesicht. Max hat es sofort bemerkt und hakt nach.
Max. Der Tscharli hat scho gsagt, daß Sie so nett san. Wo isan eigentlich?
Die Oma schaut.
Max. Jedenfalls is des amoi was anders wie die ewign Hotels. Des glaubt ma ja ned, daß in ganz München koa Hotel gibt. Da hast a Switn im Jahreszeitn und dann kannst ned nei weil a Nega drin wohnt. Des gibts ja ois ned. Weltstadt mit Herz, da lache ja.
Heinrich *beeindruckt.* Im Vierjahreszeiten wohnen Sie sonst?
Max *schüttelt den Kopf.* Der König von Burundi! Den kennas glei bhaltn von mir aus. Was san Sie von Beruf?
Oma. Der Herr Heinrich ist ein Komponist! Und ein Geiger. Ein berühmter.
Heinrich lächelt abwehrend.
Max *als ob er nachdenkt.* Leopold? Leopold?
Heinrich. Heinrich.
Max. Den Namen habe scho wo ghört. Ham Sie früher in Nuijork gschpuit? Da bin i ja öfters.
Heinrich. In New York nicht. In London hab' ich viel gespielt.
Max. In Landn. Genau. Jetzt woaß i scho wer Sie san. Sie san der der gestern nachmittag Geign gschpuit hat. Habe ghört. Da brauchtma a Gfühl in de Händ.
Die Oma beobachtet Max mißtrauisch.

Unsicher, was sie von ihm halten soll. Heinrich dagegen blüht auf.
HEINRICH. Früher. Die Konzerte. Da war alles noch offen. Ach ja.
MAX. Kenna Sie Kartenschpuin? Mit dem Gfühl in de Händ. Da müssens ja eigentlich aa Kartenschpuin kenna.
HEINRICH. Es hat schon was damit zu tun. Ganz unrecht haben Sie da nicht. Hab' ja früher oft Skat gespielt. Mit Leidenschaft muß ich fast sagen. Ein schönes Spiel. Hat auch sowas Kreatives.
MAX. Kriätiff. Genau. Oisa nachad. Brauchma no an drittn. *Zu Oma.* Was is? Schpuins mit?
Die Oma wirft Max einen Blick zu, der unmißverständlich Abneigung gegen das Ansinnen bedeutet. Sie nimmt die Teller vom Tisch.
HEINRICH *kommt in Fahrt, zur Oma.* Ob der Herr Eder da is?
OMA *warnend.* As Kartenschpuin hat an Teife gsehn.
HEINRICH *steht auf.* Ich werd' mal sehen, ob der Herr Eder da is. Und Karten brauchen wir auch.
Max stochert sich mit einem Streichholz in den Zähnen. Als sich sein Blick noch mal mit dem der Oma kreuzt, setzt er das sympathischste Lächeln auf, das ihm zur Verfügung steht.

Wohnküche Eder. Eder sitzt am Tisch und ißt. Seine Frau kommt zur Tür herein und setzt sich. Sie ißt weiter. Eder hat eine Zeitung auf dem Stuhl daneben liegen. Beugt sich nach der Seite und liest. Frau Eder blickt auf.
FRAU EDER. Iß!
EDER. Wer isn des gwesn?
FRAU EDER. Der Heinrich.
Eder beugt sich wieder zur Zeitung.
EDER. Grad rumschmeißen teans mit de Millionen. Vor zehn Jahr hatn koa Mensch kennt an Müller. Und jetzt waar er aufamoi Millionen wert.
FRAU EDER. Essen sollst.

EDER. Aba nausgeh tu' i eahne ned ums Verrecken. Olümpiaschtadium! Hamma notwendig ghabt. Damit der ander jetzt an Minister schpuin ko. Bei de Sozi. Sprüch reißn daß höher nimmer geht. Und dann zupftase. Sovui hättst dem Wimmerldammerl gar ned zoin kenna, daß er dafür nach Bonn waar.

FRAU EDER. Wennst jetzt ned ißt nachad kummst zspät ind Arbad.

EDER. Mittagspause is eine Stunde. Und wenne mag dann is länger.

FRAU EDER. Weil du der Herr Betriebsrat bist.

EDER. Weil mir eine gleitende Arbeitszeit ham.

FRAU EDER. Des machma jetzt dahoam aa. Dann bleibe bis um zehne im Bett und du kochsta dein Kaffee selber.

EDER. Dahoam geht des ned.

FRAU EDER. So? Und warum ned?

EDER. Weil mir eine Ehe san und keine Firma.

FRAU EDER. Aufamoi waar des jetzt a Ehe. Interessant.

EDER. Was soll des hoaßn?

FRAU EDER. Dasse nix schpann von dera Ehe. Alfons.

Eder schaut auf die Uhr. Es wird ihm unangenehm.

EDER. Jaa – i muß jetzt geh.

FRAU EDER *ironisch.* Freile. Da mußt du glei geh.

Eder steht auf. Packt seine Tasche.

EDER. Was hat der wolln? Der Heinrich?

FRAU EDER. An Schmarrn. Kartnschpuin.

EDER *ungläubig.* Der Heinrich? Kartnschpuin. Mit mir? Am hellichtn Tag? Seit wann schpuitn der Kartn?

FRAU EDER. Was woaßn i?

EDER *leise und eindringlich.* Jetzt is soweit. Jetzt schpinnta.

Eder macht eine Bewegung zum Kopf, die andeuten soll, daß Heinrich übergeschnappt ist.

FRAU EDER. Du schpinnst aa.

EDER. Naanaa. Der hat oiwei scho so an Blick ghabt. In seine Augen. Jetzt hatsn. Glaubmas. Der schpinnt.

FRAU EDER. Geh kumm! Schwingde!

Eder geht aus der Türe raus. Geht an der Wohnungstür Häusler vorbei, bleibt stehen. Überlegt kurz. Dann geht er zurück und drückt auf die Klingel.

Computerraum in der Versicherung. Gustl und Tscharli gehen hinter dem Programmierer – Herrn Einsteiner – her. Einsteiner zieht einen Schlüssel aus der Tasche, schließt den Computerraum auf. Im Gegensatz zu der perfektionistischen Sterilität des Raumes stehen Einsteiners erste Worte. Tscharli und Gustl machen große Augen. Einsteiner entschuldigend – als ob man ein unaufgeräumtes Wohnzimmer betritt.

EINSTEINER. Da schauts jetzt halt a bissl aus da herin. Weil mir a neue Peripherie kriegn. Jetzt is halt ned aufgeräumt. Braucht ois sei Zeit, gell.

TSCHARLI. Des macht doch nix. Schaut ja soweso sauber aus. Wenne da an andere Firmen denk. Was moanas wies da ausschaut. Kein Vergleich. Tat i sagn.

Gustl schaut Tscharli erstaunt an. Tscharli macht ein ernstes Gesicht, zuckt die Achseln, als wollte er sagen: »Is vielleicht ned so?« Einsteiner nimmt einen Block – setzt sich an den Tisch. Tscharli und Gustl setzen sich ebenfalls an den Tisch. Tscharli hat ein Paket mit Rennprogrammen unter dem Arm. Legt es auf den Tisch.

Einsteiner zeichnet ein Koordinatensystem aufs Papier.

EINSTEINER. Was ihr da wollts geht ja ned, gell. Des wißts ja. Weils Utopie is, gell. Aba jetzt probiermas amoi. Geh tut ois. Bloß wie, gell.

Tscharli nimmt eines der Hefte, schlägt es auf, beugt sich seitlich über den Tisch, um Einsteiner Einblick zu geben.

TSCHARLI. Der ganze Witz is der, daß – da stenga jetzt de ganzen Zeiten drin, dede Pferdl in de letztn Monat glaufn san. Und da …

Das Telefon klingelt. Einsteiner drückt auf ein paar Knöpfe der Anlage, das Klingeln verstummt.

EINSTEINER. Moment. Oiso. Wo samma gwesn?

TSCHARLI. Da stenga jetzt de ganzn Zeitn von de Pferdl drin …

Das Telefon läutet wieder. Einsteiner nimmt ab.
EINSTEINER *zu Tscharli.* Des langt ja ned. Moment. *Ins Telefon.* Einsteiner. Des habema denkt, daß Sie des san. Moment. *Zu Tscharli.* Zerst is des a mathematisches Problem. Sage Eahna glei wia ma des packn. *Ins Telefon.* Bin scho da.
Nananana. Des fahrma mim Maxprogramm. Des habe am Koalmän aba glei gsagt, daß des ned anders geht bei uns. Was? Geh! An Schmarrn. Von Iii nach Jott und de andere von Jott nach Iii. Mir müssen ja in der Zeitachse denken, gell.
TSCHARLI *zu Gustl.* Wie sagt man zu eahm?
GUSTL. Wie moanst?
TSCHARLI. Herr Programmierer oder was?
GUSTL. Ja ned. Systeminschenör hoaßt er.
EINSTEINER. Wieso? Soweso. A Maximalbedingung is aa nix anders wie a umgekehrte Minimalbedingung. Da müssma de Kirch scho im Dorf lassen, gell. Anders gehts ned. Wahrscheinds gehts soweso ned. I habs eahm jedenfalls gsagt. Mir is wurscht. I mach eah ois. Und geh tut ois. Bloß wie halt, gell. *Lacht.* Jaja. Schmecks Kropfata. Serwas. *Legt auf. Zu Tscharli.* Oiso: Wo samma gwesn? Woaß scho. Oiso. Zerst brauchma a Analyse. Damitma des Thema amoi global umreißn. So gehts scho moi los. Wahrscheinlich gehts ja soweso ned. Und wenn – nachad kannse des koa Mensch leistn. Aba probiern teanmas amoi. So. *Malt ein paar Zeilen aufs Papier.* Wie is des überhaupt? Geht des aufs Haus. Oder? Is des privat? Oder wer zoit des?
GUSTL. Mir hamm uns denkt, daß ma da irgendwie ...
TSCHARLI. Da redn mir dann später drüber. Da hab' ich an sehr interessantn Vorschlag, Herr Systeminschenör.

Wohnzimmer Häusler. Heinrich, Eder und Max sitzen am Tisch und spielen Karten.
Seitlich hinter Max sitzt die Oma. Sie hat einen Korb mit Wäsche, Strümpfen und Unterwäsche neben sich stehen und macht kleine Ausbesserungsarbeiten. Über ihre Brille schaut

sie mit wachsamen Augen dem Spiel zu. Vor Eder und Heinrich liegen mehrere Geldscheine. Max ist blank wie es scheint.
EDER. Spiel vier mal Grasn – vieravierzig. Und a Kontra hamma gsagt und a Re hamma ghabt. San achtadachzg – san hundertsechsasiebzg.
Max steht auf, streckt sich.
EDER. Nachad machma wieder moi a Bilanz. A bissl. Damit a jeder woaß was los is. Oiso – *Rechnet zusammen.* Hundert hamma scho. Und des san ... san nachad noamoi hundertzwanzg. – Sechsazwanzg – zwoaradreißg. Hundertzweiunddreißg Mark grad naus. Dann teanma weiter.
OMA *auffordernd.* Müssen Sie ned amoi heim, Herr Eder?
EDER. Woma jetzad grod so schön drin san.
HEINRICH. Gibt es noch einen Kaffee, Frau Häusler? Aber nur wenn es Ihnen nichts ausmacht.
OMA HÄUSLER *zu Heinrich.* Sie san ja ein Spieler.
Heinrich lächelt entschuldigend, zuckt die Achseln.
EDER. So. Weida gehts!
Die Oma geht hinaus.
MAX. Irgendwie bine jetzt müd.
EDER. Haha. Weila verliert. Des samma soichene Spieler. Weida gehts.
Max setzt sich.
MAX. Aba dann schpuin ma jetzt was anders. Damits a Abwechslung is.
EDER *zwinkert Heinrich zu.* Uns is ois recht. Meim Freind und mir.
MAX. Siebzehn und vier?
EDER *lächelt siegesgewiß.* Schlawinerschpui, ha?

Tscharlis Zimmer. Abends. Max zieht sich gerade um. Ein frisches Hemd. Sein gewagtes Jackett. Aus einer Tube drückt er sich Frisiercreme auf die Haare und kämmt sich sorgfältig vor dem Spiegel. Auf dem Tisch liegen Geldscheine und

Kleingeld, ein Taschentuch, Zigarettenetui, Feuerzeug etc. Es klopft an der Tür.

MAX. Ja.

Heinrich kommt herein. Bleibt zögernd stehen.

MAX. Legensas aufn Tisch!

Heinrich geht zum Tisch, legt ein paar Geldscheine hin. Heinrich geht wieder hinaus, ohne Max eines Blickes zu würdigen.

Max geht zum Tisch. Packt das Geld und stopft es in die Tasche. Die Tür geht auf. Eder steht in der Tür.

Max stellt ein Bein auf einen Stuhl, beginnt sich die Schuhe zu bürsten. Mit einer Kopfbewegung deutet er auf den Tisch.

EDER. An Scheck habe.

Max schaut Eder an. Geht zu ihm. Nimmt ihm den Scheck aus der Hand. Betrachtet ihn prüfend.

MAX. Ned gern. *Steckt den Scheck ein.* Ausnahmsweise. *Geht wieder zum Schuheputzen.* Weils Sie san.

EDER. Schlawiner!

MAX *schaut auf. Drohend.* Was!

EDER. Jawoi! *Dreht sich noch einmal um, bevor er geht.* Betrüga!

Max schaut Eder an. Pumpt sich auf. Überlegt sichs dann doch anders. Grinst Eder süffisant an.

MAX. Glücksach.

Eder geht.

Max geht vor den Spiegel, überprüft noch mal sein Äußeres. Draußen schlägt Eder wütend die Tür zu.

Max grinst in den Spiegel. Als er sich umdreht, steht die Oma im Zimmer. Sie ist ganz ruhig. Gefährlich ruhig.

OMA. Naus!

MAX. So schnell schiaßn Preißn ned.

Sie geht zum Kleiderschrank, öffnet ihn. Holt die Sachen von Max heraus und wirft sie auf einen Stuhl.

MAX. Hehe?!

Die Oma dreht sich um und schaut Max an. Unter ihrem Blick wird er unsicher.

MAX. Aja. Aso pressierts ja aa ned oder? Morgn in der Früh ziage aus. Soweso – Ehrenwort.
OMA. Sie gehn jetzt. Sie packen jetzt ihren Koffer, dann gehn Sie.
MAX *gedehnt, verschränkt die Arme.* Und wenne ned geh? Was nachad? *Grinst frech.* Holns nachad de Polizei?
OMA *ganz ruhig.* Da brauche koa Polizei – i ned.
Sie verschränkt ebenfalls die Arme. Sie schaut Max gerade ins Gesicht. Max hält den Bilck nicht aus. Er dreht sich um. Greift seinen Koffer und wirft ihn auf den Tisch. Dann reißt er seine restlichen Sachen aus dem Schrank und wirft sie in den Koffer.

5 Uhr früh. Wohnküche Häusler. Tscharli sitzt am Tisch. Völlig verschlafen. Die Oma brüht Kaffee auf.
OMA. Dein Herr Max habe fei nausgschmissn. Daßdas weißt.
TSCHARLI. Was? Wieso?
OMA. Weila Kartn gschpuit hat mitn Eder und mim Herrn Heinrich.
TSCHARLI. Was? Was hatta?
OMA. Bschissn hattas. Der Lump. In meiner Wohnung.
TSCHARLI. Ja ... wievui? Wievui?
OMA. Fünfadachzg vom Heinrich und hundertzehn vom Eder. Lieber gebes eahna zruck von meiner nächstn Rente.
TSCHARLI. Schmarrn. Wenns selber schuld san.
OMA. Und wer hatn daherbracht den Lumpn?
Tscharli steht auf. Zögert. Dann greift er in die Tasche, legt zwei Fünfzigmarkscheine auf den Tisch.
TSCHARLI. Gibst an jedem an Fuchzger! An Rest kriegns noch. Mehra habi jetzt ned. Jetzt muß i schnell telefoniern. I brauch a Taxi. Mir pressierts.
OMA. Jetzt trinkst zerst dein Kaffee. Was isn des für a Arbad wo du da higehst jetzt?
TSCHARLI. Mei, des is schwer zum Erklärn. Des is a größeres Unternehmen was viel mit Tiere zu tun hat. Mit

viele Tiere und so. Und da brauchns einen der was im Kopf hat. Der da eine Ordnung neibringt, verstehst.
OMA. Und da brauchen die ausgerechnet dich dafür?
TSCHARLI. Logesch.

Stallbezirk. Ein Fahrer hält mit seinem Pferd am Stalltor. Tscharli läuft auf ihn zu. Der Fahrer steigt ab. Streckt sich. Tscharli nimmt ihm das Pferd ab.
FAHRER. Bist du ned der Neie vom Wagner?
TSCHARLI. Bine. Aba i lang ja überall hin. Weil für mi geht ja nix über a Pferdl. *Begutachtet das Pferd.* Schee is der. Wunderbar. Ganz a modern gschnittenes Gsicht. Trockne Sehnen. Klare flache Gelenke. A richtiger Schtar. Für mi is der dabei morgn.
FAHRER. Wenna laffa tat scho.
TSCHARLI. Laffta ned?
FAHRER. Geh! Den verkaufe doch. Der werd' ja nix.
TSCHARLI. Wann der nix werd' nachad möchade wissn wer dann was werd'.
FAHRER *schaut Tscharli grinsend an.* Mechst was wissn, ha?
TSCHARLI. I? Wirkle ned. Des fange gar ned o mitm Wettn.
FAHRER. I kann dir aa gar nix sagn. Weile selber nix woaß.
TSCHARLI. Jamei. Des woaßma ja nia so genau.
FAHRER. I geh ins Casino. Bist so gut und stellstman drüm nei, gell.
TSCHARLI. Wird gmacht. Machen glei no a bissl trockn. Weile grad Zeit hab'. So a scheens Pferdl.
Fahrer geht ein paar Schritte. Dann dreht er sich um und winkt Tscharli her.
FAHRER. Was zoitnda, der Wagner?
TSCHARLI. Zwoahundertfuchzg und zwoa Prozent.
FAHRER. Bei mir taatst mehra kriagn.
TSCHARLI. Kennma drüber redn. Schad is halt bloß daß Sie nix wissn. Des ist halt schad.

FAHRER *lächelt.* Was brauchstn?
TSCHARLI. Fürn Pokal.
Der Fahrer dreht sich um, holt Tscharli näher heran. In der Tür eines Stalles im Hintergrund taucht ein alter Pferdepfleger auf, beobachtet die beiden.
FAHRER. Da Flamenco.
TSCHARLI. Und da Catona ned?
FAHRER. Koa Schaas.
TSCHARLI. Und da Meilschtone aa ned? Wenns vielleicht regnt?
FAHRER. Wenns regnt scho glei gar ned. Da Flamenco und ko anderer.
TSCHARLI. Und wenna schpringt?
Ein zweiter Fahrer fährt hinein.
FAHRER. Nachad hatta Pech ghabt.
Der Fahrer geht weg. Tscharli führt das Pferd in den Stall.

Tscharli kommt mit dem Pferd in den Stall. Der Alte, der Tscharli und den Fahrer beobachtet hatte, nimmt ihm das Pferd ab.
PFLEGER. Gibn her, den Heita.
Mit einer Kopfbewegung in die Richtung, in der der Fahrer verschwunden ist.
PFLEGER *verächtlich.* Der anda!
TSCHARLI. Wieso?
PFLEGER. Geh! Geh! Der Flamenco! Da lache ja.
TSCHARLI. Weila springt, moanst?
Tscharli wittert schon wieder eine Chance, etwas zu erfahren.
PFLEGER. Flamenco. Da kannst ja glei an Rockabei schpuin. Der hat aa koa Schaas ned.
TSCHARLI. Wer hat denn dann a Schaas?
PFLEGER. Im Pokal? *Pause, der Pfleger schüttelt den Kopf.* Gar koaner.
TSCHARLI. Wieso? Oaner muß ja doch gwinna.
PFLEGER. Mei, Bua. Wenn du amoi so lang dabei bist wie i – dann redma weida.

Tscharli. An Sieger gibts oiwei.
Pfleger. Schau, es gibt oiwei oan, der als erster ins Ziel rennt – muß ja gebn, aber Sieger, mei Sieger gibts ja scho lang nimmer.
Tscharli *versteht nicht ganz, was der Alte meint.* Aha.
Pfleger *winkt ihm vertraulich.* Geh amoi her! Woaßt wer a Schaas hätt?
Tscharli. Wer?
Pfleger. Der Simmerl.
Tscharli. Der is ja scho vui zu alt, der lafft ja scho lang nimmer.
Pfleger *bedauernd.* Des is ja.
Führt das Pferd in den Stall.
Tscharli, mit ratlosem Gesicht, bleibt zurück.

Gaststätte Rennbahn. Tscharli sitzt mit Gustl an einem Tisch. Gustl öffnet einen Aktenkoffer.
Gustl. So. Oiso. Jetzt schauma moi.
Holt die Computerblätter heraus. Oiso. Oans muaßeda aba glei sagn. Sehr genau is nicht. Da hätta mehr Zeit braucht. Und genauere Angaben, hatta gsagt. So. Sieger im Bayern Pokal bei normalem Rennverlauf und schönem Wetter Pferd Nummer 2 Catona.
Tscharli. Und wenn koa schöns Wetter is?
Gustl. Wenn koa schönes Wetter is?... Moment. Des hamma ned. Mir ham nur was is wenns regnt. Moment. Wenns regnt – tiefer Boden bei normalem Rennverlauf Pferd Nummer 9 Meilschtone.
Tscharli. Und wenn a mittlerer Boden is?
Gustl. Tja. Des is schwer. Da hamma nix. Da hamma bloß no oan, der vom Computer her aa no a Schaas hätt. Des is da Lackiboi.
Tscharli *notiert auf einen Zettel.* Catona, Meilschtone, Lackiboi. Sehr gut.
Gustl. So. Und was hast jetzt du?
Tscharli. I? Wieso?
Gustl. Tips! Tips!

Da gibts ganz verschiedene Arten von Tips.

TSCHARLI *strickt sich irgendwas zusammen.* Jaja. Des lafft scho. Werd' scho. Werd' ois. Ich hab' da scho a bissl rumghorcht jetzt. Da gibts jetzt ganz verschiedene Arten von Tips.
GUSTL *skeptisch.* So?
TSCHARLI. Ja, logesch. Da gibts zerstamoi de todsichern und dann de weniger todsichern. Mit a Garantie und ohne a Garantie, dassa garantiert lafft, dassa garantiert

ned springt und dann dassa garantiert unter de ersten drei is. Und so hoit.

GUSTL. Und dassa garantiert gwinnt. Gibts des aa?

TSCHARLI. Gebn? Gebn tuts ois. Zoag amoi. Catona, Meilschtone, Lackiboi ... I wer glei ganz hystärisch, wenne an des Haufen Geld denk.

GUSTL. Bis jetzt hammas no ned.

Abends in Susis Zimmer. Tscharli und Susi im Bett.

SUSI. Schee waars scho wennsd was gwinnadsd.

TSCHARLI. Schlecht waars ned.

SUSI. I hab' no nie was gwonnen.

Was denkstn?

TSCHARLI. Nix.

SUSI. Irgendwas werst doch denkn.

TSCHARLI. I denk wie des is mim Glück. Wie des ois wirklich is.

SUSI. A Glück gibts. Und des kannma ned zwingen.

TSCHARLI. Aba a Wahrscheinlichkeit gibts aa. Und de kannma berechnen.

SUSI. Aba de Wahrscheinlichkeit is aa bloß a Glücksach.

TSCHARLI *lacht.* A Logik hast du wira Frau.

SUSI. I bin ja aa a Frau.

Rennplatz Daglfing. Gut besuchter Renntag. Menschen stauen sich an den Kassen. Auf der Bahn wärmen die Fahrer schon die Pferde auf. Besucher flanieren auf und ab. Gustl führt Susi an einen Tisch auf der Terrasse. Susi setzt sich. Gustl entschuldigt sich für einen Moment. Susi bleibt allein mit dem Herrn sitzen. Macht ein elegantes Rennbahngesicht.

Gustl und Tscharli im Stall.

GUSTL. Was is mit de Tips?

TSCHARLI. Habe. Aba zvui.

GUSTL. Wieso zvui?

TSCHARLI. Weile mindestens zwanzg Tips hab'. Vaschiedene. Und weil bloß zwölf Pferdl laffa.

GUSTL. Was machma nachad jetzt?
TSCHARLI. I schpui de Catona mit zwoahundert Mark. Und aus.
GUSTL. Und wennsas renga ofangt?
TSCHARLI *schaut zum Himmel.* ... Schpuinma an Meilschtone.
GUSTL. Oder an Lackiboi.
TSCHARLI. Genau. I hab' mir des ois nomoi überlegt. Da derfmase ned narrisch macha lassn. Da wissad ja a jeder was anders. Da mussma kuul bleiben und wissenschaftlich. Vom Anfang bis zum Ende. Des hamma gsagt und des schpuinma. Aus. Reine Nervensach.

Gustl kommt auf die Terrasse zurück. Susi mit dunkler Sonnenbrille in Positur. Ganz Dame mit ihrem großen Hut.
SUSI. Wann kummta denn?
GUSTL. Da Tscharli? Der kummt ned.
SUSI. Was? Wieso kummta ned?
GUSTL. Weila drüm is auf der Stallseite. Hinter de Kulissn, verstehst.
SUSI. Und warum sitzn mir nachad da?
Gustl schaut kurz auf den Herrn. Der macht ein unbeteiligtes Gesicht.
GUSTL *flüstert Susi zu.* Weilas von innen her aufrollt. Mit seine Beziehungen, verstehst?

Lautsprecheransage: »Die Quoten für die Zwillingswette im dritten Rennen mit der Kombination vier – acht und acht – vier: Zweihundertsechsunddreißig. Ich wiederhole: Die Quoten für die Zwillingswette im dritten Rennen ...«
Vor dem Stall. Tscharli spannt ein Pferd ein. Wagner kommt mit einem anderen Pferd angefahren, steigt ab und geht zu Tscharli.
ANSAGE. »Die Pferde zur Parade. Das Rennen wird in wenigen Minuten gelaufen. Pferde zur Parade bitte.«
WAGNER *steigt auf.* Dann packmas wieder.
TSCHARLI. Wiesn da Bodn heit?

WAGNER. Ned leicht. Ned schwer.
TSCHARLI *nervös.* Mittel? Isa mittel, ha?
WAGNER. Mei. Mittel isa aa ned direkt.
Wagner dreht um mit dem Pferd. Tscharli geht neben ihm her.
TSCHARLI. Wer gwinntsn?
WAGNER. Da Beste.
Und Wagner fährt auf die Bahn.
Tscharli schaut ihm nach. Zieht sein Geld raus, läuft hinüber zu den Kassen.

Autos fahren auf den Parkplatz. Teure Marken.
Auch ein alter VW fährt hinein. Er fährt durch die Reihen der parkenden Wagen. Plötzlich bleibt er stehen. Von der Beifahrerseite steigt ein alter Bekannter aus: Erich Zeusel. Gekleidet wie immer. Unter dem Arm eine Mappe. Zeusel geht um den VW herum direkt auf ein parkendes Auto zu: Es ist der Amischlitten mit der Wiener Nummer von Max. Zeusel schaut hinein. Lächelt. Nickt befriedigt. Bedeutet seinen Begleitern, den Wagen weiter vorne zu parken.
An der Barriere zwängt Tscharli sich durch die Zuschauer. Greift durch die Gitterstäbe der Barriere auf die Bahn. Hebt eine Handvoll Erde vom Boden auf. Prüft sie zwischen den Fingern. Riecht daran.
ZUSCHAUER. Wahnsinnig schwül is.
2. ZUSCHAUER. Des gibt a Gwitter.
ZUSCHAUER. Wenns bloß ned schifft.
2. ZUSCHAUER. Wenns schifft isma aa recht. Dann geh i in de Schwammerl.
Tscharli kriegt riesengroße Ohren. Er schaut zum Himmel. Keine Wolke.
ANSAGE. »Das verehrte Publikum wird gebeten, seine Wetten frühzeitig abzugeben. Das Rennen wird in einigen Minuten gelaufen.«
Tscharli läuft weg. Betrieb unter den Besuchern. Gustl sitzt da. Nervös. Susi blickt mit erhobenem Kopf elegant über die Leute. An den Wettschaltern bilden sich Schlangen. An einem

Wer gwinntsn? – Da Beste.

der Schalter steht ein Mann. Beobachtet die Wetter. Als er die Traberzeitung vor seinem Gesicht sinken läßt, erkennen wir Erich Zeusel. Er schaut sich jeden der Wetter an. Dann geht er weg. Zu einem anderen Schalter.

Auf der Terrasse. Gustl schaut auf die elektronische Anzeige. Die Quoten wechseln.
GUSTL *notiert.* Jetzt gehta runter. Zefix.
SUSI. Wer?
GUSTL. Da Sechsa.
SUSI. Wowo? Wer?
GUSTL. De Quotn fallt. Jetzt hatta gsetzt. Der Tscharli. Jetzt. Jetzt hatta gsetzt. Wenns nur ned weiter fallt.

SUSI. Von was redst du eigentlich?
GUSTL. Siehst de Tafe da drüm. Des is a Elektronenanzeiger. Und de Zahlen san de Quotn. Jetzt gehta scho wieder runter. Herrgott!
SUSI. Jetzt erklärma halt awos. Du machstme ganz nervös. Welcher isn da unsere?
GUSTL. Sechs – Acht – und Elf.
SUSI. Alle drei?
GUSTL. Oaner von de drei.
SUSI. Welcher?
GUSTL *gereizt.* Des woaße doch ned.
Gustl zieht seine Hand vom Tisch, als ob ihn der Blitz gestreift hat.
SUSI. Was is denn?
GUSTL. Jetzt trepfeds. Ich habs genau gschpürt. An Meilschtone muassa schpuin. An Meilschtone.
SUSI. Wo trepfeds?
GUSTL. Gschpürt habes. Hast du nix gschpürt?
SUSI. Schmarrn. Weit und breit koa Wolkn am Himmel. Werd' halt oaner was runtergschütt ham.
Gustl steht auf. Schaut hoch zur Tribüne. Zu dem Herren.
GUSTL. Ham Sie nix gschpürt?
HERR. Bitte?
GUSTL. Daß trepfed hat.
HERR. Heut bleibts schön. Das wird ein schnelles Rennen – warm – leichter Boden.
GUSTL. Dann muassa de Catona schpuin. Hats gwiß ned trepfed?
SUSI *zieht Gustl auf den Stuhl.* Jetzt hockde moi hi. Du machst ja alle Leit narrisch.
GUSTL. Sgscheidste waar wenna an Lackiboi schpuin tat.

Hektischer Betrieb am Wettschalter. Tscharli stürzt durch die Menge. Zieht sein Geld aus der Tasche. Stellt sich an. Da hört er seinen Namen rufen.
MAX. Tscharli! He – Tscharli!

Tscharli schaut sich um. Max kommt auf ihn zugelaufen. Er ist ganz außer Atem.

MAX. Gut dassede dawisch. So a Massl. Paß auf! Hast a Geld?

TSCHARLI. Daßde du no hertraust.

MAX. Was? Ah. Blädsinn. Paß auf. Mir braucha a Geld. I hab' an Tip. An Tip. Ganz an hoaßn. Hast a Geld?

Die Reihe rückt langsam weiter. Tscharli ist jetzt der vierte. Steht am Ende der Schlange.

ANSAGE. »Bitte Bänder spannen! Ich wiederhole: Bänder spannen!«

TSCHARLI. Schleichde!

MAX. Tscharli! Freind! Sei ned bläd! I woaß was.

TSCHARLI. I woaß aa was. Daß du nämlich a Sau bist a ganza ausgschamte.

MAX. Tu ma an Gfalln! Oamoi no! I hab' dir aa de Hälftn gem. Beim letztenmoi. I bin aa a Freind gwesn. Mit teiln wieder. I hab' an Tip und du hastas Geld. Glaubmas! I schpürs. Ganz gwiß schpüres. Von mir aus kriegst du dreiviertel und i nimm bloß oa Viertel.

Nur noch ein Wetter ist jetzt vor Tscharli an der Kasse.

TSCHARLI. Des mache ned.

MAX. Du musstas macha! Des bereist ewig. Glaubmas doch! Seit zehn Jahr geh i zu de Pferdl. I woaß ja was los is. Verstehst? I woaß doch.

Tscharli überlegt, Jetzt steht er allein vor der Kasse.

KASSIERERIN. Was is, meine Herren? Glei is zuadraht.

TSCHARLI *hat sich entschlossen.* Oiso!

MAX *drängt sich an die Kasse.* An Herzbua! An Fünfa!

KASSIERERIN. Wievui?

MAX. Was hast?

TSCHARLI. Zwoahundert.

MAX. Auf Herzbuam. Zweihundert auf Sieg.

ANSAGE: »Fertigmachen! An die Plätze! Eins – zwei – ab! . . .«

Die Startglocke läutet.

Auf der Tribünenseite. Gustl springt auf. Susi steht auf. Bewegung unter den Zuschauern.

SUSI. Was hatta jetzt gschpuit?

GUSTL *gereizt.* I woaß doch ned!

Nach den ersten hundert Metern beginnt die Nummer sechs – Milestone – zu galoppieren. Ein akustisches Signal ertönt.

SUSI. Der Sechsa! Schau! Wasa macht, isa des. Der unsere! Schau wie a rennt!

Die Sechs galoppiert an der Außenseite nach vorne. Der Fahrer kann ihn nicht bremsen.

SUSI. Der gwinnts. Der gwinnts. Isa des da unsere?!

GUSTL. Hoffentlich ned!

SUSI. Warum ned?

GUSTL. Weila scho draußen is.

SUSI. Aba wenna doch so grennt is.

GUSTL. Grennt isa scho. Aba wia halt.

Die sechs wird gebremst, fällt zurück.

Auf der Stallseite. Tscharli und Max stehen an der Barriere. Das Feld zieht an ihnen vorbei. Der Fünfer liegt gut an dritter Position.

MAX. Was sage! Goidrichtig liegta. Goidrichtig. Dreihundertfuzg für zwoahundert. Des rentiertse.

TSCHARLI *dreht sich um.* Runde siemtausend Mark.

MAX. Warum schaugst ned hi.

TSCHARLI. Weile des ned aushoit.

Zwischen den Zuschauern an der Stallseite drängt sich Erich Zeusel. Er schaut nicht auf das Rennen. Er schaut auf Max.

Gustl und Susi auf der Terrasse. Gustl packt Susi am Arm.

GUSTL. Kimm!

Sie laufen vor zur Barriere. Das Feld zieht vorbei. Acht und elf bilden das Schlußlicht.

SUSI. Wo sannsn jetzt? De Unsern? Da achta? Da elfa?

GUSTL. Hinten sans. Ganz hinten.

SUSI *resigniert.* Dann gwinnas nix mehr.

GUSTL *vielsagend.* San scho Hausherrn gschtorm.

Auf der Stallseite. Das Feld kommt auf die Höhe von Tscharli und Max. Tscharli lehnt mit dem Rücken zum Gitter. Raucht nervös seine Zigarette. Der Fünfer geht nach außen. Macht sich frei und legt sich außen an zweite Stelle.
MAX. So is brav. Jawoi. Oiwei mit da Ruhe.
Da kommt von hinten der Achter mächtig auf. Mit einem unwahrscheinlichen Speed kommt er aus der Kurve und legt sich hinter den Fünfer.
Begeisterung und Unruhe unter dem Publikum.
MAX. Ja – ja was is des? Ja spinnt der? Ja was isn des?!
Tscharli dreht sich um. Starrt dem Achter nach.
TSCHARLI *ganz ruhig*. Den hätte gschpuit. An Catona. Des waar mei Tip gwesn. I Depp i.
MAX. Ah was!
Max nimmt einem danebenstehenden Zuschauer das Fernglas aus der Hand.
MAX. Tschuldigens.
Schaut den Pferden nach.
MAX. Ja gibts des aa? Ja gibts des denn aa. Der fahrt ja wie der Teife.
TSCHARLI. Logesch – is ja mei Tip gwesn.

Auf der Tribünenseite. Die Pferde biegen in die Zielgerade ein. Als erster kommt Catona rein. Dicht dahinter Nummer fünf Herzbua. Kurz danach das Feld.
GUSTL. I wer wahnsinnig. Ja i wer ja glei wahnsinnig.
SUSI. Isa des da unser?
GUSTL. Soweso.
SUSI. Was kriagnma da?
GUSTL *mit sicherer Siegeszuversicht*. Mei. Wennan für zwoahundert gschpuit hat sans oiwei runde fünftausend.
SUSI. Jetzt hammas.
Susi sucht nach einer Zigarette in ihrer Handtasche. Plötzlich schwillt die Erregung im Publikum an.
SUSI. Hast a Feuer?
GUSTL *dreht sich um. Leichenblaß*. Ghabt.

SUSI. Was?
GUSTL. Ghabt hammas. Weilmas jetzt nimmer ham.
SUSI. Was?
GUSTL. Schau hi!
Susi beugt sich über die Barriere. Der Fünfer kommt auf. Mächtig. Mit einer halben Länge geht er vor Catona ins Ziel.

Auf der Stallseite. Max beobachtet den Einlauf. Tscharli steht wieder mit dem Rücken zur Bahn. Die Hände vorm Gesicht. Max setzt befriedigt das Glas ab.
MAX. So. Des waars gwesn.
TSCHARLI. Is vorbei?
MAX. Vorbei is. Und ham teanmas aa.
TSCHARLI. Siemtausend Mark. Mi trifft der Schlag.
MAX. Kleine Fische.
TSCHARLI. Wie hast jetzt des gwußt mit dem Fünfa?
MAX. Mächstas wissen?
TSCHARLI. Wer hatta des gsagt?
MAX. Mächstas ehrlich wissen?
TSCHARLI. Ja.
MAX. Nachad sagedas. Gwußt habe nämlich gar nix. Aba gschpürt habes.
TSCHARLI. Du bista Hund.
MAX *deutet mit der Fingerspitze auf seine Nase.* Da musstas ham. Da drin.
Die Fahrer biegen in den Stall ein.
WAGNER. He. Was is?!
TSCHARLI. I kumm glei.
MAX. Gibma dawei de Zettl. Nachad holes Geld.
WAGNER. Häusler! Was is?!
TSCHARLI. Oiwei mit da Ruhe.
Tscharli gibt Max die Wettscheine.
MAX. I steh am Parkplatz. Hinterde Tribünen. Mei Auto kennst ja. Da treffma uns.
TSCHARLI. In zehn Minuten bine drüm.
Tscharli läuft zu Wagner. Spannt das Pferd aus. Max geht in Richtung Kasse. Zeusel geht unauffällig zum Ausgang.

Wohnzimmer Häusler. Oma Häusler setzt sich einen Hut auf. Sie trägt ein Sonntagskleid. Heinrich ist ebenfalls zum Ausgehen angezogen. Elegant.

HEINRICH. Da wird er Augen machen, der Karl.

OMA. Da werda schaun.

HEINRICH. Wir müssen aber so tun als ob wir ganz zufällig vorbeikommen wären.

OMA. Jetzt isa schon den zweitn Tag um fünfe aufgstandn. So fleißig war der noch nie.

HEINRICH. Wenn ihn eine Arbeit interessiert, dann ist er auch fleißig. Das hab' ich immer gesagt.

Die Oma ist fertig.

OMA. Gemma!?

HEINRICH *bietet ihr den Arm.* Jetzt gehen wir.

Auf dem Parkplatz. Max öffnet die Türe auf der Fahrerseite seines Wagens. Setzt sich seitlich hinein. Zählt die Scheine. Stellt das Radio an. Fröhliche Musik.

Die Scheine legt er auf den Nebensitz. Macht zwei Häufchen.

MAX. San fünftausend – so – und des san zwoatausend – so.

ZEUSEL *schaut durchs Fenster herein.* Und mitanand sans siemtausend. Des rentiertse ja direkt amoi.

Max fährt wie der Blitz herum.

ZEUSEL. Griaßde nachad, Maxe. Habede dawischt, ha?

Max versucht blitzschnell die Tür zu schließen. Aber schon geht auf der anderen Seite die Tür auf und Zeusel setzt sich auf den Nebensitz.

ZEUSEL *milde lächelnd.* So. Taschenpfändung, Herr Litzner.

MAX. Hast an Titel?

ZEUSEL *holt einen dicken Akt aus der Tasche. Lächelt.* Mei. *Bietet ihm den ganzen Akt an.* Was magstn für oan? Kronberger gegen Litzner? Oder magst vielleicht Kuschnigg gegen Litzner? Ehrmann, Köhler, Riebensteiner, brauchstas bloß sagn wasd magst. Titel hamma mehra wie gnua. So.

ZEUSEL *nimmt das Geld.* Des warn amoi siemtausend. Vui is ned. Aba a bissl was is aa. Was hastn no in der Taschn?

MAX. Nix.

ZEUSEL. Ehrlich?

MAX. Wennedas sag. Und de siemtausend ghörn aa ned mir. Sondern am Freind von mir. Ehrlich. Des is gar ned mei Geld gwesn.

ZEUSEL. Schau Maxe. Oiwei vazählst du mir soiche Sachn. Wo mir uns jetzt scho so lang kenna. Des is doch ganz wurscht wem es ghört wennstas du in der Taschn hast. Hast me? Zwangsvollstreckung ins bewegliche Vermögen, hast me? Was der Schuldner gerade bei sich trägt. Oiso. Und wenn dei Freind nachad kimmt – wennsn überhaupt gibt – schau, da sagst eahm an schöna Gruaß von mir, da gibts nämlich an Rechtsweg und a Widerspruchsklage und lauter soiche Sachan. Da kann der dann jederzeit sei Recht krieagn. Bloß obas Geld no kriegt und von wem – des is dann de Frage, gell. Weil zerst wern de alten Gläubiger befriedigt. Und da hamma ja vui bei dir. Ganz vui hamma da. Weil wenn de a Versammlung macha tatn, nachad müssadns ja pfeigrad ins Olümpiastadium geh. So vui hamma da. Oiso.

Zeusel zieht einen Schnupftabak aus der Tasche. Bietet Max an.

ZEUSEL. Magst an Schmeizla?

Max nimmt eine Prise. Beide schnupfen und niesen.

ZEUSEL. Helfda Gott, daß wahr is.

Vor dem Elefantengehege im Tierpark. Zahllose Leute. Oma Häusler und Heinrich steuern durch die Menge auf eine Bank zu. Sie lassen sich müde nieder.

OMA. Jetz habn mir aber überall gschaut.

HEINRICH. Hat er denn wirklich Tierpark gesagt?

OMA. Er hat gsagt daß es was mit Tieren is.

Er müßte einfach öfter wollen.

HEINRICH. Das kann ja auch was anderes sein.
OMA. Zwei Tag lang isa jetzt um fünfe aufgstandn.
HEINRICH. Das zeigt doch ganz klar, daß er kann, wenn er will.
OMA. Er müßt einfach öfter wolln.
HEINRICH. Und wo ein Wille ist ist auch ein Weg.
OMA *ironisch.* Des müssens ihm halt amal sagn.
HEINRICH. Das sag ich ihm auch.
Die Oma lächelt. Sie weiß es besser.

Auf einer Wiese am Englischen Garten. Gustl und Max sitzen im Amiauto und spielen Karten – um Streichhölzer. Weiter weg auf einer Bank sitzen Susi und Tscharli unter einem Schirm. Es regnet.

SUSI. Ärgerst dich jetzt?

TSCHARLI. Warum?

SUSI. Weilst nix gwonnen hast.

TSCHARLI. I hab' ja gwonnen.

SUSI. Abas Geld hast nicht.

TSCHARLI. Des is wieder was anders.

SUSI. Fünftausend Mark waar scho was gwesn.

TSCHARLI. Sovui waars aa wieder ned gwesn.

SUSI. Was hättstn mit dem Geld gmacht? Wennstas gwonnen hättst?

Tscharli träumt vor sich hin. Antwortet nicht.

SUSI. Du!!

TSCHARLI. Was?

SUSI. Wasd gmacht hättst mit dem Geld?

TSCHARLI *legt den Arm um Susi. Nach einer Pause.* Des überlegnma uns jetzt ...

3

Ein Ziel im Leben

In der Küche packt die Oma ihre Tasche aus: Milch, Butter, Brot, Eier, Streichwurst, einen Joghurt für Tscharli.
Der Wasserhahn über der Spüle tropft. Sie greift mit einer kurzen, automatischen Geste, ohne hinzusehen, nach dem Wasserhahn.
OMA. Glump.
Der Wasserhahn tropft weiter.
OMA. Wo is denn jetzt der Butter – da isa ja.
Es läutet an der Wohnungstür. Draußen steht Frau Eder. Sie hält einen Brief in der Hand. Sie läutet noch einmal.
Die Oma schaut durch den Spion. Sie sieht das Gesicht von Frau Eder. Oma Häusler greift zu der Sicherheitskette. Sie öffnet die Tür.
FRAU EDER. Einen Brief hamma kriegt, Frau Häusler.
OMA. So?!
FRAU EDER. Vom Wohnungsamt.
OMA *nimmt den Brief.* Was wolln denn de von mir?
FRAU EDER. Schauns halt nei!
OMA. Da schau i dann später nei.
FRAU EDER. Des is gwiß was Wichtigs.
OMA. Wenn i dann neigschaut hab', dann sagis Ihnen, Frau Eder.
FRAU EDER. Vielleicht kriegns jetzt endlich die neue Wohnung – mei tät mich des frein für Sie, wo Sie scho so lang drauf gwart ham.
OMA *schüttelt den Kopf, verwundert.* Da kommen die jetzt daher.

In der Küche. Tscharli sucht den Joghurt. Er schüttet Zucker in den Becher. Dann greift er nach der Zeitung, er setzt sich

auf einen Küchenstuhl, seitlich zum Tisch. Mit einer Hand löffelt er hastig den Joghurt, mit der anderen blättert er die Zeitung durch. Zwischendurch dreht er an einem Kofferradio, bis er Musik findet.
Tscharlis rechtes Bein, das er über das linke geschlagen hat, wippt zum Rhythmus der Musik.
Die Oma kommt in die Küche zurück.
TSCHARLI. Wer isn des gwesn?
OMA. Die Frau Eder.
TSCHARLI. Was hatsn wolln?
OMA. An Brief hats bracht.
TSCHARLI. Is de jetzt bei der Post neuerdings?
OMA. Du hörst ja nix wenns läut.
TSCHARLI. Weil ich mich gwaschn hab' und wenns Wasser lafft dann hörtma nix.
OMA. Gschlaffn hast no wie der Postbot da war ... Hast a schlechts Gwissn?
TSCHARLI *schaut die Oma etwas unsicher an.* I? Wieso? Wieso meinst daß i a schlechts Gwissn ham soll. Wirkle ned.
Die Oma gibt ihm den Brief. Der Brief ist bereits geöffnet.
OMA. Da kannstas selber lesn.
TSCHARLI *überrascht.* Des is ja vom Wohnungsamt.
OMA. Jaja.
TSCHARLI *liest.* De schreim daß du jetzt a Wohnung kriegst – eine Einzimmerwohnung kriegst du.
OMA. Weil mir doch damals den Antrag gstellt ham.
TSCHARLI. Ja aber – des is ja mindestens vor am Jahr gwesn. Freili – voram Jahr war des, wost so schlecht beinand gwesn bist mit dem Fuß.
OMA. Da kommen die jetzt daher wo mir scho lang nix mehr fehlt.
TSCHARLI. Des is typisch.
OMA. Was machma jetzt da?
TSCHARLI. Des schickma wieder zruck.
OMA. Sollmas ned wenigstens anschaun? De Wohnung?

TSCHARLI *überlegt.* Aja – anschaun könnmas ja.
Tscharli macht eine Pause, man sieht, wie er nachdenkt.
TSCHARLI. Freile schaun mir uns des an.
OMA. Anschaun kost ja nix.
Über Tscharlis Gesicht geht ein Funke der Erleuchtung. Er hat eine Idee.
TSCHARLI. Logesch schaun uns mir des an. Da fallt mir überhaupt was ein, des is ja riesig. Da ruf ich sofort den Peter an.
OMA. Was hatn des mitm Peter zu tun?
TSCHARLI. Des weiß i no ned so genau. Aber da spür i was – irgendwas spür i da.

Ein modernes, teuer eingerichtetes Büro. Hinter dem Schreibtisch Tscharlis Freund, der Makler Peter Pickl. An der Wand hinter Peter Pickl ein großes Foto von Peter Pickl. Im Blickfeld von Peter Pickl Hannerl, seine Sekretärin.
PICKL *formuliert schon in Gedanken den Text einer Anzeige.* Fünfeinhalb Zimmer. Total renoviert. Romantische Altstadtlage. Wo München noch leuchtet. Über den Dächern. Vierter Stock ohne Lift.
HANNERL. Des is aber schlecht, wenns da koan Lift gibt.
PICKL. Was is des? Ganz gut is des. Ein Verkaufsargument is des. Trimm dich. Da hat der Tscharli ganz recht.
Hannerl stellt die Kartei auf den Schreibtisch, Pickl blättert sie durch.
PICKL. Abendroth, Aberle, Ackermann, Assmann, ois nix, Bäumler, Benzinger, Bodenstedt ... *Er zieht eine Karte heraus.* Bodenstedt, des iser. Der muß nema.

Im Prinzregentenbad. Tscharli, Gustl und Susi liegen auf einem Bretterrost und sonnen sich.
GUSTL. Und wer zahlt des ois? Weißt was des kost, wennst a solche Wohnung herrichten willst? Hundertvierzig Quadratmeter. Die Wänd streichn, den Bodn auslegn, a Küch und a Bad und was no ois.
TSCHARLI. Wer des zahlt, meinst?

SUSI. Hast du ein Geld?
TSCHARLI. Ich kenn Leut, die hamse ganze Häuser kauft und ham koa Geld ned ghabt. Des is do ned schwer. Maln tuma selber, da hilft uns der Manni, der hat des glernt, der is a richtige Fachkraft. Und wenns pressiert, dann holn mir uns no a paar schwarz verstehst. Nix kost des. Jedenfalls fast nix.
GUSTL. Unds Material?
TSCHARLI. Kriegma auch. Da kennt der Manni a paar, die arbeitn bei a großn Baufirma, und die tun si ollawei a bissl was aufd Seitn und des verschäberns dann ganz billig. An Zement, a Farb und alls was der Mensch braucht.
SUSI. Aber zahln mußt des ja auch.
TSCHARLI. Scho, aber erstens ned glei und dann muß mir der Peter sowieso an Vorschuß gem ... Au! Was machst dann da?
SUSI. Du hast da a richtigs Wimmerl aufm Buckl.
TSCHARLI. Jetzt hörst aber auf. Des hab' i dir scho tausendmal gsagt, daß i des ned mag, wannst allawei da rumdruckst an mir.
SUSI. Weils ned schön is, wenn du da so an Binkl hast.
TSCHARLI. Aufhörn sollst jetzt!
Susi dreht sich beleidigt auf den Bauch. Ihr Blick trifft zufällig die Augen eines Typen, der zwei Reihen weiter hinten liegt. Der Typ versucht sie anzuflirten. Susi streckt ihm die Zunge raus.
GUSTL. Wennst di nur da ned brennst, mitn Peter.
TSCHARLI. So gscheit wie der bin i scho lang. Auf des Gschäft steht der, des glaubst du gar ned, richtig ausgflippt iser. Jetzt wart i nur no a bissl biser sein Kundn hat und dann – dann iser angwiesn auf uns, verstehst.
GUSTL. I versteh allawei »uns«, moanst du vielleicht, i stell mi in dei Wohnung und reiß dird' Wänd raus.
TSCHARLI. Gar ned, überhaupt ned. Tun brauchst du gar nix. I brauch nur einen, auf den i mich verlassn kann, weil wenn ma ned dauernd dabeisteht und aufpaßt daß was garbeit werd', dann geht des überhaupt ned und weil du

sowieso nur halbtags bei dera Versicherung bist, kannst doch am Mittag kommen und mich ablösn.

GUSTL. Und wann soll i lernen? Im Herbst hab' i die erste Prüfung.

TSCHARLI. Gehweida, wegen die paar Tag. Wennst mei Freund bist, dann hilfst mir jetzt, wos jetzt umd Wurscht geht. Tausend Mark jeden Monat, des is doch a schöne Rente, und wennst amoi was brauchst, dann kann i dir allawei was leihn.

Susi fummelt schon wieder an Tscharlis Rücken.

TSCHARLI. Au! Kruzifix! Jetzt hörst auf, weil i sonst a so sauer wer, daß ganz aus is.

Susi steht auf.

TSCHARLI. Wo gehstn hin?

SUSI. Des werd' i scho wissn.

Tscharli schüttelt den Kopf.

Susi geht mit aufregendem Gang davon. Der Typ, der sie vorher angeflirtet hat, steht langsam auf und geht ihr nach.

GUSTL. Dei Freund bin i scho...

TSCHARLI. Aber?

GUSTL. Was sagtn eigentlich dei Oma zu der ganzn Sach?

TSCHARLI. Nix.

GUSTL. Wieso nix?

TSCHARLI. Weil is ihr noned genau gsagt hab'.

GUSTL. Wenn des ois gehn soll wiest meinst, dann muß dei Oma doch weiter Mieter bleim, daß du es untervermietn kannst – derfst denn du des überhaupt?

TSCHARLI. Mir ham ja jetzt a an Untermeiter. Bloß daß der halt nur oa Zimmer hat – und der neue Untermieter, der hat halt dann fünf Zimmer. Des steht ja nirgends, wieviel Zimmer a Untermieter ham derf.

GUSTL. Und dann?

TSCHARLI. Dann miet i mir ein Appartma, des kann i mir dann leistn, und offiziell angmeldet bleib i in der alten Wohnung.

GUSTL. Auf wen geht denn der Mietvertrag?

TSCHARLI. Der geht auf mei Oma. Aber wenn die ned kündigt sondern bloß auszieht, dann bin i der Untermieter von ihr und der andre is dann mei Untermieter. Aus.
GUSTL. Und was sagt der Hausherr dazu?
TSCHARLI. Gar nix, weil der erstens in Garmisch wohnt und fast nie kommt und bis der was schpannt is ois scho gschehn. Außerdem, den Hausbesitzer mecht i sehn, der was dagegn hat, daß ma ihm sei Hüttn herricht ohne daßn des was kost. Für den is des doch a reine Wertsteigerung, verstehst.

In einem Nachtlokal. Die Gäste sind gemischter Herkunft, so wie man das in den Lokalen rund um den Gärtnerplatz häufig findet.
Tscharli und Gustl sitzen an einem Tisch. Tscharli ist mit einem Mädchen beschäftigt, Lilli. Gustl trinkt ein Bier.
Peter Pickl kommt herein. Man kennt ihn. Das merkt man schon an der Art, wie er die Barmädchen umarmt. Als Tscharli Pickl sieht, nimmt der das Weinglas, das vor Lilli steht, und drückt es ihr lakonisch in die Hand.
LILLI. Was is denn?
TSCHARLI. Mir ham jetzt eine Komfarenz.
Lilli begreift nicht.
TSCHARLI. Geschäftlich, verstehst?
Pickl bleibt vor Tscharlis Tisch stehen. Breitbeinig wie in einem Western zündet er sich eine Zigarre an. Er wartet.
PICKL. Könna mir redn oder ned?
TSCHARLI *zu Lilli.* Also dann!
LILLI *schmollend.* I geh ja scho.
PICKL *setzt sich.* Wer isn sie?
GUSTL. De Schwester von da Märri.
PICKL. Was füra Märri?
TSCHARLI. Ausm Tweileit. Und sie is de Lilli. De Schwester von da Märri.
PICKL *wird geschäftsmäßig.* Also – an Kundn hab' i scho.
GUSTL. Des is aba schnell ganga.

PICKL. Teim is manne. Also – an Kundn hab' i. Und der steht irrsinnig auf so oide Häuser. Füra renovierte Altbauwohnung in dera Größ geht der auf zwölf bis vierzehnhundert.
TSCHARLI. Dann isa der Richtige.
PICKL. Wichtig is nur daß de Wohnung in am Monat fix und fertig is.
TSCHARLI. Sechs Wochn hamma gsagt.
PICKL. A Monat sag i. Was in sechs Wochn geht, geht in am Monat genauso.
GUSTL. Knapp is des aba scho. Des is scho ganz knapp.
PICKL *kalt.* Wenns ned geht mußtas glei sagn, dann lassmas halt.
TSCHARLI. Geht scho. Warum solln des ned geh?
PICKL. Hastas Formular glei wieda zruckgschickt ans Wohnungsamt? Den Brief da?
TSCHARLI. Na. Warum?
PICKL. Des muß vom Antragsteller unterschriebn wern und dann dauerts normalerweis no a paar Wochn bis du dich dann beim Bauträger vorstelln kannst.
TSCHARLI. So lang dauert des?
PICKL. Normalerweis habi gsagt. Für de Leut. Aba ned für uns. I hab' da oan sitzen bei dera Firma, Dorfmüller heißt der. Mit dem hab' i scho gredt. Den rufst du an und sagst daß du von mir kommst. Nachad kannst du dir de Wohnung glei oschaun, hast mi?
TSCHARLI. Du bist ein Hund.
PICKL *lehnt sich zurück und betrachtet stolz seine Zigarre.* Von nix kommt nix. Und oa Hand wascht de andere.
GUSTL. Jetzt versteh i endlich, warum du trotz deine dreckatn Gschäfte allawei so saubere Händ hast.
PICKL. Was?! *Ärgert sich ...* Jetzt sage dir aomi was, Gustl. Wenn i du war dann tat i ganz schtad sei. Weil du bist nämlich der Herr Niemand. Der Graf Goggs von der Gasanstalt bist du. Und wenn mir uns ned scho so lang kenna tatn, dann müssads du pfeigrad Sie sagn zu mir, du Arsch du.

Tscharli mischt sich ein. Auf seinen Freund Gustl läßt er nichts kommen.
TSCHARLI. Den Arsch nimmst du zruck!
PICKL. Weil er mi scho wieda ofegn dad.
TSCHARLI *steht auf.* Nimms zruck!
PICKL. Nimm i scho zruck. Da brauchst di du doch ned aufregn. Aba seit er den Trip mit der Bildung hat, meint er, daß er was Bessers is. Und die andern die ›nur‹ a Geld verdienen des warn de Proletn. *Zu Gustl.* Aba oans is jetzt scho gwiss: Und wenn du zehnmal dei Abendabitur machst nachad bist du allawei no nix. Weil du dir nämlich nix traust. Und wer se nix traut, der werd' nix. Und wennst nachad in zwanzg Jahr amoi de Nummer dreitausendsechsavierzg bist bei der Firma Siemens oder wo, dann sag i dir wo i dann bin.
Nachad lieg i nämlich schon lang im Gartn von meiner Villa auf de Bahamas und schau zu wie mein Schoffär de Reifn von meim Rolls-Royce mitm Zahnbürschtl putzt.
GUSTL. Des wern mir ja sehn.
PICKL. Des werst du so bald sehn, daß du no gar koa Brilln dazu brauchst. *Zieht an seiner Zigarre. Nach einer Pause zu Tscharli.* Sag amoi zu dem Zahn da daß er herkommen soll. *Deutet auf Lilli, die an der Bar steht.* Jetzt muß i mi nämlich entspannen.
Abends im Zimmer von Herrn Heinrich in der Wohnung Häusler. Als Oma Häusler an seiner Tür klopft, steht Heinrich gerade mit seiner Geige vor einem Notenständer und arbeitet an einer Komposition. Er hört das Klopfen nicht. Es klopft nochmals. Herr Heinrich unterbricht sein Spiel und öffnet die Tür.
OMA. Tschuldigens, Herr Heinrich, wenn i stör.
HEINRICH. Aber ich bitt Sie, Frau Häusler, kommen'S nur rein, was gibts denn?
OMA *bleibt zögernd an der Tür stehen.* Ich muß Ihnen was sagn.
HEINRICH. Ja, is denn was passiert?
OMA. Also ... passiert is nix.

Den Arsch nimmst du zruck!

Sie geht langsam in Herrn Heinrichs Zimmer.
Oma. Hams wieder komponiert, gell?
Heinrich *mit einem Seufzer.* Ach ja... Mögens einen Eierlikör?
Herr Heinrich geht an einen Schrank, nimmt eine Flasche und ein Glas heraus.
Oma. Aber an ganz an kleinen.
Herr Heinrich schenkt ihr ein Glas voll.
Heinrich. Setzen'S sich doch ein bisserl hin.
Die Oma setzt sich.
Oma. Da bin i halt so frei – eigentlich sollt i ja kein Alkohol ned trinkn.

HEINRICH. Eierlikör ist eine Medizin, ein Stärkungsmittel quasi. Eine Nahrung fürs Gehirn.

Oma Häusler nippt ganz vorsichtig.

OMA. Wenn was so gut schmeckt, kann i gar ned glaubn, daß des gsund sein soll.

HEINRICH. Ich bin gleich fertig.

Heinrich lächelt die Oma an, sie lächelt ihn an. Heinrich nimmt die Geige wieder auf und fängt an zu spielen.

Herr und Frau Eder, die Nachbarn der Häuslers, liegen im Bett. Man hört das Geigenspiel durch die Wand. Frau Eder liegt abgewendet von ihrem Mann, hat die Augen geschlossen, aber schläft noch nicht. Eder liegt auf dem Rücken, hat einen kalten Zigarrenstumpen im Mund und liest Zeitung.

Eder läßt die Zeitung aufs Bett sinken und hebt lauschend den Kopf.

EDER. Jetzt hat der scho wieder angfangt.

FRAU EDER *antwortet ohne sich zu bewegen oder die Augen zu öffnen.* Is ja glei zehne.

Eder schaut auf den Wecker, der am Nachttisch steht. Der Wecker zeigt kurz vor zehn. Eder wirft zornig die Bettdecke zurück, setzt sich auf, greift nach Zündhölzern und zündet seinen kalten Zigarrenstumpen wieder an. Jetzt richtet sich Frau Eder auf.

FRAU EDER. Mußt du jetzt a no rauchn da herin, wo ma sowieso scho koa Luft kriegt bei der Hitz, jetzt machst aber des Fenster auf, wennst rauchst.

Eder geht zum Fenster und öffnet es. Er wird immer wütender.

EDER. Stocknarrisch kannt i da werdn, daß der Jud ned amoi bei da Nacht a Ruh gebn kann mit dem Gfiedl. Aber jetzt langts mir, jetzt werda anzeigt.

FRAU EDER. Der Herr Heinrich is koa Jud ned und bis um zehne kann er mit seiner Fiolin spieln was er mag. Da kannst du gar nix macha. Des is a Gesetz.

EDER. Warum iser nachad vorm Hitler davo, wenn er koa Jud ned is?

Frau Eder. Wegen politische Gründe.
Eder. Sagt er.
Eder *klopft mit der Faust gegen die Wand.* Aufhörn, a Ruh is jetzt, aufhörn!
Das Geigenspiel bricht schon nach dem ersten Schlag gegen die Wand ab.
Frau Eder. Jetzt führ dich doch net gar so auf! Der hört scho auf, um Punkt zehne hörta allawei auf. Jetzt hat er aufghört.
Eder. Froh bin i, wenn die jetzt endlich ausziehn da drüm; wann ziehns denn jetzt eigentlich aus?
Eder drückt die Zigarre aus, setzt sich ins Bett und zieht die Bettdecke wieder hoch.
Frau Eder. Bis jetzt is no gar ned sicher obs überhaupt ausziehn. Weils de Wohnung no garned angschaut hat, die Frau Häusler. Um sie täts mir ja leid weils allawei so nett gwesn is und leicht is des a ned für so an altn Menschen, wenn er dreißg Jahr wo gwohnt hat.
Eder. Da wirda sich anschaun, der Häusler junior, der Schtenz, der arbeitsscheue, obs an solchen Typen dulden in dene neue Häuser.
Frau Eder. I weiß gar ned, warum du dich da jetzt aufregst, des geht uns doch gar nix an.
Eder. Weils doch wahr is. Früher hätts des alls ned gem.

Im Zimmer von Herrn Heinrich sitzen die Oma und Heinrich beim Eierlikör.
Heinrich. Aber Frau Häusler, sinds doch froh, wenn'S da raus sind. Das ewige Treppensteigen, da gibts einen Aufzug und eine Zentralheizung und ein Bad, da is man ein ganz anderer Mensch.
Oma. Und wo gehn Sie dann hin?
Plötzlich realisiert Herr Heinrich, daß ein Auszug von Frau Häusler auch für ihn Probleme bringen wird.
Heinrich. Ich? Ja, ach so, ja, ich find schon was. Ich hab' immer was gfunden. Wie ich Sechsunddreißig nach England bin da ist es mir viel schlechter gangen. Da habens

mir alles gnommen. Heut kann mir niemand mehr was nehmen weil ich nix mehr hab'.
Die Oma nippt noch einmal an ihrem Likör.
OMA. Auf jedn Fall red i mit dem Hausherrn, damit er Ihnen das Zimmer laßt.

Eder nimmt die Zeitung wieder auf. Frau Eder legt sich auf die Seite und schließt die Augen. Herr Eder läßt die Zeitung wieder sinken, steht auf und schließt das Fenster.
EDER. Jetzt ziagts schon wieder. Morgn spür is dann wieder im Kreiz. *Kommt zurück ins Bett.*
EDER. Der anda – politische Gründe, dasse ned lach. De de damals abghaut san de san alle ned ganz sauber gwesn. Entweder sans Kommunistn gwesn oder Warme oder andere Elemente. Wer sei Arbad gmacht hat der hat aa nix befürchten müssn – außer de Judn natürlich – aber des war sowieso was anders.
FRAU EDER. Du redst aa heut so und morgn so. Neulich hast di aufgregt, daßd nimmer in die Wirtschaft nüber gehst weil des lauter alte Nazis san ...
EDER *steigt sofort ein.* Sans a, um koan Pfenning san de gscheida worn. De san scho Nazi gwesn da hats de Nazi no gar ned gem. Den oidn Schmarrn wenne scho allawei hör mit de Autobahnen und was ois besser gwesn is beim Hitler. A Zeug redn de daher daß glei polizeiwidrig is.
EDER *droht seiner Frau mit dem Zeigefinger.* Aba dene schick i no amoi an Kriminala nei, nachad könnas ... in Stadlheim könnas nachad. Damits amoi lerna daß mir jetzad in einer Demokratie lebn Gott sei Dank und nimmer in einer Diktatur wosd glei ins Laga kemma bist wennsd blos laut denkt hast. Des Faschistngsindl des.
FRAU EDER. Jetzt mach amoi des Licht aus und gib a Ruh!
EDER *löscht das Licht. Im Dunkeln.* Weils wahr is. Heit tat doch a jeder was eahm grad einfallt. Wenn ma se ned wehrt.
Eder macht das Licht wieder an.

FRAU EDER. Was isn jetzt scho wieder?
EDER. I kann ned schlaffa. Bei dera Hitz. I geh no auf a Viertelstund ind Wirtschaft nüber.
EDER *steigt aus dem Bett.* Mir ham heut Betriebsratssitzung ghabt. Da sitzn de jetzt bestimmt da drüm und stecka de Köpf zamm.
FRAU EDER. Warum bistn dann ned hinganga?
EDER. Weil des ois a Schmarrn is was da allawei gredt werd'.
Eder schlüpft in seine Hose.
FRAU EDER. Warum gehst nachad jetzt nüber?
EDER. Weil i mir des ned gfalln lass, daß da wieder was ausgmacht werd' ohne daß i dabei bin.

Ein Sportwagen hält vor Tscharlis Haus. Am Steuer sitzt Pickl. Neben ihm Lilli.
Aus den Rücksitzen quälen sich Gustl und Tscharli heraus.
PICKL. Tschau. Und mitm Dorfmüller telefonierst!
TSCHARLI. Logesch. Tschau!
Der Wagen fährt ab.
TSCHARLI *atmet tief ein.* A Luft is des. Wunderbar.
Die beiden gehen ein paar Schritte.
GUSTL. Der letzte Unsympath is des.
TSCHARLI. Aba Gschäfte macht er.
GUSTL. Möchasd du solche Gschäfte macha?
TSCHARLI. Da derf di nix anders interessiern wennst solche Gschäfte macha möchst wie der. Des war nix für mi. Ned wegam Charakter, weil an schlechtn Charakter kamma leicht aushaltn wenn man da des Geld dazu hat. Aba für an Menschn mit a empfindlichn Sensibilität is des nix. Weil des ganz langweilig is, verstehst.
GUSTL. Meinst, daß er des erreicht mit der Villa auf de Bahamas?
TSCHARLI. Logesch. Aba des is ja nix. In Wirklichkeit is des ja gar nix.
GUSTL. Warum is des nix?
TSCHARLI. Wenn mir zwoa auf de Bahamas san dann is

des a Schau. Aba wenn da Peter auf de Bahamas is dann is des höchstens: weit weg. Wei a Unsympath bleibt er – so weit kann der gar ned fahrn, verstehst.
GUSTL *gähnt.* I geh jetzt ins Bett weil i morgn in der Früh um halbe sieme aufsteh muß. Scheiß Versicherung.
TSCHARLI. Des is a scho wieder sowas. Der ander muß allawei Gschäfte macha wega seine Bahamas und du mußt allawei in der Früh aufsteh wega deim Abitur.
GUSTL. Jeder Mensch hat sei Ziel im Leben.
TSCHARLI. Ziel is Scheiße. Ziel macht unfrei, verstehst.
GUSTL. Und du bist frei meinst?
TSCHARLI. Logesch. Weil wenn i ins Bett geh, dann geh i weil i einfach müd bin und ned wega irgendwas. Merkst den Unterschied.
GUSTL. Des sagst jetzt bloß wieder damit i mit dir no wo hingeh.
TSCHARLI. Des hast jetzt gmerkt, gell. Gemma no ins Pinkie?
GUSTL *zögert.* Eigentlich ...
TSCHARLI. Oa Bier. Und dann gemma. Ehrlich. Kumm! Laffma! Wer schneller dort is zahlt des Bier.
Die beiden knien nieder, gehen in Startposition.
GUSTL. Haha: Der erste zahlt des Bier.
TSCHARLI. Der letzte, du Depp!
Die beiden laufen die Straße hinunter um die Wette.

Oma Häusler liegt im Nachthemd und Schlafrock auf dem Bett. Durch ein Geräusch und Stimmen an der Tür schreckt sie auf. Sie macht Licht. Schaut auf die Uhr. Es ist weit nach Mitternacht.

Tscharli steht in der Wohnungstür. Herr Eder steht vor ihm, mit einer Hand an die Wand gestützt. Er ist leicht angetrunken.
EDER. Ja Bua! Ja, du bist ja gar ned so bläd. Du bist ja a ganz a Wiefa bist du.
TSCHARLI. Jetzt gehst ins Bett, Eder! Geh weida! Spät is.

Logesch. Da redn mir drüber.

EDER. Aba oamoi mußt du mir des no verzähln was du gsagt hast. Mit dera, dera Lohn... wie hast jetzt du gsagt?

TSCHARLI. Lohnabhängigkeit. Heißt des.

EDER. Ooamoi verzählstmas no! Und des mit dera Psoi – psoi... mit dera Freiheit de wo gar koane ned is und mir merkas gar ned.

TSCHARLI. Pseudofreiheit. Des kapierst du ja soweso ned.

EDER. Sag des ned. Des hab' i glei kapiert. Bloß so sagn hab' i des nie kenna. So schön hab' i des no gar nie ned ghört. Des sag i nämlich unserm Vorstand. Bei der nächsten Versammlung schmier i eahm des auf sei Butterbrot.

Da werda schaugn. Wira Steckerlfisch werda schaugn. Sowas hat der no gar nie ned ghört. Von niemands ned.

TSCHARLI. Des sagst ihm. Aba jetzt gehst du in dei Bett, Eder. Gut Nacht.

Eder streckt Tscharli die Hand hin. Tscharli muß sie notgedrungen nehmen.

EDER. Also Bua! Gib mir dei Hand! Damit mir zwoa Freund san. Da müssn mir nomoi redn drüber. Über de ... de soziale Frage weil des sieche ja, daß du da was verstehst davo.

TSCHARLI. Logesch. Da redn mir drüber. Aba jetzt gehst hoam, gell!

EDER. De Junga und de Oidn de miassn zammahoitn gega – gega de andern.

TSCHARLI *entwindet Eder seine Hand.* Da hast du ganz recht. Gut Nacht. Schlaf gut.

Tscharli schließt die Tür.

Eder geht zu seiner Wohnungstür. Beim Aufsperren hat er Schwierigkeiten. Er grantelt weiter vor sich hin.

EDER. Betriebsrat! Betriebsrat tatn se de schimpfa. Aba dene zoages no. Saubande elendige!

Am nächsten Morgen in einem Spielsalon. Tscharli und Manni, ein alter Freund von Tscharli, flippern an einem der Automaten. Der Saal ist ziemlich leer. An der Wechselkasse sitzt ein alter Mann und liest Zeitung.

TSCHARLI. Was a Gewinnspanne is des weißt ja, oder?

MANNI. Inwiefern meinst des jetzt?

TSCHARLI. Wenn du a Wohnung hast, die dir selber dreihundert kost und du konnstas aber für dreizehnhundert vermietn was is nachad die Gewinnspanne?

MANNI. Tausend. – Mark meinst?

TSCHARLI. Logesch – und a solche Wohnung hab' i.

MANNI *staunt.* De hast du?

TSCHARLI. De hab' i.

MANNI. Und – inwiefern brauchst da da an Parnter?

TSCHARLI. Es gibt bestimmte Dinge bei dem Gschäft da

kann i mi ned selber kümmern, verstehst, die Zeit hab' i gar ned. Des is a Altbauwohnung, da muß a bissl was hergricht wern, da muß a bissl was gstrichn wern. Kennst ja solche Wohnungen. Viel Arbad is des garned aber macha muß des natürlich wer.

MANNI *überlegt kurz.* Hast ein Geld?

TSCHARLI *stellt sich harmlos.* Was meinst?

MANNI. Ob du ein Geld hast?

TSCHARLI *zieht intensiv an seiner Zigarette.* Nachad brauchad ich ja kein Partner ned.

MANNI *sieht seinen Verdacht bestätigt. Er ärgert sich.* Wie bläd meinst jetzt du eigentlich daß ich bin?

TSCHARLI. Da sag i nix drauf weil sonst bist du mir beleidigt. Du verstehst einfach des Prinzip vom Gschäft ned. I kannt mir doch genausogut an Kredit gem lassen und...

MANNI *unterbricht.* Des möcht i wissen wer dir an Kredit gibt.

TSCHARLI *überhört das.* Mir an Kredit gem lassn und dann angaschier ich mir de Leut die ich brauch und was des kost des werd' dann zahlt. Des is nix Neus, des kannt heut a jeder. I mach des anders. I such mir einen Partner und der werd' dann am spätern Gewinn beteiligt und jeds Monat kriegt der dann sagn mir – Hausnummer – soundsoviel Prozent von de tausend Mark und des sei Lebn lang.

MANNI. A Lebn lang?

TSCHARLI. Aja oder wie lang des halt geht, verstehst? Des is dann eine bargeldlose Finanzierung. Ganz a moderne Lösung, verstehst?

MANNI *beginnen Tscharlis Ausführungen einzuleuchten.* Aha.

TSCHARLI. Überlegs. Aber ned zlang weils da no andre a gibt.

MANNI. Wer isn da no dabei, is der Gustl a dabei?

TSCHARLI. Der Gustl is sowieso dabei weil er mei bester Freund is. Des derfst mir glaubn, daß für so a Gschäft

Interessenten gibt wie nix. Aber an jedn nimm i da ned nei, weils bei jedem Gschäft a Rentabilitätslimit gibt, verstehst, irgendwo hört des dann auf, da san dann de Gewinne umgekehrt proportional zu der Anzahl der Partner.

Manni ist doch ein wenig beeindruckt von der Artikulationsfähigkeit Tscharlis. Aber genau verstanden hat er es nicht.

MANNI. Jaja.

TSCHARLI. Schau, i befaß mich halt mit solche Probleme. Des ghört ois genau überlegt. Spieln mir jetzt an Kicker?

MANNI. Aber ohne Geld.

TSCHARLI. Ohne Geld is fad.

MANNI. A Markl a Spiel. Mehra ned.

TSCHARLI. Mehra ned?

MANNI. Naa.

TSCHARLI. Aber da Schneida an Zwickl.

MANNI. Des machma ned.

TSCHARLI. Warum denn ned?

MANNI. Weil i beim Kickern sowieso koa Schaas hab' gegn di.

TSCHARLI. Nachad machmas halt a so: du bleibst mirs schuldig und i versprich dir, daß i de Schuldn nie von dir verlang. Aber ohne Geld is fad.

Oma Häusler steht im ersten Stock vor einer Wohnungstür. Auf dem Schild steht ›Franz Grassl, Hausmeister‹. Sie läutet. Als Grassl die Tür öffnet, kaut er noch, er war offensichtlich gerade beim Mittagessen. Die Oma trägt einen leichten Sommermantel, einen Hut und eine kleine Tasche.

OMA. Grüß Gott, Herr Grassl, Sie essen grad, gell?

GRASSL. Bin scho fertig, kommens nur rein!

OMA. Nana, ich wollt gar ned störn. I wollt nämlich nur fragen ob Sie wissen, wann der Herr Fischhuber wieder vorbeikommt, weil i doch effentell a neue Wohnung kriegn soll.

GRASSL. Hamma scho ghört von der Frau Eder. Da hams aber a schöns Massl ghabt, daß des so schnell gangen is.
OMA. Ja, ja, wo ich gar nimmer dran denkt hab.' Aber mitn Herrn Fischhuber müßt i redn wegen meim Herrn Heinrich.
GRASSL. Da muß i mei Frau fragen, die hat gestern mit ihm telefoniert.
GRASSL *ruft in die Wohnung.* Irmi!!!
Eine Tür wird geöffnet, Irmgard Grassl schaut heraus.
OMA. Grüß Gott, Frau Grassl, Sie essen grad, gell?
FRAU GRASSL. Grüß Gott, Frau Häusler.
GRASSL. Wann hat denn der Fischhuber gsagt, daß er kommt?
FRAU GRASSL. Am Freitag vormittag, aber gwiß is no ned. Wenn er kommt telefoniert er nomal hat er gsagt. I glaub aber scho, daß er kommt, weil i ihm des gsagt hab', daß Sie a neue Wohnung kriegn.
GRASSL. Also, wenn Sie am Donnerstag no amoi läutn, dann wissen mirs ob er kommt.
OMA. Also dann frag ich halt am Donnerstag no amoi, dankschön. Tschuldigens scho, daß i gstört hab'.
GRASSL. Macht doch nix. Gengans a bissl naus heut bei dem schönen Wetter?
OMA. Jetzt geh i amoi a bissl naus.
GRASSL. Da hams recht, des muß ma ausnutzen.
Die Oma geht die Treppen hinunter. Grassl schließt die Tür.
GRASSL *zu seiner Frau.* Was hast denn du dem Fischhuber gsagt?
FRAU GRASSL. Daß die Frau Häusler a neue Wohnung kriegt, des hab' ich ihm gsagt, des muß er doch wissen, wenn er der Hausbesitzer is, wenn da wer auszieht.
GRASSL *schüttelt den Kopf.* Daß du a so deppert bist. Daß jetzt du a so deppert bist.
FRAU GRASSL. Hätt i eam des ned sagn solln?
GRASSL. Hat er gsagt, ob er mit der Wohnung was vor hat?
FRAU GRASSL. Des hat er ned gsagt, warum?

GRASSL. Weil i den Fischhuber kenn, weil i da meine bestimmten Gefühle hab' mit dem Fischhuber.

Gang in Oma Häuslers Wohnung.
TSCHARLI *am Telefon.* Ja was is denn jetzt – Peter, hallo!
In dem Moment kommt Manni aus dem Wohnzimmer mit dem Meterstab in der Hand, er schüttelt den Kopf.
MANNI. Des is scho so wie ich gsagt hab'. Mitn Streichn spielt sich da gar nix ab. Der Putz is a so schlecht, da müssad ois abgwaschn wern, des rentiert se gar ned.
TSCHARLI. Was machma nachad da?
MANNI *zuckt die Achseln.* Tapeziern.
PICKL *aus dem Telefon.* Tscharli?!
TSCHARLI. Ja!
PICKL. Wann kann mei Kunde die Wohnung besichtigen?
TSCHARLI. Was meinst?
PICKL. Hast ned ghört?
TSCHARLI. Doch.
PICKL. Also wann?
TSCHARLI. Des kann i no ned so genau sagn.
PICKL. Hast scho angfangen mit dem Renoviern?
TSCHARLI. Logesch. Mittendrin san mir.
PICKL. Also dann sagnma morgen vormittag.
TSCHARLI. Vormittag? Vormittag is ganz schlecht.
PICKL. Dann stehst halt amoi früher auf, des werd' ja vielleicht geh, oder?
TSCHARLI. Des is besser, wenn ma sowas am Nachmittag macht, sowas Wichtigs.
PICKL. Dann sagnma morgn nachmittag.
TSCHARLI. Aber viel siehst da no ned, morgen nachmittag.
PICKL. Umso besser, sag ma um fünfe. Tschau. Morgen um fünfe.
TSCHARLI. Und wenn was dazwischenkommt?
PICKL. Was denn?
TSCHARLI. Des weiß ma ja vorher ned so genau.

Des kann i no ned so genau sagn.

PICKL. Wennst du mit mir a Gschäft machen möchtst, dann is gscheider, wenn dir nix dazwischenkommt, hast mi?
TSCHARLI. Logesch.
Tscharli legt auf. Als er ins Wohnzimmer zurückgehen will, wird er vom Geräusch eines Schlüssels in der Wohnungstür aufgehalten. Herr Heinrich kommt herein, mit seinem Geigenkasten unterm Arm.
TSCHARLI. Ah, Sie sans.
HEINRICH. Grüß Gott, Herr Häusler.
TSCHARLI. Wissen Sie wo mei Oma is?
HEINRICH. Wie ich heut mittag weggangen bin, hat sie

gsagt, sie will ein bissl spazierengehen bei dem schönen Wetter.

TSCHARLI. Spaziern? Die geht doch sonst nie spaziern.

HEINRICH. Gesagt hat sie's.

TSCHARLI. Is ja auch wurscht... Des is gut, daß mir uns jetzt treffen.

HEINRICH. Ja?

TSCHARLI. Am gscheitesten wärs, wenn Sie vielleicht schon ein paar Tag vor dem Ersten ausziehn täten.

HEINRICH. Wieso, wie meinen Sie das?

TSCHARLI. Des wissens doch, daß mei Oma a neue Wohnung kriegt.

HEINRICH. Das hat sie mir gesagt, ja. Is das jetzt schon sicher?

TSCHARLI. Logesch is des sicher.

HEINRICH. So?

TSCHARLI. Also – dann wissens doch daß Sie auch ausziehn müssen.

HEINRICH. Da wollte Ihre Großmutter aber noch mit dem Hausbesitzer sprechen.

TSCHARLI. Da brauchen mir gar ned mit dem Hausbesitzer sprechn, weil des ganz klar is, daß Sie als Untermieter da ned herin bleiben können.

HEINRICH. Da muß man mir erst kündigen.

TSCHARLI. Scho gschehn. – Und wie gesagt, wenns vielleicht ein paar Tag früher rausgehn könntn, da tätens meiner Oma an großn Gfalln, weil des nämlich alles renoviert werd' da herin.

Herr Heinrich schaut Tscharli mit einem erstaunten Blick an, dann wendet er sich ohne zu antworten ab und geht in sein Zimmer.

Omnibushaltestelle in einer Trabantenstadt.

Ein Omnibus hält, mehrere Menschen steigen aus. Unter ihnen Oma Häusler. Zielstrebig gehen alle, die ausgestiegen sind, in verschiedenen Richtungen davon. Oma Häusler bleibt zunächst einen Moment stehen, um sich zu orientieren, dann geht sie durch die Straßen des neu erbauten Viertels, bleibt immer wieder mal stehen, schaut an einem Haus hoch. Schließlich kommt sie zu einem Kinderspielplatz. Sie setzt sich auf eine Bank, stellt ihre Tasche neben sich, schaut den Kindern beim Spielen zu, betrachtet dann die Häuserfronten. Man sieht ihr an, daß sie sich ziemlich verloren fühlt in dieser Umgebung. Abends sitzt die Oma auf dem Balkon ihrer alten Wohnung, der nach hinten auf den Hof hinausgeht. Im Schein einer kleinen Stehlampe bessert sie Strümpfe und Wäsche von Tscharli aus. Es ist eine warme Sommernacht. Gesprächsfetzen, Gelächter, Musik von den Nachbarhäusern, Straßenverkehr von ferne. Eine friedliche sommerliche Geräuschkulisse. Über diesen Geräuschen schwebt ein heller Geigenton aus Herrn Heinrichs Zimmer, der heute sogar melodisch klingt. Herr Heinrich hat das Fenster weit geöffnet, beschwingt geht er in seinem Zimmer auf und ab. Das Manische in seinem Geigenspiel scheint ganz gewichen, es hat einer echten, wenngleich melancholischen Spielfreude Platz gemacht.

Auf dem Nachbarbalkon spielt Herr Eder mit seiner Frau »Mensch ärgere Dich nicht«, sein Lieblingsspiel, das unweigerlich zu ehelichen Katastrophen führen würde, ließe ihn seine Frau nicht immer absichtlich gewinnen. Herr Eder würfelt. Bevor er die Würfel rollen läßt, spuckt er dreimal auf die geschlossene Faust.

EDER. An Sechser brauch i jetzt. Kaspar Melchior Balthasar und alle Heilign Geista, jetzt helfts mir!

Der Würfel fällt unter den Tisch. Eder greift sofort danach, bevor seine Frau die Augenzahl erkennen kann.

EDER. Oans, zwoa, drei, viere, fünfe, sechse, paßt scho. Hat scho paßt. *Herr Eder hat seine vierte Figur wohlbehalten ins Haus gebracht.*

FRAU EDER. Is des aa wirklich a Sechser gwesn?

EDER. Freilich war des a Sechser.

Herr Eder nimmt befriedigt einen Schluck aus dem Bierglas. Seine Frau heuchelt Bewunderung.

FRAU EDER. Jetzt hast du ja scho wieder gwonnen.

EDER. Heut bin i stark. Stells glei wieder auf!

FRAU EDER. Jetzt hörn ma nachad auf.
EDER. Wos jetzt grad schön werd'.
Das Geigenspiel bricht ab.
FRAU EDER *hebt den Kopf.* Zehne!
EDER. Warum hat denn der jetzt aufghört?
FRAU EDER. Weils zehne is.
EDER. Schad, des is jetzt direkt schad.
FRAU EDER. Sonst paßts dir ja a ned.
EDER. I bin auf koan ned neidig. Aber wenn ma so a Instrument so spieln kann, mit am solchen Gfühl, des is scho a Kunst, mei Liaba. *Beginnt sich aufzuregen.* Wenn mei Vater ned so a Depp gwesn war, nachad kannt i heut Klavier spieln. Mei Mutter hätt mi des allaweil lernen lassn wolln, wo sogar mei Lehrer, der Bletschacher, gsagt hat, daß i a ganz musikalischer Mensch bin. Singen hab' i ned kenna aber an jedn falschen Ton hab' i kennt. Mei Vater, der Depp... Ziehn die jetzt wirklich aus da drübn?
FRAU EDER. Ganz gwiß is no ned.
EDER. Schad war des scho. Weil soiche Nachbarn kriegn mir im Lebn nimmer. Allawei freundlich. Und der Bua der is ja a ganz a wiefa. Falsch geleitet is er halt, der hat halt nia an richtigen Vater ghabt. Aber im Kopf hat der was, der Hundskrippe.
FRAU EDER. Du sagst heut so und morgn so.
EDER. Die Jugend is ja viel gscheiter heutzutag wie ma allawei denkt.
FRAU EDER *hat das Spiel wiederaufgenommen.* Du fangst o. Aber wennst jetzt wieder schwindelst, nachad hör i sofort auf.

Tscharli kommt sehr spät nach Hause und schließt leise die Wohnungstür hinter sich, um die Oma nicht zu wecken. Es ist dunkel im Flur, nur vom Treppenhaus fällt noch etwas Licht ein.
Im dunklen Gang läuft Tscharli gegen ein Hindernis, das er

nicht identifizieren kann, und schlägt sich das Schienbein an.
TSCHARIL. Au! Kruzefix!
Er macht Licht, erstaunt stellt er fest, daß er gegen einen zusammengeklappten Tapeziertisch gestoßen ist; neben dem Tisch stehen noch zwei Staffeleien, mehrere Kübel mit Farbe, eine große Anzahl von Tapetenrollen, diverse Malergeräte wie Pinsel, Rollen etc.
Tscharli bleibt einen Moment stehen, betrachtet nachdenklich das Material, dann geht er in sein Zimmer.
Die Oma, die auf ihrem Bett eingenickt ist, schreckt auf. Geräusch der Wasserspülung aus der Toilette. Sie steht auf, bindet ihren Schlafrock zu.

In seinem Zimmer geht Tscharli zu dem Tisch, auf dem das Kofferradio steht und nimmt es zum Bett. Dort stellt er es auf dem Nachttisch ab und sucht Musik. Die Tür seines Zimmers geht auf, Oma Häusler kommt herein. Tscharli dreht sich überrascht um.
TSCHARLI. I hab' gmeint, du schlafst scho.
OMA. Warum bist denn so reingschlichn?
Tscharli fühlt sich äußerst unbehaglich, daß er jetzt ein Gespräch führen muß. Er zündet sich eine Zigarette an, setzt sich aufs Bett.
TSCHARLI. Bin doch ned reingschlichn – wieso bin i reingschlichn?
OMA *setzt sich auf einen Stuhl.* Meinst, i hab' des ned scho lang spannt, daß du mit der Wohnung was vorhast?
Sie spricht in einem strengen Ton, der aber trotzdem noch die Zuneigung zu ihrem Enkel erkennen läßt.
TSCHARLI. Hast den Manni ausghorcht, wie ers Malersach bracht hat, gell?
OMA. Warum sagst denn du mir sowas ned?
TSCHARLI. Des hätt i dir doch ois no gsagt. Bis jetzt wars ja no ned soweit. Wenn des hinhaut und mir die Wohnung für des Geld vermietn, wo ich mir denk, dann bist du aa

froh, wenn i dir jedn Monat an Hunderter oder zwoa gib.
Wennstes amoi genau ausrechnest, nachad kommt di des da draußn teurer wie wennst dableibst, weil i dann schließlich a a Wohnung brauch, die mi was kost und miteinand kömma ja schlecht wohnen in dem oana Zimmer wasd da kriegst.
Oma Häusler wird langsam nachdenklich. Ihr Ton wird milder.
OMA. Ja ... ja, des kömma ned. Und wo – wo tätst du dann hinziehn?
TSCHARLI. Des weiß i no ned, da find i scho was. A Einzelzimmerappartma mitam Bad und a Kochnische hab' i mir so vorgstellt.
OMA. Du kannst do gar ned kochn.
TSCHARLI. A Frühstück kann i mir allaweil macha, und sonst geh i halt zur Susi ind Wirtschaft nüber.
OMA. Zum Essen kannst ja aa zu mir komma.
TSCHARLI. Da fahr i ja mindestens a Stund.
OMA. So weit is des gar ned, mitm Omnibus fahrt ma a halbe Stund, ned amoi ... I bin nämlich heut da draußd gwesn.
TSCHARLI *ganz überrascht.* Wo bist gwesn?
OMA. Da draußn bin i gwesn und hab' mir das Viertel angschaut.
TSCHARLI *ist verblüfft. Damit hat er nicht gerechnet.* Da bist einfach nausgfahrn ohne daßd mir was gsagt hast – hast du die Wohnung schon angschaut?
OMA. Da muß ma sich erst bei der Baufirma meldn und die sagn eim dann, wann ma die Wohnung anschaun kann – aber sehn möchtis natürlich scho vorher.
TSCHARLI. Da fahrn mir miteinander naus, mitm Auto, da brauchst du ned allein nausfahrn. Da telefonier i morgn mit der Baufirma und mitm Achmed hab' i scho gredt. Da fahrn ma morgen naus. Und wie is des sonst so, des ganze Viertel?
OMA. Ja mei, sehr sauber – und schön, schön is auch. Zerst

Am Stachus tät ich auch nie wohnen mögn.

hab' i mi gar ned auskennt, weil es ois so gleich ausschaut.

Tscharli. Aber schön is scho?

Oma. Ja, ja, des ... des is ois sehr schön. Als wie wemma gar nimmer in München wär sondern woanders, lauter neue Straßn, wo ma die Namen gar nimmer kennt.

Tscharli. Und die Leut, wie sind die Leut?

Oma. Leut hab' i gar keine gsehn, nur a paar Kinder.

Tscharli. Da wohnen doch a Haufn Leut da draußn.

Oma. Ja, ja, aber sehn tut mas ned. Des is ja ned aso wie in München, wo die Leut auf der Straß gehn, und Lädn gibts auch keine.

TSCHARLI. Logesch gibts da Lädn, des hast du halt ned gsehn.
OMA. An Supermarkt gibts, aber an Milchladn gibts ned und koan Metzger und koan Bäcker, des gibts ois ned.
TSCHARLI. Des kriegst doch ois im Supermarkt, des is doch viel praktischer, weil da ois beinand is.
OMA. Jaja, des is scho viel praktischer.
TSCHARLI. Und wie is die Luft, da muß doch a viel bessere Luft sein, da draußn.
OMA. Die Luft, ja da hab' i jetzt gar ned so aufpaßt.
TSCHARLI. Die Luft ist auf jedn Fall gsünder da draußn, weils ned so stinkt.
OMA. Also, i hab' no nie gfundn, daß bei uns in der Straßn stinkt.
TSCHARLI. Nachad stellst di amoi a halbe Stund aufn Stachus, da merkst glei wie des stinkt.
OMA. Am Stachus tät i auch nie wohnen mögn.

Ein neuer Mercedes mit Garmischer Kennzeichen hält vor dem Haus, in dem Oma Häusler wohnt.
Herr Fischhuber steigt aus, ein jovial wirkender rundlicher Bayer im Alter von etwa 55–60 Jahren. Er trägt einen Trachtenanzug. Auf der anderen Seite des Wagens steigt ein etwas jüngerer Mann aus, der seinem Aussehen nach ein Ausländer ist, Beisal.
Herr Fischhuber bleibt auf dem Gehsteig stehen und wartet bis sein Begleiter kommt. Fischhuber steckt die Hände in die Hosentaschen, legt den Kopf in den Nacken zurück und schaut an der Fassade des Hauses hoch. Sein Begleiter schaut ebenfalls hoch.
FISCHHUBER. Des is des Haus.
BEISAL. Schönes Haus.
FISCHHUBER. Die Wohnung is im vierten Stock. An Lift gibts natürlich ned in dene alten Häuser.
BEISAL *hebt die Arme, dann klopft er sich gegen den Bauch.* Ist gut für die Gesundheit.
Fischhuber klopft sich ebenfalls gegen den Bauch.

A solche Wampn habn die ja no ned, ihre Leut, wie mir.

FISCHHUBER. A solche Wampn habn die ja no ned, Ihre Leut, wie mir.
Beide lachen.
BEISAL. Wenn sie kommen sind alle ganz dünn. Nach ein bis zwei Jahren viele so ...
Beisal macht eine Geste, die einen dicken Bauch andeuten soll.
FISCHHUBER. Des glaub i scho, daß die zerst amoi fressn wie d'Schlaudraffn wenn de zu uns kemma. Wos da drunt a Lebn lang an Hunger leidn müssen.
BEISAL. In Türkei ist nicht so mit Hunger, niemand muß Hunger leiden bei uns.

FISCHHUBER. Geh weida – hab' i erst wieder glesn, von dera Hungersnot in Indien, wo jedn Tag glei a paar Tausend verrecka, weils nix zum Fressn ham. Im Fernsehn hab' is ganz genau gsehn, wies mitten auf der Straß zamfalln. Aber weh tut des ja ned, hat mir amoi a Arzt gsagt. Nur de ersten paar Tag, der schönste Tod soll des sei. Und am Schluß solls eim ganz leicht wern und dann schlafft ma ei und wacht nimmer auf. Wenn i denk, wies da bei uns oft leidn müssn.
BEISAL. Wieviel Zimmer hat die Wohnung?
FISCHHUBER. Des könnt i jetzt gar ned so genau sagn, fünfe glaub i. Aber jetz gemma amoi nei. Zerst gehn ma zum Grassl, des is mei Hausmeister.

Inzwischen macht in der Wohnung Häusler der Umbau sichtbare Fortschritte. Es herrscht bereits ein größeres Chaos. Möbel stehen am Gang. Gustl ist im Wohnzimmer damit beschäftigt, die alten Tapeten von den Wänden zu reißen und neue zu kleben, die ein junger Gelegenheitsarbeiter auf dem Tapeziertisch mit Kleister bestreicht.
Im angrenzenden Zimmer ist Manni dabei, mit einem elektrischen Schlagbohrer die Wand zur Toilette, dem künftigen Bad, durchzubrechen. Auf einem Stuhl im Gang inmitten von Gerümpel sitzt die Oma. Sie ist gekleidet wie sie sich normalerweise nur an Sonntagen kleidet. Dazu gehört hauptsächlich ein Hut, der im Winter dunkelgrün und aus Filz, im Sommer hell und aus Leinen ist. Ebenso helle Handschuhe, die sie aber nicht anzieht, sondern in der Hand hält. Im Schoß hat sie eine Handtasche liegen, und so wartet sie auf ein Zeichen zum Aufbruch.
Tscharli steht am Telefon, mit einer Hand hält er sich wegen des Krachs der Bohrmaschine das linke Ohr zu, in der anderen hält er den Hörer.
TSCHARLI. Ja – nein, mir könnten sofort draußn sein, Herr Dorfmüller. In einer guten Stund. Einen Moment, ich versteh kein Wort, kein Baulärm. Des is hier in der Wohnung, einen Moment.

TSCHARLI *schreit.* Manni! Manni! Hör amoi auf, Manni!
Manni hat auf Tscharlis Rufe nicht gehört.
TSCHARLI *wendet sich an die Oma.* Geh amoi nei und sag, daß er aufhörn soll! Ich versteh ja nix.
Die Oma nimmt ihre Handtasche, bahnt sich vorsichtig einen Weg durch das Wohnzimmer, wobei sie beinah mit dem Arbeiter zusammenstößt, der mit einer langen, mit Kleister beschmierten Tapetenbahn zu Gustl geht und die Tapete dabei so vor sich hält, daß er Frau Häusler nicht sehen kann. Frau Häusler kann gerade noch ausweichen.
OMA. Entschuldigens.
Sie geht in das Nebenzimmer, tippt Manni auf die Schulter, Manni dreht sich um.
OMA *laut.* Aufhörn!
MANNI *stellt die Maschine ab.* Was?
OMA. Der Karl muß grad telefoniern.
MANNI. Dann trink i dawei a Bier.
Manni legt die Bohrmaschine zur Seite, greift nach den drei leeren Bierflaschen, die neben ihm stehen, und geht in Richtung Küche.
OMA. Des Bier is im Kühlschrank.
MANNI *geht an dem Arbeiter vorbei.* Magst a a Bier?
Der Arbeiter legt die Tapetenbahn, die er in der Hand hält und gerade Gustl, der auf einer Staffelei steht, weiterreichen wollte, einfach auf den Boden und geht mit Manni in die Küche.
GUSTL. Was isn jetzt?
MANNI. Mir trinkn schnell ein Bier, bis der Tscharli telefoniert hat.
GUSTL. Des wievielte isn des jetzt?
MANNI. Des vierte – aber erst wennis trunka hab'. Warum, paßt dir des vielleicht ned? Des mußt fei sagn, wenn dir des ned paßt, weil dann genga mir nämlich.
OMA *beschwichtigend.* Des Bier is im Kühlschrank, Herr Manni.
MANNI. Des wissn mir.
Manni geht in die Küche. Tscharli kommt herein.

TSCHARLI. So, ois organisiert. In einer Stund müssn mir draußn sei, da sperrns uns die Wohnung auf und den Achmed hab' i a derwischt, in fünf Minuten steht er unten und dann fahrn mir. *Zur Oma.* Jetzt gemma, komm! Halt! Jetzt hätt i beinah was vergessn. Gustl!
GUSTL. Ja.
TSCHARLI. Um fünfe kommt der Peter mit seim Kundn, wenn mir dawei no ned da san, nachad machst du die Führung.
GUSTL. Muß i was Bestimmts sagn?
TSCHARLI. Gar nix, wenns was fragn und du weißt des ned, dann sagst einfach: »Des woaß i ned, da muß i zerst den Chef fragn«, verstehst?
GUSTL. Wer is des?
TSCHARLI. Was?
GUSTL. Der Chef? Bist du des?
TSCHARLI *merkt, daß er Gustl so nicht kommen darf.* Nachad sagst halt was anders. Wichtig is bloß, daß mir uns ned glei so festlegn, was mir da ois genau renoviern, verstehst, wegam Peter. Sonst san mir gnagelt, Servus.
GUSTL. Servus, Chef!

Wohnzimmer Grassl. Am Tisch sitzen Fischhuber, Grassl und Beisal. Frau Grassl schenkt aus einer Flasche für Herrn Fischhuber und ihren Mann Enzian ein. Als sie Beisal einschenken will, wehrt dieser ab.
BEISAL. Nicht, bitte.
FISCHHUBER. Des derf er ned, der Herr Beisal, wegen seiner Religion.
BEISAL. Das ist nicht wegen Religion. In Türkei wird viel getrunken. Rake, sehr gut. Haben Sie schon probiert – Rake?
GRASSL. Des is ein Enzian, den brennt mei Schwager in Oberaudorf selber, des is scho was anders wie der, wo ma im Gschäft kauft.
FISCHHUBER *zu Beisal.* Was dürfens dann trinken? *Er wartet die Antwort gar nicht ab, spricht gleich weiter zu*

Servus, Chef!

Grassl. Er is nämlich ein Mohammedaner. An Schweinsbraten derf er a ned essn, so streng sans da, die Bräuch. Des könnt sich bei uns nie ned durchsetzen so a Religion.

FRAU GRASSL *zu Beisal.* Mögens a Kracherl?

Beisal versteht nicht.

GRASSL *versucht zu erklären.* A Limo, gib ihm a Limo.

Frau Grassl geht aus dem Zimmer.

FISCHHUBER. Also dann, Prost!

GRASSL. Prost!

Beide trinken.
FISCHHUBER *setzt das Glas ab.* Ned schlecht sag i.
GRASSL. Da geht halt nix über so ein Selberbrenntn.
FISCHHUBER. Also, was i sagn wollt, Sie brauchn sich da um nix kümmern, Grassl, des macht ois der Herr Beisal. Er bringt seine Leut. Des einzige was mir in die Wohnung neistelln müssn, des san ein paar Bettgsteller, übereinander, wissens scho, wie i mein, wie mir halt beim Militär ghabt ham.
GRASSL. Und die bringt a der Herr Beisal?
FISCHHUBER. Nana, des müssn scho mir macha. Mir vermietn ja möbliert. Des is überhaupt a gute Idee mit dem Militär. Da redens amoi mit der Bundeswehr, ob die vielleicht so ausrangierte Bettn ham, des kann ja ned so teuer sei. Und die Miete, die kassiert der Herr Beisal direkt. Da ham Sie gar koa Arbad damit. Des wird dann direkt vom Herrn Beisal an mich überwiesn, da ham Sie dann gar keine Schwierigkeitn damit. Weil er kann sich ja mit seine Leut verständigen. Da gibts nachad koan Ärger ned, dann is a jeder zfriedn, nedwahr, Herr Grassl?
Frau Grassl kommt mit einer Limonade und stellt sie hin.
BEISAL. Danke, danke.
GRASSL. I weiß bloß ned, ob die andern Mieter da a so ... wenn jetzt da die Fremd ... was die da sagn, wenn jetzt auf amoi Gastarbeiter da ins Haus kemma.
FISCHHUBER. Wieso? Des san Menschn wie mir aa, nedwahr, Herr Beisal? Und die Türkn ham no nie was gegen die Deutschn ghabt, im Gegenteil, die mögn uns lieber wie beispielsweis a andres Volk – und wems ned paßt, der kann ja ausziehn. Was is jetzt eigentlich mit der Familie Eder da oben, die wolltn doch aa amoi ausziehn?
GRASSL. Des glaub i ned. Der hat amoi so gsagt, so beiläufig. Weil er sich allwei aufregt, wenn der Untermieter von der Frau Häusler allwei so laut auf seim Instrument spielt. Aber der red heut so und morgn so, der Eder. Den müssns scho kündign, wenns wolln, daß er auszieht.

Fischhuber. Von mir aus kann der herin bleibn – so langs ihm gfallt. In meim Haus kann überhaupt a jeder so lang bleibn wies ihm gfallt. Des gilt für Sie genauso, Herr Grassl.

Grassl nickt.

Frau Grassl. Danke.

Fischhuber. I bin ja kein Unmensch ned, der die Leut einfach aufd Straß setzt. Des geht sowieso nimmer mit de neuen Gesetze, wo der Mieter ois derf und der Hausherr nix mehr. Jetzt gehts sowieso bald dahin. Des nächste is nachad die Enteignung.

Fischhuber trinkt sein Glas leer.

Beisal. Können wir die Wohnung anschaun jetzt?

Fischhuber. Aber a jeds Gesetz hat seine Lückn. Und mir san ja aa ned auf der Brennsuppn dahergschwommen. *Steht auf.* Also dann gehn mir jetzt. Habens ein Metermaß, Grassl, damit der Herr Beisal ausmessn kann, wieviel da neipassn? Des geht nämlich genau nach Quadratmeter. Weil a jeder sein gesetzlichen Anspruch auf einen Lebensraum hat. Da paßt der Herr Beisal genau auf. Da hat er nämlich scho schlechte Erfahrungen gemacht, der Herr Beisal.

Fischhuber zwinkert mit einem Auge in Richtung Beisal. Beisal lächelt.

Fischhuber *lacht laut auf, zu Grassl.* Ausschaun tut er ja ned a so, aber kennen tut der an jedn Tricks, mei Lieba. *Klopft Beisal anerkennend auf die Schulter.* Bist scho a Hund, a odrata.

Beisal lächelt still.

Im Hausgang des Neubaus in der Trabantenstadt. Tscharli, Oma und Tscharlis Freund, der Taxifahrer Achmed, folgen einer Angestellten der Baugesellschaft. Die junge Frau ist am Lift angelangt. Sie drückt auf den Knopf. Die Oma bleibt einen Moment im Gang stehen, schaut sich um.

Oma. Wies da riecht!

Tscharli *schnüffelt durch die Nase.* Da riechts doch ned.

Oma. I mein ja ned, daß' stinkt, aber a jeds Haus riecht

nach was wenn ma neikommt. Bei uns riechts auch, aber anders.

Der Lift ist angekommen, alle betreten den Lift, die Lifttür schließt sich. Die junge Frau drückt auf den Knopf des 3. Stockwerkes. Tscharli geht bei der jungen Frau auf Tuchfühlung. Er lächelt sie an, die junge Frau schaut weg.

TSCHARLI. Eng is da herin.

OMA. Bei unserm Haus is des ganz verschiedn, da riechts im Sommer anders wie im Winter; und wenns Frühling werd, dann riechts anders wie im Herbst.

TSCHARLI. Also, i riech nix. *Zu Achmed.* Riechst du was?

ACHMED *schnüffelt.* Ich weiß nicht.

TSCHARLI. Des is a ganz a neues Haus, was soll denn da riechn?

Grassl, Fischhuber und Beisal stehen vor der Wohnung Häusler. Lärm der Schlagbohrmaschine. Grassl drückt auf die Klingel.

GRASSL. Die hörn uns ned, da kemma lang läutn.

FISCHHUBER. Möcht wissen, was die da drin macha, hams an Schlüssl!

GRASSL. Die zwei Reserveschlüssel, die i ghabt hab', die hab' i alle der Frau Häusler gebn, weilsas allwei verliert.

FISCHHUBER *schlägt mit der Faust gegen die Tür.* Aufmacha!!!

GRASSL. Die hörn uns ned.

BEISAL. Moment, darf ich?

Beisal holt einen Dietrich aus der Tasche, steckt ihn ins Schloß. Die Art, wie er das macht, läßt darauf schließen, daß er so etwas nicht zum ersten Mal macht. Es dauert nur Sekunden und die Tür ist offen.

FISCHHUBER *zu Grassl, stolz.* Was hab' i gsagt? An jedn Tricks kennt der.

BEISAL *tritt höflich zur Seite.* Bitte sehr.

Fischhuber tritt als erster ein. Es folgen Grassl und Beisal. Fischhuber bleibt im Gang stehen, verwundert schaut er auf das Durcheinander.

FISCHHUBER. Ja, da legst di nieda.
Da kommt Gustl aus dem Wohnzimmer.
GUSTL. Wer sind Sie denn, was wollns denn da herinnen?
Fischhuber geht an Gustl vorbei. Fischhuber regt sich auf.
FISCHHUBER. Was i da will?! *Zu Grassl.* Fragt der mi, was i da will! Mei Haus schau i mir an, weil mir des ghört, verstehst mi, Bua?! *Zu Beisal.* Kommens. *Fischhuber geht einfach an Gustl vorbei. Beisal geht nach.*
GRASSL *wendet sich an Gustl.* Grüß Gott, Herr Seiler.
GUSTL. Grüß Gott, Herr Grassl, was soll denn das bedeuten?
GRASSL. Müssens scho entschuldigen, aber des is der Herr Fischhuber, dem das Haus ghört. Die wolln nur schnell was ausmessen. Is die Frau Häusler ned da?
GUSTL. Na, die is ned da.
GRASSL. Und der Kerl a ned?
GUSTL. Na.
Manni ist noch am Mauerdurchbruch beschäftigt. Fischhuber und Beisal kommen ins Zimmer.
FISCHHUBER Ja – ja – spinnt denn der, Sie! Hallo, aufhörn!
Fischhuber packt Manni an der Schulter, Manni stellt das Gerät ab, schaut Fischhuber erstaunt an.
FISCHHUBER. Was tun denn Sie da?!
MANNI. Warum?
FISCHHUBER. Nix warum, was Sie da tun, hab' ich gfragt!
MANNI. Des sehns doch oder ham Sie koane Augen im Kopf?
FISCHHUBER. Jetzt tat er no frech wern, schaust ned glei daßd da verschwindst, du Zigarettnbürscherl du windigs!
MANNI *wird drohend.* Langsam Herr, ganz langsam.
FISCHHUBER *geht ein paar Schritte in Richtung Tür.* Des wern mir glei ham. Herr Grassl! Kommens amoi da rein, Grassl!

Grassl stürzt herein, bleibt überrascht stehen, als er den Mauerdurchbruch sieht.
FISCHHUBER. Was bedeutet denn des, ha! Was gehn denn da für Sachn vor, in meim Haus?! Grassl, ha? Vielleicht erfahr i des jetzt amoi, Grassl? Ha?
Manni nimmt die leeren Bierflaschen und geht einfach weg. Grassl geht langsam zu dem Mauerdurchbruch, steckt den Kopf durch, da sieht er den jungen Arbeiter in der Toilette sitzen. Der Arbeiter schaut ihn erstaunt an. Grassl ist die Situation sehr peinlich.
GRASSL. Grüß Gott!
Grassl zieht den Kopf zurück, schaut Fischhuber an, mit einem Gesicht, dem anzumerken ist, daß auch er jetzt nichts mehr versteht.
GRASSL. Da is einer im Klo! ... Da is einer im Klo – denn kenn i gar ned!

In der Neubauwohnung betritt Tscharli als erster die kleine Diele, von der eine Tür zum Bad, eine andere in den ca. 20 qm großen Wohnraum geht. Die Wohnung ist leer. Es gibt eine kleine Kochnische und einen Balkon.
TSCHARIL. Aha.
Die anderen kommen nach. Tscharli geht zum Balkon.
TSCHARLI. Aha. So schaut des aus. Aha.
Oma Häusler steht in der Mitte des Raumes, dreht sich langsam um sich selbst.
TSCHARLI. Wie geht denn da die Tür auf?
Die junge Frau drückt einen Hebel an der Balkontür und öffnet sie.
JUNGE FRAU. Da müssen Sie da drücken.
Tscharli geht auf den Balkon, streckt die Arme weit von sich, atmet mehrmals tief ein und aus.
TSCHARLI. Des is a Luft. Des is scho was anders. Kumm amoi raus, Oma und schnauf!
Achmed lehnt an einer Wand im Wohnzimmer und lächelt die junge Frau freundlich an. Die Frau schaut zu Boden. Achmed holt eine Kette (Komboloi) aus der Tasche und läßt sie um die

Finger kreisen. Die Oma geht in die Kochnische, untersucht Herd und Kühlschrank.

TSCHARLI. Der reinste Ozon is des. Oma! Wo bist denn jetzt?

Die Oma kommt auf den Balkon, beugt sich kurz über die Brüstung, schaut nach allen Seiten auf die anderen Häuser.

TSCHARLI. A Luft is des wia in Ruhpolding.

OMA. Was du allawei mit dera Luft hast.

Sie geht zurück in den Wohnraum. Tscharli folgt ihr. Er streicht mit der Hand wie fachmännisch über die Wand.

Achmed, Tscharli und Oma Häusler im Taxi auf der Heimfahrt. Tscharli hat seinen Arm um die Oma gelegt, die im Fond des Wagens neben ihm sitzt.

TSCHARLI. Jetzt sag halt amoi was! Wasd jetzt meinst mit dera Wohnung.

OMA. Schön is scho.

TSCHARLI. Aber?

OMA. Wir müssens ja soweso nehma.

TSCHARLI. Müssn tust du gar nix. Wenns dir ned gfallt, dann nimmstas halt ned. *Erschrickt einen Moment über sein Angebot, dann* ... Wenns dir ned gfallt ... Mei ...

OMA. Gfallts *dir* denn?

TSCHARLI *versucht auszuweichen.* Mir?

OMA. Gfallts *dir* denn?

TSCHARLI. Ob mir des gfallt, meinst? Mir persönlich, meinst? Ja, mei des is a Gschmacksache. A Gschmacksache is des.

OMA. Täts du da nausziehn wolln?

TSCHARLI. I? Ja mei – wenn i müssad – mei – dann müssad i halt.

OMA. Aber wir müssn ja ned, hast du gsagt.

TSCHARLI *versucht sich herauszuwinden.* Was heißt denn da müssn? Des is natürlich – a dehnbarer Begriff is des. Des mitm müssn.

Wieder zu Hause. Tscharli und die Oma gehen die Treppen hoch. Tscharli geht zu schnell.

Oma. Wart a bissl, i kann ned so schnell.
Tscharli. Dann geh i dawei voraus, weil um fünfe der Peter kommt.
Tscharli läuft, immer zwei Stufen auf einmal nehmend, voraus.
Grassl *öffnet die Wohnungstür und schaut heraus.* Frau Häusler!
Oma. Ja?
Grassl. Ham Sie amal an Moment Zeit?
Oma. Was is denn?
Grassl. Des erzähl i Ihnen glei, Frau Häusler, der Fischhuber war nämlich da.
Tscharli *kommt in die Wohnung, niemand is da. Er geht ins Wohnzimmer, ruft.* Gustl?! Manni?! *Er schaut im Nebenzimmer, dann geht er wieder ins Wohnzimmer zurück. Auf dem Tisch liegt ein Zettel.*
Tscharli *liest halblaut:* »Mir sin bei der Susi in der Wirtschaft. Komm nüber wenn du da bist, weil was passiert is.«
Tscharli läuft ans Telefon, wählt eine Nummer. Es ertönt das Belegtzeichen. Er legt den Hörer auf.
Im Wohnzimmer Grassl sitzen Herr Grassl und Oma Häusler am Tisch.
Oma. Is des wirklich wahr?
Grassl. So wahr i da sitz.
Oma. Des kann i gar ned glaum, daß der Herr Fischhuber sowas tut, wo er allawei a so a netter Mensch gwen is, könnens Ihnen da ned täuschn, Herr Grassl?
Grassl. Wenns mich fragn, weiß ich genau was der will, der setzt überall die Türkn nei, bis alle anderen Mieter kündigen – freiwillig – verstehns, freiwillig des is die Masche. Dann wird nix mehr repariert und wenn alle draußn san und nur noch die Ausländer da drin san, dann wart er bis des Haus langsam zamfallt, weil er ja nix mehr repariert. Da kann er ja drauf wartn, und dann – dann passierts.
Oma. Was passiert?

GRASSL. Dann reißt er des Haus ab.
OMA *naiv.* Dann hat er doch keins mehr.
GRASSL. Aber an Grund hat er dann. An leeren Grund mitten in der Stadt – und den verkauft er dann. An a Bank oder an a Versicherung, oder an an Konzern, der wo dann ein Bürohaus baut.
OMA. I hab' aber doch einen Vertrag. Da kann er mir doch gar ned kündigen.
GRASSL. Braucht er ja gar ned, weil Sie ja selber kündigen.
OMA. Aber wenn der Karl drinbleibt?
GRASSL. *Sie* haben einen Vertrag mit dem Fischhuber und ned der Karl, Frau Häusler, und in dem Moment, wo sie heraußen san, dann iser drin mit seine Türkn.
OMA. Aber ich hab' ja noch gar ned kündigt.
GRASSL. Bis jetzt no ned.
OMA *wird resolut.* Und jetzt geh i a gar ned raus, akkurat nicht und kündigen tu ich auch ned.
GRASSL *spürt einen Lichtblick.* Sie genga ned naus?
OMA. Von mir aus ned, dann muß er mir scho kündigen.
GRASSL. Des tut er ned. Weil Sie ja scho dreißg Jahr in dera Wohnung san. Da geht des nimmer so leicht. *Schüttelt den Kopf.* Des tut er ned.

Als die Oma in die Wohnung zurückkommt, geht Tscharli gerade wieder zum Telefon.
TSCHARLI. Was hat er denn wolln von dir, der Grassl?
NIX WICHTIGS. Wega der Waschküch was.
TSCHARLI *regt sich auf.* Die san einfach abghaut. Wie i reinkomm is kein Mensch da und am Tisch liegt a Zettel, daß in der Wirtschaft san und daß was passiert is. Was da passiert is, des kann i mir scho vorstelln. Sternhaglvoll werd' er wieder sei, der Manni. Wie findst denn jetzt des? Wo jedn Moment der Peter kummt.
OMA. Du Karl ...

TSCHARLI. I muß jetzt schnell telefoniern, damit die wieder zruckkumma.

Tscharli wählt eine Nummer.

OMA. Was tätst denn du sagn, wenn i die neue Wohnung doch ned nimm?

TSCHARLI *legt langsam den Hörer wieder auf. Entgeistert.* Was – was?

Die Oma stellt ihren Enkel auf die Probe.

OMA. Ja, weil i mir des jetzt nommoi genau überlegt hab'. I möcht da ned naus. I möcht lieber dableim, wenn des irgendwie geht. Jetzt bin i dreißg Jahr da herin gwesn, jetzt möcht i lieber dableim.

Tscharli geht langsam ins Wohnzimmer. Die Beine sind ihm schwer geworden. Er sucht nach einem Stuhl. Setzt sich. Die Oma kommt nach. Im Hintergrund sieht man das große Loch in der Wand.

TSCHARLI. Is des jetzt ... is des jetzt dei Ernst?

OMA. Ja, Karl.

TSCHARLI. Aha.

OMA. Wenn i natürlich da nausmuß, dann geh i scho, aber liaba tät i natürlich dableim. Des mußt jetzt du sagn, Karl.

TSCHARLI. I hab' dir doch gsagt, daßd ned mußt.

OMA. Dann kannst aber die Wohnung ned vermietn, wenn i dableib.

TSCHARLI *schluckt schwer.* Ja mei ... Des geht halt dann ned ... Was ned geht, des geht halt ned ... Macht ja nix ...

Er versucht den unerwarteten Schlag irgendwo unterzubringen.

TSCHARLI. Is ja bloß so a Idee gwesn. Is ja wurscht ... Wenns halt ned geht, dann – mei.

Tscharli zuckt die Achseln, Oma geht auf Tscharli zu, streicht ihm mit der Hand über das Haar.

OMA. Da bin i jetzt froh. Danke, Karl.

TSCHARLI. I hab ja nur gmeint. Es war ja ned nur wegn dem Geld. Ich hab halt gmeint, daß des für dich a

Was ned geht, des geht halt ned.

Erleichterung gwesn wär. Mitm Aufzug und mitm Bad und mit dera guten Luft da draußn.
OMA *orakelt.* Vielleicht wär des sowieso ned ois so gangen wie du dir des vorgstellt hast.

Immobilienbüro Pickl.
Pickl steht in der Tür. Herr Bodenstedt steht neben ihm. Sie wollen gerade gehen.
HANNERL *deckt den Hörer ab. Zu Pickl.* Der Tscharli.

PICKL. An Moment, Herr Bodenstedt.
PICKL *nimmt den Hörer.* Ja?
TSCHARLI. Gut, daßd no da bist, Peter. Mir ham doch da gestern drüber gredt, was da is, wenn da vielleicht was dazwischenkommen tat.
PICKL *ungeduldig.* Ja und?
TSCHARLI. Naja. Also. Des is jetzt aso.
Die Oma trägt langsam Schubladen ins Wohnzimmer zurück.
PICKL. Was is aso?
TSCHARLI. Naja, des is jetzt aso, daß da tatsächlich was dazwischen kumma is, verstehst?
PICKL *ärgerlich.* Was heißt des?
Hannerl merkt, daß was Unangenehmes im Gang ist. Sie lächelt Bodenstedt an.
HANNERL. Nehmens doch an Moment Platz, Herr Bodenstedt.
TSCHARLI. Naja, da san jetzt solche Gesichtspunkte auftaucht, wo i mir ernsthaft überleg, ob mir da überhaupt ausziehn solln.
PICKL *wird langsam zornig.* Was, was, was, was? Was is des?
TSCHARLI. Des san so Überlegungen privater Natur, verstehst?
PICKL *lächelt Bodenstedt an, der vor ihm sitzt.* Du, i muß jetzt aufhörn, weil i grad an Herrn da hab', mit dem i a Wohnung besichtigen muß.
TSCHARLI. Du verstehst mi ned. I wollt sagn, du brauchst gar ned kumma, weil aus dem Gschäft nix werd, Peter.
Pickl holt Luft. Zuerst will er ins Telefon brüllen, dann überlegt er sichs in Gegenwart Bodenstedts doch anders.
PICKL *ins Telefon.* Okay, dann finanzier ich die Sache selbst. Und der USA-Anteil wird ligwidiert. Mehr hab' ich dazu nicht zu sagen.
TSCHARLI. Was? *Tscharli legt auf, schüttelt den Kopf.*
PICKL *zu Bodenstedt.* Des war jemand aus meiner Finanzierungsgruppe. Wenn man da nicht hart bleibt, dann

Bisase noamoi darennt – der Bua.

geht man unter. Aber das wissen Sie ja selbst, Herr Bodenstedt.

Atmet durch. So. Da is mir jetzt übrigens grad eine Idee kommen. Ein anderes Objekt. Ich sage Ihnen, Herr Bodenstedt, des is überhaupt des Ideale für Sie. Ein alter Pferdestall mitten in der Stadt. Können Sie sich das vorstellen? Tipptopp ausgebaut. Atelierfenster, Livingroom mit Pool. Da fahrn mir jetzt hin. – Gemma.

Zu Hannerl. Wenn der Herr Häusler noch amoi anrufen sollt, Fräulein Stangl, sagens ihm, er möcht mich in Zukunft nicht mehr belästigen. Bin nicht mehr zu sprechen für ihn. Klar? So, jetzt gemma.

Wohnung Häusler.

TSCHARLI *zur Oma.* Ja, dann geh' i jetzt amoi nüber in die Wirtschaft, damit die des wissn.

OMA. Schenierst di jetzt, vor deine Freund?

TSCHARLI. Scheniern? I? Wieso? Wieso soll i mi da scheniern? Des is ja mei Sach, oder?

Tscharli ist schon im Aufbruch. Als er gerade zur Tür hinausgehen will, kommt Herr Heinrich mit seinem Geigenkasten herein.

TSCHARLI. Des is gut, daß Sie grad kommen. Wir ziehn nämlich nicht aus. Ois anders. Mir ziehn nicht aus und Sie auch nicht, ois anders.

Schon ist Tscharli draußen im Treppenhaus. Er läuft rasend schnell die Stiegen hinunter. Es sieht fast so aus, als ob er über die Stufen gleitet. Zwischen dem 2. und 3. Stockwerk kommt ihm Herr Eder entgegen. Tscharli ist zu schnell. Bei dem Versuch auszuweichen, fällt er auf den Hintern.

EDER. Jetzt hats di aba sauba highaut!

TSCHARLI *richtet sich auf, versucht ein mühsames Lächeln.* A Indiana schpürt koan Schmerz.

Tscharli läuft weiter die Treppen hinunter.

EDER *schaut Tscharli nach.* Bisase noamoi darennt – der Bua.

4

Der lange Weg nach Sacramento

Eine Souterrainwohnung in der Nähe der Isar. Leere Flaschen und gefüllte Aschenbecher, Luftschlangen und Konfetti erinnern an die vergangene Faschingsnacht. Es ist früher Morgen. Eine Gardine bläht sich im Wind, der durch das geöffnete Fenster streicht. Eine junge Frau im Morgenmantel kommt gähnend ins Zimmer. Sie räumt die Flaschen und Aschenbecher weg. Als sie aus dem Zimmer gehen will, bleibt ihr Blick an einer Reihe von Camping-Klappstühlen hängen, die mitten im Raum stehen. Sie beginnt zu zählen.

JUNGE FRAU. Eins... zwei... drei... vier... fünf... sechs... sieben...

Nach der Sieben stockt sie und schaut suchend im Raum umher. Sie zählt noch mal.

JUNGE FRAU. Eins... zwei... drei... vier... fünf... sechs... sieben...

Sie geht ins Nebenzimmer. Dort liegt ihr Mann immer noch weißgeschminkt und im Clownskostüm halb schlafend in einem Sessel.

JUNGE FRAU. Weißt du was? Da draußen sind nur sieben Stühle.

MANN. Wieso nur sieben Stühle?

JUNGE FRAU. Na, wenn ich dir sag, da sind nur sieben Stühle.

MANN. Wieso nur sieben Stühle?

JUNGE FRAU. Na, wenn ichs dir sage!

Die beiden schauen sich an, verständnislos.

Über der Isar geht die Sonne auf. Auf drei Camping-Klappstühlen sitzen Tscharli, Gustl und Achmed am Isarufer und schauen auf das Maximilianeum. Oben an der Straße der

Uferböschung steht Achmeds Taxi. Die drei sind im Faschingskostüm. Tscharli in schwarzer Cowboy-Kleidung – vom großen Hut bis zu den Reitstiefeln, am breiten Gürtel zwei Colts. Gustl im Trapper-Kostüm, helle Lederjacke mit Fransen, heller Hut, eine Flinte mit abgesägtem Lauf neben sich. Achmed ist als mexikanischer Outlaw kostümiert: Sombrero, Poncho, Sporen an den Stiefeln, ein Messer im Stiefelschaft. Elegische Stimmung.

TSCHARLI. Schön wars ...

GUSTL. Schön wars scho ...

ACHMED. Ganz schön wars ...

TSCHARLI. So schön wars überhaupt no nia.

GUSTL. Wennma denkt, daß dann auf amoi ois vorbei is ...

ACHMED. Ja mei ...

Tscharli denkt nach.

GUSTL. So is des im Lebn, zerst is schön, dann is auf amoi ois vorbei ...

ACHMED. Ja, ja ...

TSCHARLI. Heut is Samstag, morgn is Sonntag und übermorgn ... is Montag. Zwoa Tag no.

GUSTL. Scheiß-Versicherung.

ACHMED. Scheiß-Taxi.

TSCHARLI. Zwoa Tag no bis Sacramento.

GUSTL *kurz und irritiert.* Was?!

TSCHARLI *schielt unter dem Hut auf die beiden.* Zwoa Tag hamma no Zeit bis Sacramento. Verstehst?

Gustl und Achmed schauen sich an, schauen Tscharli an.

TSCHARLI. Ein langer und gefährlicher Weg, aber miteinand ... kanntmas packen.

Er schaut die beiden an, erntet skeptische Blicke.

TSCHARLI. I geh alloa aa. Miteinand wärs natürlich schöner, aber i geh alloa aa. Ich geh auf jedn Fall.

GUSTL. Wennma gengan, genganma miteinand.

Die drei brechen auf in sporenklirrendem Gleichschritt durch eine menschenleere Straße der Innenstadt, die den Blick auf die Frauenkirche freigibt.

In der Wohnung Häusler steht die Oma im Gang am Telefon.

OMA. Jaja ... I versteh dich schon, Karl. Sacramento ... Ja, da hast du scho recht. Wennst du des Gfühl hast, daß du da hin mußt, dann mußt du des auch machen. Ja, ja, und paß auf auf dich, gell. Pfüatdi, Karl. Naa, des machta ma gar nix, des verstehe scho. Alles Gute, Karl, und gute Reise. Und paß auf auf dich und die andern. Pfüatdi Karl. Na, na, kannst dich auf mich verlassn, ich sag nix. Alles Gute, Karl.

HEINRICH *steht daneben, als die Oma aufgelegt hat.* Ist irgendwas passiert, Frau Häusler?

OMA. Der Karl kommt erst am Montag in der Früh.

HEINRICH *lächelt.* Aha, aha. Hat er jemanden kennengelernt, im Karneval. Soll ja sehr schnell gehn, heute.

OMA. Naa, kennengelernt hat er niemanden. Aber er muß dringend wohin und des wollt er mir nur sagen. Daß ich mir keine Sorgn mach.

HEINRICH *glaubt, es besser zu wissen.* Ja, ja, der Karneval. Carne vale. Es war bei uns auch nicht anders, als wir jung waren. Das Fleisch ist schwach. Ach ja.

OMA. Sagn Sie, Herr Heinrich, wo isn des ... Sakkramento.

HEINRICH. Was is?

OMA *unsicher.* Sakkramento?

HEINRICH. Das ist ein Fluß in Nordamerika und eine Stadt, wie kommen Sie denn darauf?

OMA. Nur so.

Herr Heinrich zieht sich verwirrt in sein Zimmer zurück, da die Oma zu weiteren Auskünften offensichtlich nicht bereit ist.

Vor dem Hauptpostamt Ecke Maximilianstraße stehen in drei nebeneinanderliegenden Telefonzellen Achmed, Tscharli und Gustl. Sie legen alle drei den jeweiligen Hörer auf, gehen dann die Treppe des Postamts hinunter. Tscharli in der Mitte, links Achmed, rechts Gustl. Da bleibt Tscharli stehen, deutet mit einer lakonischen Bewegung des Zeigefingers auf Gustl, deutet dann auf seine beiden Pistolen.

TSCHARLI. Du hast dei Gwehr vergessen.

Gustl versteht. Er läuft zur Telefonzelle zurück, um sein Gewehr zu holen. Aber in der Telefonzelle steht schon ein neuer Telefonierer, ein besonders groß und stark aussehender Bursche. Gustl will hinein und will sein Gewehr holen, der Telefonierer will sich aber nicht stören lassen und hält die Tür zu.

Gustl schaut Tscharli an. Tscharli steht ruhig und breitbeinig da. Reibt ein Streichholz am Stiefel und zündet sich sein Zigarillo an. Mit einer kurzen Bewegung schlägt er die Schöße seines Jacketts beiseite und hakt die Daumen in den Revolvergurt.

Gustl schaut Tscharli an. Ängstlich. Tscharli macht eine Kopfbewegung zu Achmed. Achmed geht langsam an die Zelle, klopft betont leise, aber drohend. Der Telefonierer dreht sich um zu Achmed. Achmed bedeutet dem Telefonierer mit einem Kopfnicken, die Zelle zu verlassen. Der Telefonierer zeigt ihm den Vogel.

Achmed schaut Tscharli an, zuckt verlegen die Achseln, kurze Pause. Erwartungsvolle Blicke von Gustl und Achmed in Richtung Tscharli. Tscharli geht langsam auf die Telefonzelle zu. Als er die Türe gerade öffnen will, hängt der Telefonierer ein und geht aus der Zelle. Tscharli greift nach Gustls Gewehr, wirft es Gustl zu. Telefonierer dreht sich noch einmal und und zeig Tscharli den Vogel.

Die drei gehen jetzt die Treppen hinunter. Gustl dreht sich noch einmal in die Richtung, in die der Telefonierer verschwunden ist.

GUSTL *erleichtert.* Hat der jetzt ein Massl ghabt!

ACHMED. Der?... ein wahnsinniges Massl hat der ghabt.

TSCHARLI. Der?... M...mei...

In der Gaststätte zum St.-Anna-Eck sitzen Erwin Hillermeier und Susi an einem Tisch.

ERWIN. Jetzt hatses, alle drei.
SUSI *schüttelt den Kopf.* Sacramento ...
Susis Mutter Ruth ist mit Tischdecken beschäftigt.
RUTH. Und was is mim Taxi?
ERWIN *schaut Ruth an, dann wie zu sich selbst, memorierend.* Die Kutsche steht am Rio Bravo ... Her er gsagt, der Zappata.
RUTH. Der is lang.
ERWIN *holt einen Zettel aus der Tasche, liest langsam.* Vier Meilen östlich von der Railroad Station, gradeaus durchs Valley und dann flußabwärts nach Nordnordost.
ERWIN *steht auf.* Wo is der Atlas?
ERWIN *geht hinter die Theke, sucht in den Schubladen.* Wo isn der Atlas, den mir voriges Jahr von der Brauerei gschenkt kriegt ham?
RUTH. Erwin.
ERWIN. Des war ein goldener Weltatlas mitam goldenen Einband und vorndrauf war a rote Schrift. Und jetzt iser nimmer da. So. Jetzt hatn wer gstohln.
RUTH. Weggschmissn hastn, du selber.
ERWIN. I werd' an Weltatlas wegschmeissn, akkurat i.
RUTH. Du selber. Wie mir im Sommer in Urlaub fahrn wolltn nach Tirol bist immer dagsessen und hast drin rumblattelt, alle Leut hast narrisch gmacht, weil sich unsereins keine fremden Länder leisten kann. Und dann, dann hastn weggschmissn und mir sind nicht in Urlaub gfahrn.
ERWIN *zu Susi.* Du suchst jetzt des Taxi.
SUSI. Des is dei Taxi.
ERWIN. Und des san deine Freund.
RUTH. Wo sansn überhaupt gwesen?
SUSI. Bei einer Faschingsparty bei der Märri.
RUTH. Wo wohnt die überhaupt?
SUSI. In der Näh von der Thierschstraß.
RUTH. Dann gehst halt hin und suchst des Taxi.
SUSI *traurig.* Jetzt spinnt er, der Tscharli.
ERWIN. Der heißt jetzt Zorro un de zwoa andern de hoaßn

sie aa anders. Jetzt hatses dawischt. Alle drei. Des kimmt davo, wennma oiwei so spinnt. Wie die Tante Pauline, de hat aa oiwei so gspunna. Dann is ins Irrenhaus kemma, weils gmoant hat, dasses Schneewittchen is. Und dann is gstorbn. Und ihr letzter Wille war ein gläserner Sarg. Dabei hat die Sterbeversicherung grad füra Holzkreuz glangt. Wenne denk, was mir bei dera Beerdigung glacht ham.
Erwin fängt lautlos zu lachen an. Er kann nicht mehr aufhören zu lachen. Susi und Ruth sehen sich ratlos an.

Gustl, Tscharli und Achmed alias Gringo, Zorro und Zappata stehen vor einer Würstlbraterei.
GUSTL. Du, Zorro, moanst, daß mir da auf dem Weg nach Sacramento irgendwo an am Saloon vorbeikemme?
Tscharli zuckt gleichgültig die Achseln.
ACHMED. Is gar ned so falsch, was er da sagt, der Gringo. Sag amoi, Zorro, hast du koan Hunger?
TSCHARLI. An was hast du da gedacht?
ACHMED *schaut die Würste an, die auf dem Bratrost liegen.* An nix Bestimmtes.
TSCHARLI *schaut die Würste an. Schwärmerisch.* Schweinswürstl...
Der Wurstbrater schaut kurz irritiert die drei an, dann wendet er sich mit gleichgültiger Routine wieder seiner Arbeit zu.
GUSTL. Schweinswürschtl mit Kraut.
TSCHARLI *schaut verträumt auf die Würstel.* Bohnen...
ACHMED. Bohnen mit Speck.
Alle drei schauen verträumt auf die Würstel.
TSCHARLI. Genau.
GUSTL. Bohnen... Habe wirkle no nia mögn, Bohnen.
Die drei beim Einkaufen in einem Supermarkt. Gustl trägt einen Drahtkorb mit mehreren Büchsen Bohnen. Achmed betrachtet sehnsüchtig ein Whisky-Sonderangebot. Als Gustl seine Hand nach einer Pfirsichdose ausstreckt, packt ihn Tscharli am Handgelenk.
TSCHARLI. San des Bohnen, ha?

GUSTL. Pfirsich ...
TSCHARLI. Also.
GUSTL. Du Zorro, de san fei aus Kalifornien.
TSCHARLI. Kali-fornien?
GUSTL. Kalifornische Pfirsiche.
TSCHARLI. San des ehrlich kalifornische ... san die ehrlich aus Kalifornien?
Gustl und Tscharli schauen sich an, grinsen. Dann packt Gustl mehrere Pfirsichdosen zu den Bohnenvorräten in den Korb, und die drei begeben sich zur Kasse.
TSCHARLI. Könnma des no zahln?
GUSTL. Grad no.
ACHMED. Aber dann samma blank.
TSCHARLI. Hamma denn gar nix mehr?
GUSTL. Dann hamma nix mehr.
TSCHARLI. Aha.

An einer Straße oberhalb der Isar steht das Taxi. Achmed holt aus dem Kofferraum die Tüten mit den Lebensmittel-Vorräten heraus. Da sieht Gustl die Susi über die Maximiliansbrücke kommen.
GUSTL *zu Tscharli.* D'Susi!
Tscharli wirft sich auf den Boden und läßt sich blitzschnell die Böschung hinunterrollen. Gustl folgt ihm, ruft Achmed zu. »Nimm die Büchsn mit!« Dann sind die drei verschwunden. Susi sieht das Taxi, stellt fest, daß es nicht abgeschlossen ist, schaut sich nach allen Seiten um, kann die drei aber nicht entdecken. Sie geht die Stufen zur Isar hinunter und auf der Kaimauer suchend den Fluß entlang. Unter ihr hängen Tscharli, Gustl und Achmed an einer eisernen Leiter – die Füße beinahe im Wasser. Sie atmen auf, als Susi sich entfernt.

Nachts an der Isar. Ein schwaches Feuer beleuchtet drei frierende Gestalten. Tscharli bläst in das Feuer unter den Zweigen. Langsam beginnen die Zweige zu brennen. Die drei starren in das langsam wachsende Feuer.
ACHMED *fröstelnd.* In Tichuana scheint die Sonne das

ganze Jahr. Sie brennt auf die staubigen Straßen, das Meer liegt wie flüssiges Silber in der Hitze des Mittags. Und wenn ich Fremde in die Stadt brachte mit meiner Kutsche, dann stiegen sie aus und rieben sich die Augen in der Sonne. Mittags waren die Straßen leer in Tichuana. Manchmal schrie ein Kind.

TSCHARLI. Der Sommer in Amarillo war zu Ende und wir ritten nach Norden. Hank Miller, Buckay Jimmy, Billy Cooper und ich. Der erste Schneesturm kam eines Nachts. Zweihundert Meilen westlich von Kansas City. Armer Hank, armer Jimmy, als wir in Colorado ankamen, waren wir nur noch zu zweit. Billy Cooper und ich. Und als ich Colorado verließ, war Frühling und nur mein Pferd war mir noch geblieben. Armer Billy. Der Winter war hart in Colorado. Ein Männerwinter.

Gustl nimmt eine Dose Bohnen, kramt in der Tasche seines Jacketts, sucht etwas. Dann stellt er die Dose auf den Boden.

GUSTL *lakonisch.* So, jetzt hammas.

TSCHARLI. Was hamma.

GUSTL. An Büchsnöffner hamma koan.

TSCHARLI *nimmt die Dose, drückt den Daumen auf das Blech.* Kruzefix.

Achmed nimmt die Dose, schaut sie an, denkt nach.

Tscharli nimmt die Dose wieder.

GUSTL. Dahoam hätte oan.

TSCHARLI *mit leichtem Zorn.* Dann geh halt hoam.

ACHMED. Gib amoi her.

Achmed nimmt die Dose, zieht sein Messer aus dem Stiefelschaft, mit einem schnellen Schlag stößt er das Messer durch das Blech des Deckels. Erleichterung. Achmed versucht, die Konservendose zu öffnen. Plötzlich ein Geräusch. Schritte, Knacken von Zweigen, die drei schauen sich an.

Zorro greift nach seinem Colt, Gringo nimmt sein Gewehr, Zappata zieht das Messer aus der Dose. Sie lauschen, die Geräusche kommen näher.

An Büchsenöffner hamma koan.

Nachts auf dem Polizeirevier. Ein Polizist zerreißt ein Formular, wirft es in einen Korb. Dann tippt er in eine Schreibmaschine. Blickwechsel mit einem zweiten Polizisten, der vor Achmed, Tscharli und Gustl auf und ab geht.

1. Polizist *mit einem Seufzer.* Also, dann probiermas halt nomoi. Name?

Tscharli. Zorro.

Gustl. Gringo.

ACHMED. Zappata.
Blickwechsel der beiden Polizisten. Ungeduld.
1. POLIZIST. Wohnhaft...
TSCHARLI. Nedgern.
1. POLIZIST. Bitte?
TSCHARLI. Eine Wohnung hätten wir nicht gern, Marshal.
GUSTL. Nicht einmal eine Untersuchungshaft.
TSCHARLI. Weil mir am Montag früh... in Sacramento sein müssen.
ACHMED. Spätestens.
2. POLIZIST. Dann haben Sie also keinen festen Wohnsitz?
TSCHARLI. Hamma scho. Aber momentan san mir ja unterwegs.
2. POLIZIST. Wohin?
TSCHARLI. Schaugns Marshal, so kommen wir ja ned weiter. Mir ham Eahna ja gsagt, wie ma heißn und wo ma hersan. Und wo ma hinwolln. Wenn Eahna des ned langt, dann weiß i aa ned, was Sie eigentlich wissn wolln. *Zu Gustl.* Woaßt du was er will, Gringo?
GUSTL. Naa.
1. POLIZIST *nimmt eine Protokoll, liest vor.* Sie sind von einem Streifenwagen an der Isar aufgenommen worden, weil Sie an einer Stelle campiert haben, wo das Campieren verboten ist, weil Sie ein Feuer angelegt haben, wo das Anlegen von Feuer verboten ist, und weil Sie sich nicht ausgewiesen haben. Und weil des Landstreicherei is.
TSCHARLI. Erstens war des ned an der Isar sondern am Rio Bravo. Und zweitens wars a so kalt, daß Sie aa a Feuer gmacht hättn, Marshal. Und drittens, von einer Landstreicherei kann überhaupt nicht die Rede sein, gell, weil mir ganz ruhig dagsessn san.
GUSTL. Und a Landsitzerei is nicht verboten.
ACHMED. Möcht wissen, was er gsagt hätt, wenn er damals beim »Big Trail« dabeigwesn wär.

TSCHARLI. M-mei. Des möchte ned wissn, was er da gsagt hätt, wie mir alloa mit drei andere die siebntausend Rinder von Little Big Horn quer nunter nach Santa Fé triebn ham.
GUSTL *memorierend.* Der Nevada-Jim is bei der Stampede dertrampelt wordn, an Liberty Valance hats bei oane Notwehr in Tambstone dawischt, und der Ringo hat die bleihaltige Luft in Escondido ned vertragn.
ACHMED. Und des ois für a Handvoll Dollar.
TSCHARLI. Ja lebn mir jetzt in am freien Land oder lebn mir jetzt ned in am freien Land. Des müssadma jetzt wissn.
Die drei drehen sich gleichzeitig nach den beiden Polizisten um, die inzwischen in einen Nebenraum gegangen und durch eine Glasscheibe zu sehen sind. Die beiden Polizisten drehen sich ihrerseits um.
TSCHARLI *schlägt mit der Hand auf den Tisch und steht auf.* Vamos amigos!
Die beiden andern stehen ebenfalls auf. Verlassen den Raum.

Im St. Anna Eck. Erwin schiebt ein paar betrunkene Gäste zur Tür hinaus, sperrt zu. Erwin schenkt sich noch ein Bier ein und setzt sich.
ERWIN. In der Früh sperrma auf, und aufd Nacht sperrma zu, und dann sperrma a wieder auf und dann sperrma wieder zu. *Erwin trinkt.* Prost Erwin. Morgn früh ist Sonntag, da sperrma ned um neune auf sondern erst um zehne. Weil Sonntag is. Dann is wieder Montag, da sperrma wieder um neune auf, und um zwölfe sperrma wieder zua. Des hamma jetzt fufzehn Jahr gmacht und des machma jetzt nomoi fünfazwanzg Jahr. Prost Erwin! *Trinkt wieder.* Und wenns dann die Grubn zuschüttn, dann muß der Pfarrer sagn: Hier liegt Erwin Hillermeier, ein Mensch, der seine Pflicht getan hat. Vierzig Jahr lang hat er in der Früh aufgsperrt und aufd Nacht zugsperrt. Er ruhe in Frieden. Prost Erwin!
RUTH. Jetzt hat er wieder sein Moralischen.

Gegen Morgen im Bahnhofswartesaal. Ein paar Reisende sitzen herum.
Tscharli, Gustl und Achmed stellen die Tüten mit den Bohnenkonserven und den Spirituskocher auf eine Bank. Die Möglichkeiten, es sich auf der Bank bequem zu machen, sind beschränkt.
Achmed ist der erste, der sich zusammenringelt. Tscharli legt sich auf den Rücken, den Hut ins Gesicht geschoben, nur Gustl findet keine Stellung, die ihm behagt. Er springt wieder auf, legt sich auf eine Seite, steht wieder auf.
TSCHARLI *unter dem Hut hervor.* Was isn?
GUSTL *verärgert.* Nix is, kannma ned schlaffa da herin.
ACHMED. Mir gfallts. Weils warm is.
GUSTL. Bin ja koa so verlauster Mexikaner, so a dreckata wie du, daß mir glei ois gfallt bloß weils warm is.
ACHMED *gefährlich.* Was hast du da gsagt, Gringo?
GUSTL. Da wo du herkommst, da hast ja froh sein müassn, wenn dir die Flöh und die Wanzn an Platz habn lassn auf deim verlausten Strohsack, Tichuana, Drecknest.
Achmed zieht sein Messer aus dem Stiefelschaft, steht auf. Gustl nimmt das Gewehr von der Bank. Die Situation wird bedrohlich.
Achmed geht locker in die Knie, läßt das Messer kreisen. Gustl lädt das Gewehr. Sie gehen aufeinander zu, dicht an der Bank entlang. Tscharli baut sich breitbeinig vor den beiden auf, in jeder Hand einen Colt, mit dem er die beiden auseinanderwinkt. Gustl und Achmed sehen sich an. Lassen voneinander ab, legen sich wieder auf die Bank. Tscharli legt sich ebenfalls wieder hin.
GUSTL *nach einer Pause, im Liegen.* Zorro?
TSCHARLI *schläfrig.* Hm?
GUSTL. Wo samma denn?
TSCHARLI. In El Paso.
GUSTL. Dann is ja gut. *Gustl zieht seine verkrampften Arme unterm Kopf hervor, sucht sie in eine bequemere Lage zu bringen. Schläft ein. Aus dem Lautsprecher kommt die Ansage, daß der Zug nach Sacramento zur Abfahrt bereitsteht.*

In der Wirtschaft zum St. Anna Eck sind die Stühle auf den Tisch gekippt. Susi und Ruth Hillermeier stehen im Mantel neben Erwin Hillermeier, der immer noch vor sich hin siniert.

RUTH. Komm, steh auf, jetzt gemma ins Bett!

ERWIN. Genau. Jetzt gemma ins Bett und dann stengama wieder auf, und dann gengama wieder ins Bett, und dann stengama wieder auf. Und nachad sperrma auf und nachad sperrma wieder zua. Und dann gengema wieder ins Bett. Jawoi! Prost Erwin!

SUSI *nimmt ihren Vater am Arm, zärtlich.* Komm Papa, gemma.

Erwin steht auf, löst sich von Susis Arm, geht hinter die Theke, holt aus einer Schublade einen Atlas hervor. Geht wieder zum Tisch und setzt sich. Schlägt den Atlas auf, blättert.

RUTH. Jetzt haternja! Wo hastn ghabt die ganze Zeit, den Atlas?

ERWIN *mit kindlicher Freude.* Hast gmeint, gell, dassen weggschmissn hab'? Habe aber ned weggschmissn. So, jetzt möchte wissen, wo des is.

RUTH. Was denn?

ERWIN. Des möchte jetzt wissen, wo des is. Sacramento. Da is. Des is ein Fluß und eine Stadt is des.

Susi setzt sich und schaut auch in den Atlas.

RUTH. Also, ich geh jetzt. Komm, des kannst dir daham aa oschaugn. Susi!

ERWIN. Meine Tochter und ich, mir schaugn uns des jetzt no an, gell, Susi?

SUSI. Ja, Papa.

ERWIN. Und da, da is der Rio Bravo. De Hundsbuam de, de traunse was. Was trautse unseroans? Unseroans trautse gar nix.

Ruth setzt sich resignierend, schaut ihre Tochter an.

ERWIN. Jetzt schaue amoi, wo de ungefähr san. Weit könna de no ned sei, wenns heut in der Früh no am Rio Bravo warn.

RUTH. Rio Bravo! Schmarrn. Spinnst doch. Beim Fasching sans gwesn und jetzt treibnsase irgendwo in der Stadt umeinand. Blödheiten! Kindische!
Erwin schaut Ruth traurig an. Dann schlägt er mit einer resignierenden Geste den Atlas zu, steht auf, seine Illusion ist zerstört.
ERWIN. Gemma.

Im Bahnhofswartesaal. Tscharli dreht sich unruhig auf die Seite, streckt die Füße aus. Stößt mit den Füßen irgendwo an, erstarrt für einen Moment, zieht den Fuß zurück, streckt ihn noch einmal aus, stößt wieder wo an. Verharrt einen Moment ruhig, dann zieht er blitzschnell seinen Colt, richtet sich auf. Neben ihm sitzt ein schlafender Penner. Tscharli schaut ihn überrascht an. Dann schaut er um sich, sucht nach den Tüten, findet sie nicht. Versucht Gustl zu wecken.
GUSTL *schlaftrunken.* Hm?
TSCHARLI. Gringo, wach auf!
GUSTL. Was?
TSCHARLI. Wach auf, Gringo! Mir san überfalln wordn!
Gustl realisiert nicht, dreht sich auf die andere Seite, dann dreht er sich wieder um, schaut Tscharli erstaunt an.
GUSTL. Was?
TSCHARLI. Ein Überfall!
GUSTL. W-wer, wer was denn? Was is? Wo denn?
TSCHARLI. Ois hams uns gstohln!
GUSTL. Die Bohnen auch?
TSCHARLI. Die Bohnen aa.
GUSTL. Gott sei Dank.
Gustl läßt sich wieder sinken. Tscharli schaut sich um. Nur eine alte Frau sitzt schlafend in der Ecke. Er legt sich wieder hin.

Am nächsten Morgen. Die drei sitzen auf den Stufen der Feldherrnhalle. Schweigen. Tscharli raucht ein Zigarillo, die anderen beiden rauchen ebenfalls.
Ein knurrendes Geräusch.

TSCHARLI. Was?
GUSTL. Nix.
TSCHARLI *zu Achmed.* Hast du was gsagt?
ACHMED. Naa.
Wieder ein knurrendes Geräusch, das jetzt eindeutig aus Gustls Magen kommt.
TSCHARLI *schaut Gustl an.* Muaß des sei?
GUSTL *zuckt die Achseln. Wieder knurrt der Magen.*
ACHMED. Nicht einen einzigen Cent, und an solchen Hunger.
GUSTL. Verhungert auf dem Weg nach Sacramento. Sie nannten ihn Gringo. Der Herr sei seiner Seele gnädig.
TSCHARLI. Sag amoi, kannst du dich noch erinnern, wie mir damals abghaut san nach der Schiaßerei in Los Alamos?
GUSTL. Naa.
TSCHARLI. Da ham mir uns in einem Kloster versteckt, Woaßtes no, eine katholische Mission. In der Nähe von San Maximilianeo.
ACHMED. Aah, i woaß scho was du moanst. Santa Anna moanst du, des kann er ned wissn der Gringo, weil er da ned dabei war.
TSCHARLI. Genau. Santa Anna. Da gemma jetzt hin. Da kriegan ma was z'essen.
An der Pforte vor dem St.-Anna-Kloster teilt ein Padre drei Teller und drei Stück Brot an Tscharli, Gustl und Achmed aus. Die drei machen ein Kreuz, bedanken sich.
ACHMED. Gracias, Padre.
TSCHARLI. Muchas gracias.
PADRE. Denada amigos, denada.
Die drei essen gierig. Die Glocken beginnen zu läuten, die Sonntagsmesse ist aus. Leute kommen heraus. Tscharlis Augen weiten sich erschreckt. Er sieht Susis Mutter und die Oma aus der Kirche kommen. Tscharli drängt seine Freunde in den Klostereingang. Dort verharrt er.
Ruth und Oma Häusler gehen auf die Straße, gehen dann auf der Straße am Kloster vorbei. Ruth hat den Kopf gesenkt. Die

Oma dreht den Kopf zur Seite, die Blicke von Tscharli und der Oma treffen sich. Sie läßt sich nichts anmerken. Sie schaut wieder nach vorn und geht weiter. Nach kurzem Schweigen.

RUTH. Jetzt habe auf jedn Fall amoi bet für de Buam.

OMA. Des waar ned notwendig gwesn.

RUTH. Aber Eahna hat er doch gwiß gsagt, wos wirklich san. Mir könnenses doch sagn, Frau Häusler. Des is ja bloß, damit ma sich keine solchen Sorgen macht.

OMA. Da braucht sich niemand Sorgen machen. Des san drei Buam und damits amoi erwachsene Männer werdn, müssens halt amoi in Sacramento gwesn sein. A jeder Mann muß des amoi, Frau Hillermeier. Wenn ma eine Frau is muaß ma des verstehn.

RUTH. Ich versteh ja vieles, aber des verstehe ned.

OMA. Sehns, und ich versteh vieles nicht, aber des verstehe scho.

In der Universitäts-Reitschule. Die drei stehen neben dem Stalltor und warten. Gustl schaut sich die Pferde an. Achmed sitzt am Boden und döst vor sich hin.

GUSTL. De san größer als ma oiwei so denkt.

TSCHARLI. Was?

GUSTL. Ja ... des denkt ma ja gar ned, daß soiche Pferdl ... daß de glei so ... große Pferdl ... woaß gar ned ob des so a gute Idee war mit dene Pferdl.

TSCHARLI. Z'Fuß packmas ned bis morgn früh.

GUSTL *zögernd.* Jaja. Moanst du ned, daß de vielleicht irgendwie so irgendwie so ... kloanere Pferdl aa ham, so a Art Ponies moane.

TSCHARLI. Möchst z'Fuß durchs Tal des Todes, ha?

GUSTL. Naja, i frag ja nur, weil so Ponies solln ja aa viel zäher und ausdauernder sein wie so ... so größere Pferdl, verstehst?

Ein Stallbursche führt drei ausgewachsene Rösser aus dem Stall. Einen Rappen, einen Braunen und einen Schimmel.

I woaß gar ned ob des soa gute Idee war mit dene Pferdl.

BURSCHE. Oiso, i gibs euch – aber oans muß klar sei, Tscharli.
TSCHARLI. Zorro!
BURSCHE. Was?
TSCHARLI. Ah – nix.
BURSCHE. Spätestens um halbe viere brauches wieder, sonst holtme da Teifel. Da is der Reitlehrer wieder da und um viere gehts Training o. Da musseme drauf verlassn kenna. Des mußtma schwörn!
Tscharli hebt ernsthaft drei Finger zur Schwurhand.

Frühschoppen in St. Anna Eck.
Ein paar Gäste sitzen am Stammtisch. Erwin steht hinter der

Theke, schenkt Bier ein. Zum Erstaunen aller hat er einen Cowboyhut auf. Hin und wieder schaut einer der Stammgäste verstohlen zu Erwin hinüber. Ruth, die in der Küche steht, kommt während des Kochens ein-, zweimal zur Essensausgabe, wirft ebenfalls verstohlene Blicke auf Erwin. Einer der Stammgäste schaut Ruth an, deutet heimlich mit dem Zeigefinger auf Erwin, fragender Blick. Ruth tippt mit dem Finger an die Stirn. Stammgast nickt.
Erwin bringt die Biere an den Stammtisch, stellt sie hin, geht wieder hinter die Theke, dort holt er einen Atlas heraus, setzt sich auf einen Hocker, blättert in dem Atlas.
1. STAMMGAST *leise zum 2.* Was hatn er?
2. STAMMGAST. Was woaßn i was er hat.
1. STAMMGAST. Irgendwas hat er.
2. STAMMGAST. Am Fasching werda gwesn sei, gestern.
1. STAMMGAST. Am Fasching isa ned gwesn, weile gestern abend dagwesn bin. Und an Fasching ham de ned ghabt, gestern.
2. STAMMGAST. Vielleicht geht er heut aufd Nacht zum Fasching?
1. STAMMGAST. Des wirds sei.
2. STAMMGAST. Erwin!
ERWIN. Ja?
2. STAMMGAST. Du, Erwin? Gehst heut aufd Nacht zum Fasching?
ERWIN. Zum Fasching?
2. STAMMGAST. Wegam Fasching habe gmoant.
ERWIN. I geh ned aufn Fasching.
1. STAMMGAST. Ehrlich ned?
ERWIN. Naa.
Erwin setzt sich. Die Stammgäste blicken einander stumm an. Einer zuckt die Achseln.

Auf der Ludwigstraße reiten »Zorro«, »Gringo«, und »Zappata« mitten im fließenden Verkehr langsam auf das Siegestor zu, die Blicke geradeaus. Plötzlich bleibt Tscharli mit seinem Pferd stehen, schaut die beiden anderen an, zündet sich dann ein Zigarillo an und macht eine kurze Bewegung mit dem Kopf in Richtung Siegestor. Gustl und Achmed schauen, Tscharli greift auf seine Colts, Gustl nach dem Gewehr, Achmed nach dem Messer im Stiefelschaft. Sie setzen sich wieder in Bewegung. Auf der anderen Seite des Siegestores tun dasselbe drei berittene Polizisten. Sie reiten auf das Tor zu. Unter dem Bogen treffen die drei Desperados und die drei Sheriffs zusammen.

Auf dem Polizeirevier. Wieder schreibt der 1. Polizist sein Protokoll in die Maschine.

1. POLIZIST. So, dann hammas.

Kurzer Blick auf die drei Desperados.

2. POLIZIST. Namen hätt ma auch.

Erstaunter Blick der drei.

TSCHARLI. Wieso? Was? Was für Namen? Wieso?

2. POLIZIST *trocken.* Zorro, Gringo, Zappata. Des san Sie doch, oder?

TSCHARLI. Ja, ja, scho, scho, aber...

1. POLIZIST. Des san die Namen, die Sie uns gestern abend angegeben haben. Da habens uns doch die richtigen angegeben, oder?

TSCHARLI. Ja, ja, logesch, wieso?

1. POLIZIST. Naja, da is der Fall ganz einfach. Gestern wars noch ein Delikt von Landstreicherei...

2. POLIZIST. Und heut is des Viehdiebstahl, ned wahr.

1. POLIZIST. Pferdediebstahl.

2. POLIZIST. Und den Verkehr habens behindert.

1. POLIZIST. Naja, aber des laß mag weg. Des rentiertse gar ned. Da rentiert sich der Pferdediebstahl scho eher.

2. POLIZIST. Wo hams denn die Roß gstohln?

TSCHARLI. Gstohln hamas ned.

1. POLIZIST. Sans euch zuglaffa? Schreibs ins Protokoll.

TSCHARLI. Naa, mir hams ned gstohln. Mir san da unterwegs nach...

1. POLIZIST. Sacramento.

Gustl und Achmed schauen, es wird ihnen langsam mulmig.

Mir hams net gstohln. Des war ganz anders.

TSCHARLI. Genau und da ham mir ... ham mir uns denkt, z'Fuß da packmas ja nie durchs Tal des Todes.
1. POLIZIST. Sehr vernünftig, Tal des Todes. Schreibs.
TSCHARLI *wird langsam irritiert*. Und da san mir dann an so einer Dings ...
1. POLIZIST. An einer Ranch vorbeigekommen.
TSCHARLI. Genau und da san dann ...
1. POLIZIST. Da sind ein Haufen Pferde gestanden.
TSCHARLI. Genau und die ...
1. POLIZIST. Da haben wir drei Pferde gestohlen.

TSCHARLI. Gen ... *Gerade kann er sich noch bremsen.* Sie Marshal, gell, so geht des fei ned. I verweiger sofort jede Aussage. I verlang sofort einen Anwalt.
1. POLIZIST. Des kriegt jetzt der Staatsanwalt.
2. POLIZIST. Der kanns dann glauben oder ned glauben.
1. POLIZIST. Wenn ers glaubt dann hams a Glück ghabt und wenn ers ned glaubt, dann kommas halt a paar Jahr ins Gfängnis. Aber des macht ja nix, so, jetzt müssma schaun wie mir die Sache schön formuliern fürs Protokoll. Wie wir an einem schönen Tage durch die Ludwigstraße gingen und wie wir nichts Böses dachten, da bogen auf einmal drei einsame Pferde plötzlich um die Ecke.
ACHMED *kriegt Angst. Er springt auf.* Mir hams ned gstohln! Mir hams doch überhaupt gar ned gstohln. Des war doch alles ganz anders. Ja Kruzefix, i lassme do ned eisperrn wega dem Schmarrn! Mir hams ned gestohln. Des war ganz anders.
1. POLIZIST. Wie wars denn dann?
Tscharli und Gustl schauen Achmed streng an. Sie stehen ebenfalls auf und gehen gemeinsam von Achmed weg zum Fenster.
ACHMED *zögert noch einen Moment, dann platzt er heraus.* Wannes Eahna doch sag! Mir hams ned gstohln.

Auf einer Wiese im Englischen Garten sitzt Achmed unter einem starken Strick mit großer Schlaufe, der von einem ausladenden Ast einer Eiche herabbaumelt. Er hält den Kopf gesenkt, aber manchmal schiebt er den Sombrero zurück und wirft einen ängstlichen Blick auf den Ast über sich. Etwas weiter entfernt sitzen Tscharli und Gustl.
TSCHARLI. Der Rocco Sanchez war aa a Verräter.
GUSTL. Der war aa a Mexikaner.
TSCHARLI. Und der Barnie Thompson war aa a Verräter.
GUSTL. Der war aber koa Mexikaner, der war aus Dings ... Wo war jetzt der her?
TSCHARLI. Der Barnie? War aus Nebraska.

GUSTL. Der Manolito Ramonez war ein Verräter, damals wie's umd Wurtscht ganga is am Okökorräl.
TSCHARLI. Ja, da war der Dings aa dabei, der Shorty Tom Violence.
GUSTL. Der war aa a Verräter.
TSCHARLI. Und jetzt sans alle tot.
GUSTL *mit einem Seufzer.* Ja... Jetzt sans alle tot.
TSCHARLI. Da Rocco und da Manolito aufghängt. Da Barnie und da Shorty daschossn.
GUSTL. Verräter ham nie a langs Lebn.
TSCHARLI. Alle dawischtsas.
GUSTL *schaut zu Achmed hinüber.* Wenns ned vorher abhaun.
TSCHARLI. Wenns rechtzeitig abhaun, dann hams vielleicht no a Schaas.
GUSTL. Wenn... Wenn...
ACHMED *schaut noch mal auf den Ast hoch. Steht dann auf und geht.* Adios amigos.
TSCHARLI *zu Gustl.* Habeda des scho vazählt, von dem harten Winter in Colorado?
GUSTL. Naa.
TSCHARLI. Woma zerst mehra warn und dann samma owei weniger wordn...
GUSTL. Naa... verzähl.
TSCHARLI. Oiso! Der Sommer in Amarillo war zu Ende und wir rittn nach Norden. Hank Miller, Buckay Jimmy, Billy Cooper und ich. Der erste Schneesturm kam eines Nachts zweihundert Meilen westlich von Kansas City...
Während Tscharli anfängt zu erzählen, geht Achmed auf einer leeren Straße der Innenstadt mit Durchblick auf die Frauentürme der sinkenden Sonne entgegen.

Im Automatenladen, einem jener Läden, in denen alle Arten von Lebensmitteln in Automaten zur Selbstbedienung angeboten werden.
Tscharli und Gustl stehen in dem Laden, ein Mädchen holt aus

Der Sommer in Amarillo war zu Ende und wir rittn nach Norden.

verschiedenen Fächern verschiedener Automaten Lebensmittel heraus.

Gustl kriegt große Augen. Das Mädchen dreht sich kurz um, als sie Gustls Magen knurren hört.

GUSTL Nach einer Pause. Hamma gar nix mehr, ha? Gibts des, daß mir gar nix mehr ham?

Beide suchen in allen Taschen noch einmal nach, Tscharli geht auf und ab. Als er fest mit einem Fuß auf den Boden tritt, stutzt er plötzlich, tritt noch mal, stellt den Kopf schief, geht ein paar Schritte, wie hinkend und mit dem rechten Fuß fest auf den Boden tretend. Gustl beobachtet ihn skeptisch. Tscharli zieht den rechten Stiefel aus, schüttelt ihn, eine Münze rollt heraus.

Die beiden schauen sich an. Auf allen vieren kriechen sie und suchen die Münze. Als sie sie gefunden haben, stellt sich heraus, daß es ein Mark-Stück ist.
GUSTL. A Markl.
TSCHARLI. A Dollar.
Die beiden suchen die Automaten ab nach einer eßbaren Ware für 1 DM.
GUSTL. An Käs gibts.
TSCHARLI. Da brauchad ma a Brot dazu.
GUSTL. A Brot gibts aa für a Markl.
TSCHARLI. Entweder oder.
GUSTL. Oranschen gabats aa.
TSCHARLI. A Oranschn war aa ned schlecht.
GUSTL. Des waarn halt Fitamine.
TSCHARLI. A Oranschn is s'Gsündeste überhaupt.
GUSTL. Aber oa Oranschn für zwoa Personen?
TSCHARLI. Des langt ned hint und net vorn.
GUSTL. Da gabats a Packl Keks und a Schoklad gabats aa.
TSCHARLI. Also.
GUSTL. A Oranschn. Und du?
TSCHARLI. I möchad lieber die Keks.
Gustl hält Tscharli die geschlossene Faust hin. Tscharli hält seine Faust dagegen. Tscharli zeigt die 3 Knobelzeichen, eine geschlossene Faust für »Felsen«, zwei gespreizte Finger für »Schere«, die flache Hand für »Papier«.
TSCHARLI. Felsen, Scher und Papier.
GUSTL. Und Feuer.
TSCHARLI. Feuer gilt ned.
GUSTL. Also, eins – zwei – drei.
GUSTL/TSCHARLI. Felsen – Scher.
TSCHARLI. Oans null für dich.
GUSTL. Eins – zwei – drei.
TSCHARLI/GUSTL. Scher – Papier.
GUSTL. Oans auf.
TSCHARLI. Eins – zwei – drei.
GUSTL/TSCHARLI. Felsen – Papier.

GUSTL *resigniert.* Du kaufst dir die Keks.
TSCHARLI. Mir kaffa a Oranschn.
GUSTL. Wega mir ned.
TSCHARLI. A Oranschn is gsünder.
Tscharli wirft die Münze in den Automaten, zieht an der Ausgabe. Sie geht nicht auf. Rüttelt, zieht, nichts geht auf. Zieht beide Colts, simuliert Schießen auf den Verschluß der Ausgabe. Rüttelt, nichts geht, er schießt noch einmal.
Tscharli lächelt verlegen, steckt die Colts ein, tritt gegen den Automaten – nichts. Die beiden schauen sich an.
GUSTL. Keks hättma kaufn solln.
Sie gehen aus dem Automatenladen und die Straße hinunter.
TSCHARLI *nach einer Pause.* Habe dir die Gschicht scho verzählt, wo da Linky Boy Harrison mim Tornado Danny und mim Winchester Kid nach El Dorado san?
GUSTL. Naa, verzähl.
TSCHARLI. Und wies nachad verhungert san in die Blue Mountains, zerst der Danny, dann da Kid und am Schluß, wos bloß no zehn Minuten nach El Dorado gwesn san, da Linky Boy aa no? Habe dir des scho verzählt?
GUSTL. Naa.
TSCHARLI. Also. Ogfangt hat die ganze Gschicht an der Ostküste. Der Linky Boy hat eine Spielhölle in Boston ghabt, des is a Zeit lang guat ganga, dann is eahm z'hoaß wordn im Osten. Dann iser abghaut und in Nashville hat er an Tornado Danny troffn, der damals grad im County Jail gsessn is, weil er an Salon verwüstet hat ...
GUSTL. Aha ...
TSCHARLI. Genau. Also. Der Linky Boy und der Tornado Danny san dann westwärts – hinter dem oana war der Sheriff von Boston her, hinter dem anderen der Sheriff von Nashville ...

Im Hof von St. Anna Eck. Erwin – immer noch mit Cowboy-Hut – rollt ein Bierfaß in den Hof. Als er aufschaut, sieht er vor sich zwei Füße baumeln. Sein Blick wandert langsam weiter nach oben und endet auf dem Sombrero, den Achmed tief ins Gesicht geschoben hat. Die Blicke Achmeds und Erwins treffen sich. Achmed hebt resigniert die Schultern. Erwin langt an seinen Cowboy-Hut und drückt ihn sich entschlossen fester in die Stirn.

Tscharli und Gustl stehen vor dem Eingang einer Spielhölle. Gustl zögert.
GUSTL. Moanst ehrlich ...?
TSCHARLI. Sollma verhungern?
GUSTL. I kann fei ned pokern, Zorro.
TSCHARLI. Pokern tu ich. Du stehst hinter mir und paßt auf, daß koana bscheißt. Und wenn was passiert dann gibstma Feuerschutz.
GUSTL. Und wennst verlierst?
TSCHARLI. Des geht ja ned.
GUSTL. Wieso ned?
TSCHARLI. Weilma nix ham. Wennma nix ham könnma nix verliern. Verstehst?
GUSTL. Und wennst was gwinnst?
TSCHARLI. Dann kaffma uns was z'Essen. Kumm!
Gustl packt sein Gewehr fester, sie gehen hinein.

Im Saloon.
Um einen runden Tisch sechs Spieler. Darunter Tscharli. Hinter Tscharli steht Gustl. Die Spieler haben alle Karten in der Hand. Schweigen. Setzen. Rascheln von Scheinen. Unbewegliche Gesichter. Vor Tscharli schon ein kleines Häufchen Geld.
GUSTL *leise*. Komm! Jetzt hörma auf. Es langt doch scho.
Tscharli hebt mit einer abwehrenden Geste die Hand. Einer der Spieler wirft einen Blick auf Gustl.
Wieder Setzen. Austeilen von Karten. Schweigen. Setzen. Blicke. Schweigen.
1. SPIELER. Die zehn und zehn.
2. SPIELER. Die zehn und fünfzig.
Der nächste steigt aus. Die Reihe ist an Tscharli.

TSCHARLI. Die zehn und hundert.

Schweigen. Blicke. Gustl bricht langsam der Angstschweiß aus. Die anderen ziehen gleich.

Der 1. Spieler bietet die Karten zum Tausch an.

Der nächste Spieler hebt zwei Finger, kriegt zwei Karten, die anderen Spieler tauschen ebenfalls. Tscharli nimmt nichts, als er an der Reihe ist.

1. SPIELER. Aha.

Setzen. Schweigen. Setzen. Bis drei Spieler und Tscharli gleichgezogen haben und die anderen ausgestiegen sind.

Auf dem Tisch liegt ein hübsches Häufchen von Scheinen. Es wird aufgedeckt.

TSCHARLI. Full house!

Schweigen. Tscharli streicht das Geld ein. Schweigen. Ein Spieler wie nebenbei zu dem anderen Spieler.

3. SPIELER. Jetzt hat er bschissn.

Blicke der anderen Spieler.

TSCHARLI. Was – was – was. Wer hat bschissen?

1. SPIELER. Du hast bschissen.

2. SPIELER *ruhig und gefährlich.* Gib des Geld zurück!

Der Geschäftsführer im Hintergrund wird unruhig.

TSCHARLI. Spinnts ihr. I hab' do ned bschissn. Er hat gebn. I hab' ja ned amoi tauscht.

Schweigen. Blickwechsel. Der 1. Spieler steht auf. Der 2. Spieler steht auf. Alle stehen auf. Tscharli sitzt noch. Langsam greift seine Hand zum Colt. Der 1. Spieler packt ihm am Kragen, zieht ihn vom Stuhl hoch. Tscharli weicht ein paar Schritte zurück. Gustl neben ihm bringt sein Gewehr in Anschlag. In dem Moment beginnen die Spieler mit dem Angriff. Stühle und Tische werden zusammengeschlagen. Tscharli und Gustl gehen zu Boden. Die beiden Spieler krempeln sich für die letzte Runde die Ärmel hoch. Während der 1. und 2. Spieler mit den beiden beschäftigt sind, rafft der 3. Spieler die Geldscheine auf dem Tisch zusammen und verdrückt sich grinsend. Die Schlägerei endet mit einem K.O. von Tscharli und Gustl, die sich noch einmal aneinander aufzu-

richten versuchen und dann endgültig übereinander zusammensinken.

In seinem Zimmer steht Herr Heinrich vor einem Notenständer, komponiert und spielt. Als er absetzt, hört er ein entferntes Weinen. Beginnt wieder zu spielen, setzt wieder ab, lauscht, dann geht er aus dem Zimmer, den Gang der Wohnung entlang, folgt der Richtung, aus der das Weinen kommt, steht dann vor der geschlossenen Wohnzimmertür. Lauscht.

OMA. Da brauchas jetzt doch ned weinen, Fräulein Susi – is doch gar nix passiert.

SUSI. Da Achmed is aa wieder zruck und de andern zwoa ned. Wenn dem Tscharli was passiert is!

OMA. Da is nix passiert.

SUSI. Warum is dann der Achmed zruck und der Tscharli ned?

OMA. Der wirds halt nimmer ausghaltn ham, der Achmed.

SUSI. Jetzt kenne mi überhaupts nimmer aus. Zerst habe denkt, daß es ois nur a Gschpaß is und jetzt wird des ois so ganz wahnsinnig, wird des ois, wenn nur dem Tscharli nix passiert is.

OMA. Des san jetzt die letzten paar schweren Stunden. Und bis da in Dings da, in Sacramento san, des werd' der Achmed halt nimmer ausghalten ham. Kurz vor dem Ziel sei und da no durchhaltn, des is oiwei scho schwer gwesn.

Herr Heinrich lauscht immer noch an der Tür.

SUSI. Aber des is doch ois a Schmarrn mit dem Rio Bravo und dem Sacramento, a Schmarrn is doch des.

OMA. Wieso is des a Schmarrn?

SUSI. Weil ... weil ... i woaß aa ned, des is doch ois ... was des ois für Sacha san, wo immer ois ganz normal war und jetzt – jetzt kenntmase auf oamoi gar nimmer aus.

HEINRICH *klopft kurz, tritt ein.* Verzeihn Sie, wenn ich störe, Frau Häusler – aber – ich ... ist irgendwas nicht in Ordnung oder daß man vielleicht helfen kann. Grüß Gott,

Fräulein Susi – gehts Ihnen nicht gut? Is ... is ... was is denn?

SUSI. Der Tscharli und der Gustl san nach Sacramento, gestern früh, und jetzt is der Achmed zruck und de andern san no irgendwo und koana woaß wos san, zerest warns am Rio Bravo.

Herr Heinrich schaut Oma Häusler an, sie winkt ab.

HEINRICH. Aha, aha ... jaja ... soso.

Die Oma bedeutet Herrn Heinrich, hinauszugehen.

HEINRICH. Ja, ich hab' nur gedacht, daß irgendwas nicht in Ordnung ist, aber wenn das so is, dann ...

OMA. Ois is in Ordnung.

HEINRICH. Ja, ich hab' gedacht, daß irgendwas ... verzeihen Sie ...

Herr Heinrich schaut Susi und die Oma an, versucht ein Lächeln, es gelingt ihm nicht, er geht aus dem Zimmer. Dann kommt er noch einmal zurück.

HEINRICH. Entschuldigung. Ich weiß nicht, ob ich da richtig gehört habe, wen ... ah ... wer is wo ... was ist da?

OMA. Der Tscharli und der Gustl san unterwegs nach Sacramento. Des habe Eahna doch gsagt.

HEINRICH. Nach ... Sacramento ... aja. Dann ... dann ... is ja alles in Ordnung, entschuldigen Sie ... ich wußte das nicht. Das konnte ich ja nicht wissen.

Herr Heinrich geht hinaus.

In einer Ausnüchterungszelle auf dem Polizeirevier. Gustl und Tscharli liegen auf Pritschen. Tscharli versucht ein Auge zu öffnen, was ihm schwerfällt, weil zugeschwollen. Blickwechsel mit dem ebenfalls zerschundenen Gustl. Beide untersuchen ihre einzelnen Körperteile nach Vorhandenheit. Tscharli faßt sich an den Kopf.

TSCHARLI. Woaßt du, wo mir san?

GUSTL. Naa.

TSCHARLI. Jetzt samma wo und wissn ned amoi wo ma san.

GUSTL. Vielleicht san ma scho in Sacramento.
TSCHARLI. In Sacramento samma no ned. Aber weit weg samma aa nimmer.
GUSTL. Wennma bloß wissad wo ma san.
TSCHARLI. Des kriagnma scho no raus. Sei teama auf jedn Fall wo, bloß wo halt.
GUSTL *legt sich zurück.* Des krieage no raus, wo ma san, des sageda.

Wachstube auf dem Polizeirevier. Tscharli und Gustl sitzen vor dem 1. Polizisten.
1. POLIZIST *ins Telefon.* Jaja, jawohl Herr Staatsanwalt, woaß scho. Moment. Brauchs Protokoll. Ja, woaß scho, jetzt habes. Naa, bloß no zwoa. Da Mexikaner is nimmer dabei. Jaja, Landstreicherei, Pferdediebstahl, aso, naa Pferdediebstahl nimmer.
POLIZIST. Körperverletzung. Genau. Und Glücksspiel. Genau. Des langt aa. Genau. Wo? ... Ja, bei uns jedenfalls ned. Ja, jaja. In der Landeshaftanstalt, genau. Jawohl, Herr Staatsanwalt. Machma, jawohl. Nach Stadelheim, genau. Guten Abend, Herr Staatsanwalt.
In einem Nebenzimmer sitzt der 2. Polizist am Telefon und kann sich kaum halten vor Lachen.
1. POLIZIST *hat aufgelegt.* So, meine Herrn. Jetzt probiermas no aomoi und dann muaß a Ruh sei. Oiso. Name.
TSCHARLI *zögert, schaut Gustl an, nach einer Pause.* Mei – Marshal. Oiwei fragns uns desselbe.
1. POLIZIST. Name?
TSCHARLI *schluckt, dann fest.* Zorro.
1. POLIZIST *zu Gustl.* Und Sie?
GUSTL *versucht Zeit zu gewinnen.* Was?
1. POLIZIST. Name?
Gustl zögert, schaut Tscharli an. Tscharli zuckt die Achseln, stellt es ihm frei. Gustl schaut den Polizisten an.
GUSTL *langsam und fest.* Gringo.
Tscharli und Gustl lächeln sich an.

Wieder in der Zelle. Tscharli klopft die Wände ab. Untersucht die vergitterten Fenster. Nach einer Weile.

GUSTL. Hör auf!

TSCHARLI. Mir müassn da raus.

GUSTL. Ja. Aber ned a so.

TSCHARLI. Warum ned?

GUSTL. Weile morgn früh um achte im Büro sei muaß und ned in Stadlheim.

TSCHARLI. Wie spät isn?

GUSTL. Zwölfe.

TSCHARLI. Hamma no acht Stund bis Sacramento.

GUSTL. Was machman jetzt?

In der Wachstube sitzen die beiden Polizisten und überlegen.

1. POLIZIST. Ja, i woaß aa ned, wasma da machn.

2. POLIZIST. Sowas blöds.

1. POLIZIST. Und wennmas laffa lassn?

2. POLIZIST. Da könnma fei sauber eigeh. Wenn der Schwarze da wirklich der Zorro is.

1. POLIZIST. Ha?

2. POLIZIST. Aja ... i moan, langsam woaß ma ja scho selber nimmer wer ma is, lauter Narrische. Was woaßn ni. Woaßt was i moan? I moan wenn des vielleicht wirklich ganz raffinierte Ganovn san.

1. POLIZIST. Geh ...

2. POLIZIST. Aja ... oder so ... wenns vona Zeitung san, de uns da blitzn wolln. Woaß scho, laf änd order und so. Mit dene ganzn Sache und ob de Polizei an Spaß versteht oder so, verstehst. Des geht ja dann scho in de landespolitschn Bereiche geht des und so ... da muaßma wahnsinnig aufpaßn.

1. POLIZIST *überlegt.* Jaja.

2. POLIZIST. Derfst ned vergessn, daß Fasching is, verstehst, da woaßma ja nie so genau, was da so – wer da dahintersteht, vastehst.

1. POLIZIST. Ja, was machma denn jetzt da?
2. POLIZIST *nach einer Pause.* I woaß scho was ma macha ...

In der Zelle liegen Tscharli und Gustl auf ihre Pritsche und dösen vor sich hin.
Plötzlich ein Geräusch an der Tür. Tscharli schreckt auf. Der Polizist hat die Zellentür geöffnet und kann sich gerade noch zurückziehen, bevor ihn Tscharli sieht. Tscharli schaut auf die offene Tür. Dann winkt er Gustl. Er legt die Finger auf den Mund.
Die beiden schauen sich an. Zögern.
Gustl steht auf, haut sich die verletzte Schulter an der oberen Pritschenkante an.
Tscharli und Gustl schleichen zum Eingang, schauen links, schauen rechts, alles leer. Sie schleichen sich vor bis in die Wachstube. Dort sitzen die beiden Polizisten und schnarchen. Tscharli und Gustl schleichen geduckt zur Tür hinaus. Die Polizisten atmen auf, als die beiden draußen sind. Der 2. Polizist hämmert weiter in die Schreibmaschine.
1. POLIZIST. Gott sei Dank!
2. POLIZIST. Froh bine, wenn der Fasching vorbei is.

Über der Isar geht die Sonne auf. An der Uferböschung stehen drei Camping-Klappstühle. Der mittlere ist unbesetzt. Rechts und links sitzen Tscharli und Gustl in ihren Faschingskostümen und schauen auf das Maximilianeum.
TSCHARLI. Schön wars.
GUSTL. Schön wars scho.
TSCHARLI. So schön wars überhaupt no nia.
GUSTL. So ist des im Lebn, zerst is schön und dann is auf amoi alles vorbei.
TSCHARLI. Genau.

5

Gschäft is Gschäft

Ein früher Sommermorgen. Oma Häusler geht am St.-Anna-Platz zum Einkaufen. Sie begegnet Nachbarn. Dann betritt sie den Milchladen von Frau Bachmeier.

Herr Heinrich, der Untermieter der Häuslers, geht über den Gang von seinem Zimmer in Tscharlis Zimmer. Auffallend die ungewöhnliche Kleidung, die er trägt: verwaschene Jeans, die ihm zu eng sind und oben am Bund nicht schließen, dazu ein wild gemustertes Hemd. Er betritt Tscharlis Zimmer, in dem es wie in einem Warenlager von Textilien aussieht.
Tscharli kniet am Boden und wühlt in einem Bündel Hosen. Herr Heinrich bleibt zögernd in der Tür stehen.
HEINRICH. Ich glaube, die Hose ist immer noch zu eng.
TSCHARLI. Jetzt probierns amoi de da! De is jetzt nomoi a Nummer größer.
Tscharli wirft Heinrich eine gelbe Samtjeans hin.
HEINRICH *mit allen Anzeichen des Entsetzens.* Die ist ja gelb!
TSCHARLI. Des is jetzt nur wega da Größ – und da nehmas des Hemd dazu!
Tscharli wirft Heinrich ein Hemd zu, das noch abenteuerlicher aussieht als das, das Heinrich schon anhat.
HEINRICH *versucht abzuwehren.* Wissen Sie, Herr Häusler – ich wollte ja eigentlich nur ... weil Sie mir das freundliche Angebot gemacht haben, eine bequeme Hose zu besorgen ... ich dachte da an was ganz Einfaches, Bequemes für zu Hause ...
TSCHARLI. Was Bequemeres wie Tschiens gibts ja gar ned.
HEINRICH *zerrt an der zu engen Hose, die er anhat:* Jaja ...

TSCHARLI. Jetzt probiernsas amoi! I such dawei de Hosenträger.
HEINRICH. Hosenträger?
TSCHARLI. Da werns schaun, des is des schärfste überhaupt.
Heinrich schluckt – dann geht er in sein Zimmer hinüber und probiert die gelbe Hose vor dem Spiegel.
Tscharli wühlt unter den Textilien nach den Hosenträgern. Als er sie gefunden hat – breite, gelb und rot gestreifte Hosenträger mit Klippverschlüssen –, geht er hinüber zu Heinrich, der sich mit den gelben Samtjeans abmüht.
HEINRICH. Die sind auch zu eng.
TSCHARLI. Moment – derfe moi?
Tscharli zieht und zerrt am Reißverschluß.
HEINRICH. Au!
TSCHARLI. Was?
HEINRICH. Entschuldigung.
Die Hose ist zu. Heinrich kriegt kaum Luft. Tscharli klippst ihm die Hosenträger an den Hosenbund.
TSCHARLI. Wenns soiche Hosn im Ladn kaufn – dann zahlnsas Doppelte, wenns langt. De san bei uns im Großhandel scho teurer, als wiesas von mir kriegn.
HEINRICH. Ich möchte aber nicht, daß Sie Schwierigkeiten in Ihrer Firma bekommen, Herr Häusler.
TSCHARLI. Nix – wenne sag, dasse Eahna a Hosn bsorg, dann is des ganz legal. Und des is ja koa Ware, von dem wase unsre Kundn liefern muß, sondern des is Ware de zruckgeht, Sondergrößn, Remittentn, verstengas, da is mei Chef ja froh, wennas überhaupt no losbringt. Umsonst san de ja ned so billig, was moanas was da normalerweis für Gewinnspannen drauf san ... mei!
HEINRICH *betrachtet sich im Spiegel.* Ja ... ja ... meinen Sie nicht, daß solche Hosen – in meinem Alter ...
TSCHARLI. Was – wieso, was hatn des mim Alter zu tun? Sie tragn ja sonst aa Hosn, oder tragn Sie sonst koane Hosn?
HEINRICH. Ein bißchen ungewohnt für mich ...

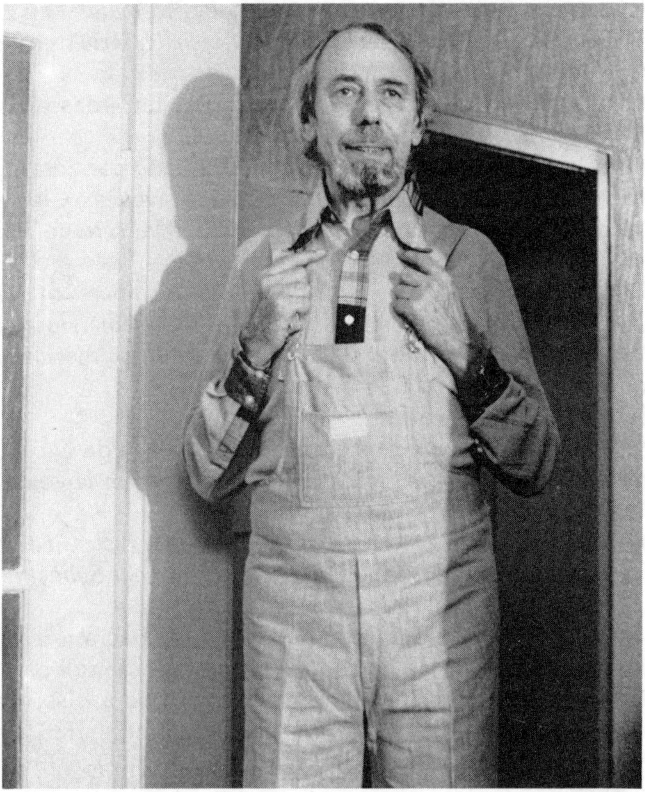

In Amerika tragen alle Leut solche Hosen – sogar die Kinder.

TSCHARLI. In Amerika tragn alle Leut solche Hosn – sogar de Kinder. Was moanas wie bequem de san – de Tschiens. Hernach schmeissens an jedn Anzug weg. De wollns gar nimmer ausziehn. Jetzt setzens sich amoi hin!

Heinrich versucht mit der engen Hose langsam auf einen Stuhl runterzugehen.

TSCHARLI. Ned a so! Mit Schwung! Da derf nix passiern. Des is ois dopped und dreifach gnäht. Was moanas was soiche Hosn aushaltn müssn! . . .

Heinrich setzt sich. Es kracht laut und die Hose platzt an den hinteren Nähten auf. Erschreckt faßt sich Heinrich an den Hosenboden.
HEINRICH. Entschuldigen Sie, Herr Häusler – das wollte ich nicht...
TSCHARLI. Ois des gleiche Glump! Des is de französische Ware. De taugt einfach nix, ziehnsas aus! Des is a Glump. Da muß irgendwo no a Blaue sei... Da schaue jetzt amoi.
Tscharli läuft in sein Zimmer hinüber. Heinrich versucht, aus der gelben Hose herauszuschlüpfen. Da fliegt eine Hose zur Tür herein. Heinrich fängt sie auf, schaut sie an – sie ist wieder aus Samt, diesmal rot.
HEINRICH. Die is ja rot!
TSCHARIL. Jetzt probiernsas amoi – bloß wega da Größ!
Heinrich seufzt schwer – schlüpft aus der gelben Hose...

Frau Bachmeier packt die Einkäufe von Oma Häusler in deren Tasche. Von einem Regal nimmt sie noch ein paar Schachteln Kekse und Gebäck und legt sie mit in die Tasche.
OMA. Was packens mir denn da ois ei, Frau Bachmeier?
FRAU BACHMEIER. Sie ham jetzt zwanzg Jahr lang bei mir einkauft, Frau Häusler, da derfe Eahna scho a bissl was mitgebn. Es nimmt mir's ja soweso keiner mehr ab. Und i bin froh, wenne den Ladn leer hab' wenne am Ersten zusperr.
OMA. Jetzt hat der Metzger Schanderl zugmacht und jetzt machen Sie auch zu. Jetzt weiß ma bald nimmer, wo man zum Einkaufn hingehn soll.
FRAU BACHMEIER *verbittert.* Dafür gibts jetzt an Supermark, Frau Häusler. Da kommen mir Kleinen nimmer mit.
OMA. Was kommt dann da rein, wenn Sie rausgehn?
FRAU BACHMEIER. Ich weiß ned was der Herr Kussner vorhat. Und glaumsmas – ich möchts auch gar ned wissen. Ich sperr am Erstn zu und dann sollns mich gern ham – alle mitananda. Da steht ma ein Lebn lagn herin,

von in der Früh bis aufd Nacht – um des bissl was da herin verdient is – und dann werdma dadruckt. Und bliem is nix – grad, daßma glebt hat ...

Vor dem Haus der Häuslers steht der Lieferwagen der Firma »American Jeans«, mit dem Tscharli die Ware ausfährt. Tscharli sitzt am Steuer. Er wartet auf die Oma, die gerade vom Einkaufen zurückkommt, und nimmt sich aus ihrer Tasche eine Tüte Kakao heraus und eine Breze.

TSCHARLI. Was werdn de Miete zahln für den Ladn, de Frau Bachmeier?

OMA. Frags halt – dann weißtas!

TSCHARLI. Da rede glei mim Kussner selber – weil vermieten werd' der den Laden als Hausbesitzer selber. Vui kann des ned sei.

OMA. Was willstn du mit am Milchladn?

TSCHARLI. Des woaße no ned so genau – aber oans woaße gwiß – daß des a Riesenlage is für an Ladn. Tschau!

Tscharli läßt den Motor an. Oma schaut ihm skeptisch hinterher.

Die Oma steht in der Küche am Herd und macht Kaffee. Heinrich kommt zur Tür herein. Er trägt jetzt einen hellblauen Jeansoverall, darunter ein knallrosa Hemd. Etwas unsicher steht er in der Tür – ängstlich das Urteil von Frau Häusler erwartend. Sie dreht sich um – zuckt zusammen, als sie ihren Zimmerherrn in dieser Aufmachung sieht.

HEINRICH *kleinlaut.* Das hab ich mir gedacht, daß Ihnen das nicht gefällt.

OMA. Hat Ihnen das der Karl andreht, des Anzügerl?

HEINRICH *wie um Entschuldigung bittend.* Es war eine Gelegenheit.

OMA. Aber keine günstige ...

Tscharlis Lieferwagen steht vor dem Milchgeschäft von Frau Bachmeier.

Durch die Schaufenster sieht man, wie Tscharli mit großen Schritten den Laden der Länge und der Breite nach ausmißt.

Dann holt er eine Leiter und wirft dabei einen Ständer mit Eiern um. Frau Bachmeier schlägt die Hände über dem Kopf zusammen. Tscharli notiert sich die Maße auf einem Block. Aus den Gesten, die er im Gespräch mit Frau Bachmeier benützt, kann man entnehmen, daß er offenbar größere Umbauten vorhat.

In der Küche vom St. Anna Eck steht Ruth Hillermeier, Susis Mutter, vor einem kleinen Spiegel, der neben einem Küchenschrank hängt, und ordnet mit ein paar schnellen Griffen ihre Frisur. Sie ist zum Ausgehen angezogen.
Die Türe, die vom Hof in die Küche führt, geht auf und Erwin, Ruths Mann, kommt herein. Erwin trägt einen Trachtenanzug.
ERWIN. Ja kommst jetzt endlich oder ned?
RUTH. Jetzt hetz mi ned scho wieder.
ERWIN. Dann brauchma glei nimmer hi geh, weils dann scho tot is.
RUTH. Wie du daherredst!
ERWIN. Weile ned an halben Tag von da Wirtschaft wegbleibn kann.
RUTH. *Mei* Schwester is ned. Suusi!

In der Gaststube nebenan sitzt Tscharli mit Susi an einem Tisch. Er hält sie zurück, als sie dem Ruf ihrer Mutter folgen will.
TSCHARLI. Jetzt sag halt wasd meinst! Findst du ned, daß des a Riesensach waar?
SUSI. I muß jetzt geh – da können mir doch heut aufd Nacht no drüber reden. Jetzt kannstn ja soweso ned glei mieten – und dann is ned gsagt, daß des bei de dreihundertfuchzg Mark bleibt de wo die Frau Bachmeier jetzt zahlt.
TSCHARLI. Viel mehr kanna do ned verlanga – und mieten mussmas jetzt glei, da derfma koa Zeit verliern, sonst nimmtn a anderer. Des is ja a Riesenlage, was moanst du?

SUSI. Zerst mussma wissen was ma damit macht.
TSCHARLI. Sageda doch – Tschiens. Nix anders. I mach Tschiens. Und für dich mach ich a Abteilung mit Kindermoden, des werd' as größte Gschäft, werst sehn.
SUSI. So groß is der Laden doch gar ned.
TSCHARLI. Vierazwanzg Gwadratmeter – und hinten is no ein kleinerer Raum – da machmas Lager.
RUTH *ruft abermals aus der Küche.* Susi!
SUSI. Komm scho! I muß jetzt geh, Tscharli. I muß mim Papa und da Mama ins Krankenhaus zur Tante Zenta – de ham uns scho angrufen, weil scho der Pfarrer da war.
TSCHARLI. In am katholischen Krankenhaus bedeut des gar nix. Da ghört des zum Service. Bei meim Onkel is viermal der Pfarrer dagwesn und der lebt heut no. Also – solle jetzt den Lada nehma oder ned?
SUSI. Du hast doch gar kein Geld.
TSCHARLI. Des kriege scho – des is ein Finanzierungsproblem, sonst gar nix.
SUSI. Jetzt wart halt no bis heut aufd Nacht. Vielleicht kanne mim Papa redn, wegam Geld.
TSCHARLI. Bloß ned, gell. Zu deim Vater sagst du kein Wort! Kein Wort, gell! Wenne des mach – dann mache des allein.

In einer Sitzecke der pompösen Eingangshalle der Versicherung, in der Gustl beschäftigt ist, sitzen Gustl und Tscharli. Im Hintergrund gehen immer wieder seriöse Herren in grauen und dunkelblauen Anzügen, Aktenkoffer in der Hand, durch die Halle zum Lift.
Tscharlis Lieferwagen ist direkt vor dem Eingang der Versicherung geparkt.
Tscharli redet intensiv und leidenschaftlich auf Gustl ein.
TSCHARLI. Verstehst des ned was des bedeut – a eigens Gschäft?
GUSTL *trocken.* An Haufn Arbeit und an Haufn Ärger ...
TSCHARLI. Aber wenn ich mich ärger dann ärger ich mich für mich selber und ned für irgend jemand sein Textil-

großhandel, wo ich der Ausfahrer bin, s'Bummerl bin für dreihundertfuchzg Mark in der Woch – oder wie du für an Versicherungskonzern wost nix anders bist wie a Nummer – a kleine.

Ein Herr am Lift schaut in die Richtung der beiden Freunde, deutet auf den Lieferwagen im Hintergrund. Gustl bedeutet Tscharli leiser zu reden. Dann reagiert er etwas beleidigt.

GUSTL. Jedenfalls hams mir jetzt versprochen, daß ich die ganze Haftpflicht-Süd krieg wenn der Schreier in zwei Jahr in Pension geht und dann bin ich...

TSCHARLI *unterbricht.* ...dann bist aa nix anders wie a kleine Nummer die a größere Nummer worn is.

GUSTL *beginnt sich zu ärgern.* Dann möcht ich bloß wissn, was du mit deim Tschiensladen dann Bessers bist?

TSCHARLI. Des kanneda sagn: Dann bin ich ein freier Mensch und unabhängig und mei eigner Herr – und was bessers kamma nicht sein im Lebn.

GUSTL *trotzig.* Des bin i genauso weil...

Gustl unterbricht, weil ein Herr aus dem Lift kommt, der ihn sieht und etwas unfreundlich nickt – Gustl nickt ebenfalls.

TSCHARLI. Was is denn?

GUSTL *leise.* Des war der Schreier – ich muß jetzt wieder nauf ins Büro. Ich hab gsagt, daß ich bloß schnell aufs Klo geh.

Tscharli lächelt spöttisch.

GUSTL *steht auf – verärgert.* Arbeitn muß ja ajeder was, oder?!

TSCHARLI *amüsiert über den Vorfall mit Schreier:* Ja logesch – bloß, daß ich in meim Ladn dann ned aufs Klo muß, wenne mit am Freund redn will.

GUSTL. Bis jetzt hastn no ned – außerdem weißt gar nicht, ob so a Gschäft in der Gegend überhaupt a Schaas hat.

TSCHARLI. Deswegn wollt ich ja mit dir redn.

GUSTL *geht zum Lift.* Ich hab' jetzt koa Zeit mehr.

Im Gang des Städtischen Krankenhauses.
An den Fenstern stehen vereinzelt Patienten in Pantoffeln und

Morgenröcken. Teils schauen sie aus dem Fenster, teils unterhalten sie sich mit Verwandten oder Bekannten, die zu Besuch gekommen sind.
Ärzte und Schwestern in Kitteln gehen vorbei. Zwei Gastarbeiterinnen schieben einen Verpflegungswagen den Gang hinunter.
Am Ende des Ganges öffnet sich eine Tür: Ruth und Susi Hillermeier verlassen ein Krankenzimmer. Mit ihnen kommt ein Geistlicher heraus. Leise wird die Tür geschlossen. Ruth und Susi verabschieden sich von dem Pfarrer.
Sie gehen den Gang hinunter, ihre Mienen sind ernst, die Augen gerötet. Ruth trägt einen Blumenstrauß in der Hand, der noch im Papier eingewickelt ist.
Susi hält ein großes braunes Briefkuvert in der Hand.

In der Kapelle des Krankenhauses sitzt Erwin Hillermeier auf einer Bank und schaut geradeaus. Als er seine Frau und seine Tochter hereinkommen sieht, steht er auf – gedrückte Erwartung.
ERWIN *mit einem Blick auf den unausgepackten Blumenstrauß.* De Blumen ...
RUTH. Hats nimmer braucht.
ERWIN. Hats no was gsagt?
RUTH. Wo ihr Bruder ist.
ERWIN. Was hastn gsagt?
RUTH. Daß du ned wegkönnen hast von der Wirtschaft.
ERWIN. Was hatsn dann gsagt?
RUTH. Nix mehr. An Kopf hats aufd Seitn glegt und aus wars.
Erwin wischt sich mit der Hand über die Augen. Die drei gehen in Richtung Ausgang.
RUTH. Aba der Pfarrer hat a bissl gschaut – weila dich ja gsehn hat, wiest da unten gsessn bist und gwart hast.
ERWIN *ereifert sich.* Der – der braucht gar ned schaugn. Schaugn taata da! ...
RUTH. Ja mei – des ghörtse halt ned, daß ma sie druckt bei sowas.

Erwin. Hätte vielleicht aa no zuschaun solln, wie mei Schwester stirbt, d'Zenta?
Ruth. Mei Schwester is ned gwesn.
Erwin. Über mei Schwester red i nix mehr, nix Schlechts – weilse des ned ghört über an Totn – und nix Guts aber aa ned weile da sonst lügn müßt – bloß damitsdi auskennst mit mir und meiner Schwester!
Ruth. Aber ihr Geld magst scho nehma, oder?
Erwin. Was füra Geld?
Ruth bleibt stehen – schaut Erwin an, dann nimmt sie ihrer Tochter das Kuvert aus der Hand und holt einen zusammengefalteten Briefbogen heraus. Erwin ahnt Fürchterliches. Drohend schaut er seine Frau an. Dann liest er.
Erwin. *Testament!* Ja – wo hatn de des Geld her?
Er bekommt einen zornroten Kopf, schreit Ruth und Susi empört an. Leute werden aufmerksam. Ruth und Susi wird die Situation peinlich.
Ruth. Psst, kumm! Des kannst draußen aa lesn.
Erwin schaut sich um, ob ihn jemand beobachtet hat. Dann steckt er mit einer wahren Weltuntergangsmiene das Papier in die Brusttasche und geht eilig aus der Kapelle hinaus. Die beiden Frauen folgen ihm.

In der Wirtschaft zum St. Anna Eck. Während Ruth und Susi mit den Vorbereitungen fürs Mittagessen beschäftigt sind, kann sich Erwin immer noch nicht über das unerwartete Testament seiner Schwester Zenta beruhigen.
Erwin. Des schaugt ihr gleich – a Lebn lang recht notig tun, daßd ihr glei was schenkn möchst und dann – dann taat sie die Erbtante spuin! Saubere Verwandte – sauber sag i.
Ruth. Glaubst, daß du für mi spinnst! Anstatt daßd froh waarst, daß' an ihr Nichte denkt hat! Kannst du vielleicht a Aussteuer kaufn für dei Tochter, kannst du des vielleicht?
Erwin. Mir braucha nix gschenkt.
Ruth. Des können mir schon brauchen.

Erwin. Nix – und von niemand ned. Akkrat vo da Zenta! Woaßt waseda sag – des hat de zum Fleiß gmacht, damit i mi jetzt schamma soll. De war scho als Kind a so a vadruckte. Was moanstn du was de mir ois zum Fleiß tan hat! Aba koan Pfennig nimme von dem Geld. I ned.
Ruth. Des is aa gar ned notwendig. Weil des in dem Testament ausdrücklich drinsteht, daß' fürs Kind is – damits amoi was hat, wenns heirat.
Erwin. Fuchzehntausend Mark! Fuchzehntausend Mark! Und i gib ihr no jeds Monat a Geld weils angeblich ned langt mir ihrana Rente. Jetzt siehstas was damit gmacht hat. Des mage gar ned nachrechnen. Weil wenne des nachrechned nachad kammad i nämlich drauf, daß des wahrscheinds ois mei Geld gwesn is. Von meim Geld taat sie uns was vererben! Mei Liaba – a sowas Vadruckts!
Susi. Jetzt hörts amoi auf! Des is ja – da is ein Mensch gstorbn – und dann werd' von nix anderem gredt wie vom Geld. Ich brauch des Geld nicht, Papa, und ich nimms auch nicht, damitstas weißt.
Erwin *regt sich auf.* Du nimmst des Geld! Des waar ja noch schöner. Undankbars Deandl undankbars! Des hat sich dei Tante vom Mund abgspart und der letzte Wille von am Totn werd' respektiert, des merksta – in meim Haus!
Erwin *geht hinter die Theke, läßt sich ein Bier ein:* Fuchzehntausend Mark! Sowas Vadruckts!

Tscharli und Gustl sitzen unter einem der Löwen vor der Feldherrnhalle. Im Hintergrund ist der mit Stars und Stripes bemalte Jeans-Lieferwagen geparkt. Gustl rechnet auf einem kleinen Elektronenrechner etwas aus, zeigt Tscharli das Ergebnis.
Tscharli. Des san ja über zehntausend Mark.
Gustl. Mhm!
Tscharli. Is da die Ware a scho dabei?
Gustl. Da is dann ois drin ... die Miete, die Kaution, der

Umbau von dem Ladn und für viereinhalbtausend Mark Ware.
TSCHARLI. Vui is des ned.
GUSTL. Was?
TSCHARLI. Für viereinhalbtausend Mark Ware.
GUSTL. Derfst erst amoi schaun, daß des zammkriegst.
TSCHARLI. Kriag i doch, du bist gut. Da geh i jetzt nüber in'd Bank und laß mir an Kredit geben, dann lafft des.
Durch die Schalterhalle sieht man in das Büro des Filialleiters, das durch Glaswände abgetrennt ist. Tscharli sitzt vor dem Schreibtisch des Filialleiters. Er hat einen Kredit-Werbeprospekt der Bank in der Hand.
TSCHARLI. Aber in Ihrem Prospekt heißts doch, daßma jederzeit an Kredit kriegt, damitma sich an persönlichen Wunsch erfüllen kann.
Der Filialleiter legt die gespreizten Fingerspitzen aneinander und lächelt milde.
FILIALLEITER. Sehen Sie, Herr Häusler – unter persönlichen Wünschen verstehen wir das Auto, die Wohnzimmergarnitur, die schöne Reise, die Geschirrspülmaschine – die vielen kleinen und großen Wünsche, die wir eben alle haben. Sie und ich, wir alle. Ich selbst schließe mich da nicht aus.
TSCHARLI. Ich will ja keine Geschirrspülmaschine, ich will ja einen Ladn aufmachen, das is mein persönlicher Wunsch – und deswegn brauch i de zehntausend Mark ... oder vielleicht gehts mit achttausend aa, des kanne jetzt no ned so genau sagen.
FILIALLEITER. Sehen Sie, Herr Häusler, so ein Laden ist doch heute eine ganz riskante Sache, da kommt es doch darauf an – erstens wo liegt der Laden, die Lage nicht wahr, zweitens welche Waren können in einem solchen Laden verkauft werden, nicht wahr, läßt sich in einem solchen Laden überhaupt etwas verkaufen und wenn ja, was – drittens die Miete ...
TSCHARLI *unterbricht.* Des habe Ihnen doch scho ois erzählt – Tschiens – und die Lage is riesig und die Miete

san dreihundertfuchzg Mark, des is doch kein Risiko. Tschiens is des beste, was Sie heut überhaupt verkaufen können. Mir leben doch heut im Zeitalter der Tschiens ...

FILIALLEITER. Richtig, Herr Häusler, richtig – aber wie lange noch, wie lange noch?

TSCHARLI. Wie meinen Sie – wie lange noch?

FILIALLEITER. Was ich sagen will, Herr Häusler, ist, daß wir als Bank doch – bei der Vergabe eines Kredits zunächst einmal davon ausgehen müssen, welche Sicherheiten kann uns der Kunde bieten.

TSCHARLI. Sicherheiten?

FILIALLEITER. Ein festes monatliches Einkommen, Häuser ...

TSCHARLI. Mit dem Ladn mach ich wenig gerechnet – mindestens vier- bis fünftausend im Monat – am Anfang, und wenna richtig lafft as Doppelte.

FILIALLEITER. Das glaub ich Ihnen, Herr Häusler – Ihnen persönlich glaub ich das – aber lassen Sie doch mal schlechte Zeiten kommen.

TSCHARLI. Hosen braucht der Mensch immer.

FILIALLEITER. Oder Sie werden plötzlich krank und können nicht mehr arbeiten.

TSCHARLI. Ich bin ja ganz gsund.

FILIALLEITER. Richtig, Herr Häusler, richtig – aber – wie lange noch?

TSCHARLI *schaut den Filialleiter fassungslos an.* Aha ...

FILIALLEITER *mit dem Ausdruck tiefsten Bedauerns.* Tja ...

Im Milchladen von Frau Bachmeier sitzt Tscharli auf einem Karton, raucht eine Zigarette, Gustl lehnt an einer Wand. Susi steht hinter der Ladentheke, holt mit spitzen Fingern Bonbons aus einem hohen Bonbonglas heraus. Die Stimmung ist gedrückt. Keiner sagt ein Wort. Ein Passant geht an dem Laden vorbei. Neugierig durch die Tatsache, daß zu dieser späten Stunde noch Licht in dem Laden brennt, preßt er sein Gesicht an die Scheibe der Glastür.

Tscharli verscheucht ihn mit einem Zischen wie man Hunde oder Katzen verscheucht.
Dann drückt er die Zigarette aus und steht auf. Er geht zur Tür, in der der Schlüssel von innen steckt. Gustl folgt ihm, ebenso Susi. Tscharli schließt die Tür auf. Er löscht das Licht im Laden. Die drei gehen hinaus auf die Straße.

Vor dem Laden auf der Straße steht das Hillermeiersche Taxi. Tscharli sperrt die Tür des Ladens von außen zu. Die drei bleiben noch unschlüssig auf der Straße stehen.
TSCHARLI *müde.* Was sagstn zu der Lage?
GUSTL. Meinst du mich?
TSCHARLI. Was du zu der Lage – gsagt hättest?
GUSTL *schaut den Laden an – nickt.* Jaja ...
TSCHARL. Sicherheiten!
SUSI *steht schon am Wagen – öffnet eine Tür.* Müssn mir der Frau Bachmeier den Schlüssel vom Ladn heut no zruckgebn?
TSCHARLI *gereizt.* Hast gmoant, daß' morgn früh mim kloana Finger aufsperrt?!
SUSI. Auf mich brauchst du jetzt ned sauer sein – daßd von der Bank kein Geld kriegst des hätte dir glei sagn können.
TSCHARLI *immer noch gereizt.* So? Und von wem denn dann, wennst so gscheid bist?
SUSI *beim Einsteigen kokett und geheimnisvoll lächelnd.* Mußt halt mich fragen! ...

Tscharli und Susi liegen in Susis Zimmer im Bett.
TSCHARLI. Fuchzehntausend Mark! Ned schlecht für a arme Tante. So ein Massl ... Sovui brauchma gar ned.
SUSI. Brauchma schon, mir brauchn ja aa a große Auswahl – alle Modelle in alle Farben ... in alle Größen ...
TSCHARLI. Morgn geh i glei zum Kussner und miet den Ladn und dann schaue, daße a Ware krieg.
SUSI. Vielleicht kannst mit deiner Firma reden, daß dir

Fuchszehntausend Mark! Ned schlecht für a arme Tante.

was günstiger geben. Du bist ja jetzt dann Kunde bei denen.
Tscharli *setzt sich plötzlich im Bett auf.* Um Gottes willn!
Susi. Was is denn los?
Tscharli. Weil mir grad eingfalln is, dasse an Haufn Ware hätt ausliefern müssn. Vor lauter Ladn und Bank habe des völlig vergessn. Wo is jetzt mei Hosn?
Susi. Willst jetzt scho gehn?
Tscharli. I muß heim – morgn in der Früh muße ganz früh aufsteh – vergiße sowas, sowas Bläds!
Susi. Froh bine wenn des jetzt amoi aufhört.

TSCHARLI *beginnt sich anzuziehen.* Was?
SUSI. Wenn des gut geht mit dem Ladn, dann könnma uns a eigene Wohnung leistn und dann simma immer beieinander und du mußt nimmer heim in der Nacht. Weilma dann a eigens Heim ham.
TSCHARLI *ahnt etwas.* Was hamma?
SUSI. Des kömma uns doch dann leisten. Dann simma unabhängig.
TSCHARLI. Sag amoi – möchst du ein Gschäft mit mir machen?
SUSI. Wieso?
TSCHARLI. Weil mir jetzt langsam klar wird, was du gmeint hast, daß dir dei Tante de fuchzehntausend Mark für die Aussteuer vererbt hat. Da kannstas fei glei bhaltn – weil zwinga lasseme zu nix ned.
SUSI. Tscharli! Des habe ja ned so gmeint. Du nimmst des Geld und mir machn unsern Ladn miteinand. Und ois andere des sehn mir ja dann. Müssn tust du gar nix und zwingen habede no nie zu was wolln. Ehrlich ned – des mußt mir glaubn.
Susi umarmt Tscharli. Tscharli erwidert zögernd die Umarmung.

Die Oma räumt Tscharlis Zimmer auf. Tscharli zieht sich gerade um. Jeans und Hemd wirft er in eine Ecke. Aus dem Schrank hat er seine graue Hose und den Blazer herausgeholt, um sich für die Vertragsbesprechung mit Herrn Kussner einen seriöseren Anstrich zu geben. Er hat es sehr eilig. Deshalb reagiert er gequält auf die Einwände seiner Oma.
TSCHARLI. Oma!
OMA. Du kannst doch jetzt ned an Vertrag mit dem Herrn Kussner machen, wennst no gar kein Geld in der Hand hast.
TSCHARLI. Des habeda doch gsagt, daße des Geld krieg – von da Susi.
OMA. Und wennstas ned kriegst? Dann stehst da und hast an Haufn Schuldn.

TSCHARLI. Wieso solles denn ned kriegn – wemma ois scho ausgmacht ham?
OMA. Weile ned glaub, daß ihr Vater des erlaubt.
TSCHARLI. Gerbt hat sie und ned der Hillermeier – und was sie mit ihrem Geld macht is ihr Sach.
OMA. Und was machst jetzt, wenn der Kussner gleich as Geld habn will?
TSCHARLI. Oma!
OMA *läßt nicht locker.* Was machstn dann?
TSCHARLI *lockert die Krawatte, die ihn zu drücken beginnt.* Dann – dann ... dann – were dann schon sehn, wase dann mach, verstehst, wemma a Gschäft machn will, dann gibts immer wieder Situationen, wo man sich gewisse Fragen gar nicht stellen darf, verstehst, weil des bremst dann bloß den Elan den unternehmerischen, verstehst. Da mußma flexibl sein und sich auf jede Situation gleich einstelln können, reine Nervensach, verstehst ...

Der Milchladen von Frau Bachmeier ist schon ziemlich leer. Tscharli und Kussner stehen im Laden. Sie geben sich die Hände zum Zeichen der erfolgreichen Beendigung des Vertragsgespräches.
TSCHARLI. Herr Kussner!
KUSSNER. Herr Häusler!
TSCHARLI. Die Miete und die Kaution überweis ich Ihnen dann auf Ihr Konto.
KUSSNER. Sie können mir auch gleich einen Scheck geben, wenn Sie wollen.
TSCHARLI *erschrickt kurz, faßt sich aber gleich wieder.* An Scheck? Logesch ... Wollns lieber an Verrechnungsscheck oder an Barscheck oder was für an Scheck wollns lieber?
KUSSNER. Was Ihnen lieber ist, Herr Häusler.
TSCHARLI *lacht krampfhaft.* Was mir lieber ist? Des kannte jetzt gar ned sagn, was mir da lieber wär, im Grund is ja eigentlich wurscht, oder?
KUSSNER *merkt noch nichts.* Das ist ganz egal.

TSCHARLI. Mir auch. Ich find ja Schecks überhaupt was ganz Unpraktisches. Zerst schreibn i raus, dann müssen Sie zu Ihrer Bank. Dann hat de bloß bis Mittag offen und am Nachmittag bloß bis um viere – soll ich Ihnen was sagen, Herr Kussner, des Beste is immer no Bargeld – Käsch aufn Tisch, schnell, einfach und bequem. Oder finden Sie ned?
KUSSNER. Wenn Sie wollen können Sie mir auch Bargeld geben.
TSCHARLI. Wenn ich will – aha... Jaja logesch. Will ich. Moment...
Tscharli kramt in seinen Hosentaschen, wo er außer ein paar Zehnmarkscheinen natürlich nichts findet. Er spielt den Überraschten.
TSCHARLI. Ja sowas – ja wo is denn jetzt?... Wo habe denn jetzt mei Brieftaschn?
TSCHARLI *schaut sich verzweifelt im Raum um.* Ah, woaß scho, in meim Aktenkoffer. Wo iser denn?
KUSSNER. Soviel ich weiß, haben Sie keinen Aktenkoffer dabeighabt, als Sie kamen.
TSCHARLI. Hab' ich nicht? Aha... Genau. Jetzt woasses wieder. Den Koffer habe gar ned dabeighabt. Genau. Unds Geld war im Koffer und den Koffer habe gar ned dabeighabt. So wars. Vor lauter Termine an ganzn Tag. Da is des koa Wunder. Wissns was, Herr Kussner, ich überweis Ihnen das Geld auf Ihr Konto.
KUSSNER *schaut Tscharli mißtrauisch an.* Na schön – die Nummer hab' ich Ihnen gegeben. Am besten bald, heute oder morgen, Herr Häusler, damit wir klar sind.
TSCHARLI. Logesch. Heut oder morgen. I brauch bloß mein Koffer, dann mache des sofort.
KUSSNER. Die Ladenschlüssel bekommen Sie sofort nach Überweisung der dreitausendreihundert Mark.
TSCHARLI. Aha... ja, des is jetzt dumm, weil heut schon mein, mein Dings, mein Architekt kommen will wegen der Umbauten. Naja – mussin wieder abbestelln. Is bloß die Frage, wanna dann wieder Zeit hat.

KUSSNER *gibt Tscharli einen Schlüssel.* Ich geb Ihnen inzwischen einen Schlüssel. Die andern beiden bekommen Sie dann nach erfolgter Zahlung.
TSCHARLI *erleichtert.* Genau – sehr gut, danke, Herr Kussner. So machma des. Dann kann mein Architekt gleich heut noch anfangen...
Kussner mustert Tscharli noch einmal kritisch. Tscharli versucht ein unbefangenes Lächeln.

Auf einem Baugerüst mit Blick auf die Bavaria. Manni sitzt auf einem umgestülpten Eimer, Tscharli steht vor ihm. Nach einem langen Zug aus der Flasche schaut Manni Tscharli skeptisch an.
MANNI. Naa – naa. I ned. Da mußta desmoi scho an andern Deppn suchn.
TSCHARLI. Wenneda sag, daß des ganz a seriöses Gschäft is. I hab' ja den Laden scho gmietet, da...
Tscharli zieht den Schlüssel aus der Tasche, zeigt ihn demonstrativ. Drückt ihn Manni in die Hand. Manni betrachtet aufmerksam den Schlüssel.
TSCHARLI. Des is der Schlüssel. Moanst i krieg an Schlüssel wenn i koa Geld ned hab'.
MANNI. Wenne denk was du mir damals ois verzählt hast wie dei Oma aus dera Wohnung hätt ausziehn solln...
TSCHARLI. Kamma doch gar ned vergleichen. Damals habe an Partner gsucht – auf Risiko. Des war a ganz a andre Gschäftsform, verstehst. Jetzt brauche an Architekten, verstehst, der mir den Ladn a bißl umbaut, Regale, Tapeten, etcetera. Da hab' ich an dich denkt, weil du a Mensch bist, der an Gschmack hat.
MANNI *mißtrauisch.* Gschmack?
TSCHARLI. Vielleicht ned?
MANNI. Dochdoch...
TSCHARLI. Und mim Geld is des kein Problem. Geld is da. Kannst de Susi fragn. Ois werd' zahlt und zahlt werd' was' kost, verstehst.
MANNI. Dann gibstma glei an Vorschuß für de Bretter.

Mir hättn de Zenta aa verbrenna lassn solln.

TSCHARLI. Gibeda glei an Scheck.

Tscharli faßt in die Tasche seines Blazers – sehr langsam – auf einen Einwand Mannis wartend. Und seine Spekulation geht auch auf.

MANNI. Naa – käsch!

TSCHARLI. Moanst i schlepp de Tausender in da Hosntaschn rum.

MANNI. Dann gibst mas heut aufd Nacht wenne de Bretter bring.

TSCHARLI. So machmas. Genau. Jetzt schau her – da san de Maße.

Tscharli zieht einen Zettel aus der Tasche, dann will er sich neben Manni auf einen Stapel Bretter setzen. Da die Bretter staubig sind, holt er ein Taschentuch heraus und breitet es auf den Brettern aus. Dann setzt er sich.
TSCHARLI. Oiso ...

Auf dem Friedhof bewegt sich ein langer Trauerzug hinter einem Sarg her. Voran der Priester, dahinter Familie Hillermeier – Erwin, Ruth, Susi – Verwandte und Bekannte.
ERWIN. Du ...
RUTH *zischt*. Schtscht ...
ERWIN. Da Radlbeck hat sein Bruder aa vabrenna lassn.
RUTH. Schscht ...
ERWIN. Mir hättn de Zenta aa vabrenna lassn solln.
SUSI. Papa!
ERWIN. Wennedas sag ... woaßt warum?
Der Priester wird auf das Getuschel hinter ihm aufmerksam. Er dreht sich kurz und streng um. Erwin erschrickt und verstummt. Nach ein paar Schritten fängt er wieder an.
ERWIN. Weil wenns jetzt bloß scheintot ist, dann liegts jetzt da drin und wenns aufwacht, dann daschtickts elendig.
RUTH. Erwin!
ERWIN. Des is ois scho passiert. A Schock – und scho is wieder da. Braucht bloß as Seil reißn, wenns an Sarg nunterlassn. Des kannda bei da Feuerbestattung ned bassiern.
Wieder schaut der Priester sich um. Erwin verstummt kurz, um dann erneut anzufangen. Diesmal bei seiner Tochter.
ERWIN. Wo isn dei Freind?
SUSI. Papa!
ERWIN. Warum isn der ned da? Hat der koa Interesse für dei Familie?
SUSI. Wenna arbeitn muß.
ERWIN. Wenn *dei* Tante beerdigt werd', dann muß *er* aufamoi arbadn. Da lache ja. Aba des merkema des kannst eahm ausrichtn.

Wieder schaut der Priester um. Erwin nickt sofort beflissen, um dem Priester zu verstehen zu geben, daß er sich schämt und von jetzt an schweigen wird.

Erwin, Ruth und Susi verlassen den Friedhof und steigen in das Taxi ein, das Erwin Hillermeier gehört.
Erwin sitzt am Steuer, neben ihm seine Frau – hinten Susi. Beim Abfahren des Taxis sieht man im Hintergrund noch den Friedhof.
ERWIN. Kummt ja überhaupt gar ned in Frage . . . Aba scho glei gar ned. Da anda! Schpekuliern mit unserm Geld, mim sauer zammgschpartn Geld von a oidn Frau, de se ihr Lebn lang nix vagunnt hat, bloß damitstas du amoi besser hast. Da kammat er daher, der Erbschleicher der arbeitsscheue. Ja, lieber schmeißes ja zum Fenster naus!
SUSI. Des Geld ghört mir. Des hat die Tante Zenta mir vererbt.
RUTH. Für dei Aussteuer – wennst heiratst. Und für nix anders.
ERWIN. Genau. Und für nix anders ned.
SUSI. Wenne an Ladn aufmach wo ich mein Einkommen hab' und endlich an Beruf anfangen kann, dann is des aa so a Art Aussteuer. Weils mich weiterbringt.
ERWIN. A Aussteuer is a Bettwäsch und a Gschirr und a Bschteck, und wenns hochkommt no a paar Möbestück. Des is a Aussteuer für mi und des hat de Tante Zenta gmoant wies an dich denkt hat.
RUTH. An an Ladn hats jedenfalls ned denkt.
ERWIN. Da Sinn von am Testament is, daß mit dem Geld des gmacht werd', was der Tote im Sinn ghabt hat. Und an Ladn hat mei Schwester ned im Sinn ghabt. Und was anders is gar ned erlaubt, scho rechtlich garned. Da kannst an jedn Advokatn fragn.
RUTH. Na ja, wenn er di heiraten tät, der Tscharli, dann wär des effentell was anders. Was moanst du, Erwin?
ERWIN. Des woaße ned wie des dann rechtlich is. Aba

wenns heiratn, dann is des Geld scho eher a Aussteuer. Kanntema vorstelln.

SUSI *traurig.* Ich kann ihn doch ned zwingen dazu, ihr wißts doch wie er is.

ERWIN. Mi hat damals aa koaner gfragt, o i dei Mutter heiratn will oder ned.

RUTH. Was solln des heißn, Erwin?!

ERWIN. Auf jeden Fall kriegt er koan Pfennig von mir – wenna di jetzt ned endlich heirat.

RUTH. Verliebt – verlobt – verheiratet, sagt ma.

ERWIN. Genau. Und verlobt seids jetzt lang gnua.

Vor dem früheren Milchladen steht ein dreirädriger Lieferwagen, auf dessen Ladefläche Bretter liegen. Manni und Gustl tragen Bretter in den Laden. Im Laden steht Tscharli – immer noch in grauer Hose und Blazer – und dirigiert die Arbeiten. Gustl und Manni kommen mit einer Ladung Bretter herein.

TSCHARLI. Daher – die langen daher! Und die kurzen dahinter!

Gustl bleibt vor Tscharli stehen – schaut ihn an, dann läßt er seine Bretter auf den Boden gleiten und drückt sie Tscharli in die Arme.

GUSTL. Halt amal!

TSCHARLI. Was?

GUSTL. Die langen daher und die kurzen dahinter, verstehst, Chef!

TSCHARLI *merkt, daß er zur Arbeit aufgefordert werden soll.* Aso – jaja.

Tscharli versucht, sich den Blazer auszuziehen, dabei rutschen ihm die Bretter auf den Boden, eines schlägt ihm auf die Zehen.

TSCHARLI. Au! Kruzefix!

MANNI *zu Gustl.* Was habe gsagt?

GUSTL. Jetzt is ganz aus – jetzt isa krank.

MANNI. Dann machma jetzt a Pause bisa wieder gsund is. Wo isas Bier?

Gustl holt aus einem Träger zwei Flaschen. Die beiden setzen sich und trinken. Tscharli zieht seinen Schuh aus und untersucht seine Zehen.

MANNI. Jetzt bist fußkrank.

Gustl lacht.

TSCHARLI *ärgert sich.* Dafür stimmts im Kopf – wasma von dir nicht sagen könnte.

Draußen hört man ein Auto vorfahren. Es ist Susi, die im väterlichen Taxi ankommt.

MANNI *steht auf und schaut.* Der Geldtransport kommt!

Tscharli geht hinaus. Susi steht im Regen. Ihre Augen sehen rot und verheult aus. Tscharli bemerkt es sofort.

TSCHARLI. Was is denn mit dir?

Susi schaut Tscharli an, und die Tränen beginnen ihr wieder herunterzulaufen.

Schweigen. Susi und Tscharli sitzen im Taxi vor Tscharlis Haus. Susi am Steuer, Tscharli daneben. Tscharli raucht. Nach einer Weile.

TSCHARLI. Des habts euch sauber ausdenkt...

SUSI *reagiert heftig:* Wer – wir?

TSCHARLI. Du und deine Eltern. Wie angelt man sich einen Schwiegersohn...

SUSI. Du brauchsta gar nix einbildn. A solche gute Partie bist du aa wieder ned.

TSCHARLI. Anscheinend doch.

SUSI. Ich hab' dir gsagt, daß des ned von mir ausgeht, sondern vom Papa und da Mama – und wennstma des ned glaubst, dann kann ich auch nix machn.

TSCHARLI. Kumm – verzähl mir doch nix. Du hast doch neulich aufd Nacht bei dir scho damit angfangt. Da habe doch schon gwußt was los is. Moanst i bin ganz bläd?

SUSI. Anscheinend scho.

TSCHARLI. So? Dann wunderts mich bloß, daßd so an Bläden unbedingt heiratn willst?

SUSI. Ich will gar nix.

TSCHARLI *ironisch.* Aba dei Papa und dei Mama.

SUSI. So unrecht hams ned.

TSCHARLI. Ah – da schau her.
SUSI. Hams aa ned – weil wennst mich wirklich magst – wiesd du immer behauptest, dann möchte wissen, warum mir jetzt scho drei Jahr verlobt san und du überhaupt keine Anstalten machst – zu nix.
TSCHARLI. Des woaßt du genau, daß mir uns bloß verlobt ham, damit deine Eltern a Ruh gebn, wenn i bei dir übernacht.
SUSI. So – des war der einzige Grund?
TSCHARLI. Vielleicht ned?
Susi läßt zornig den Wagen an.
TSCHARLI. Was solln des bedeutn?
SUSI. Daße jetzt heimfahr – weils kein Sinn hat, wemma mit dir redt.
TSCHARLI. Daße bei meiner Firma kündigt hab' und daße an Vertrag mim Kussner gmacht hab', des weißt ja?
SUSI. Des weiße ned.
TSCHARLI. Dann weißtas jetzt.
Tscharli steigt aus dem Wagen aus.
SUSI. Tscharli.
TSCHARLI. Nix – nix. Da brauche dich ned dazu – dich ned und niemand. Und zwinga laße mich zu nix – und von deim Papa und deiner Mama aa ned, daßtas woaßt . . .
Tscharli läuft ins Haus. Susi wartet noch einen Moment – bleibt am Steuer sitzen und weint.

Tscharli steht in Pyjamahosen am Waschbecken und putzt sich die Zähne. Die Oma steht in der Tür. Später, als er ins Bett geht, setzt sie sich auf einen Stuhl neben dem Bett.
OMA. Ja . . . des mußt du wissen was du tust, Karl.
TSCHARLI *heftig*. Aba ich verkauf mich ned.
OMA. Man kann eine Frau nicht jahrelang hinhalten, Karl – da mußt du die Susi auch schon verstehn.
TSCHARLI. Ich hab's ned hinghaltn – ich hab' ihr immer gsagt, daß mir heiratn, wenne soweit bin, daßsema des leistn kann – finanziell und . . . und menschlich, persönlich, verstehst?

OMA. Wie?

TSCHARLI. Charaktermäßig. Weil ich nicht die Kraft hab' für a solche Verantwortung.

OMA. Meinst ned, daß des Ausredn sind?

TSCHARLI. Sans ned. Weile des ned kann, weile ned einfach heiratn kann und einfach Kinder kriegn und einfach so dahinleben als wie wenn nix wär.

OMA. Wenn was wär?

TSCHARLI. Ois Mögliche is – und auskenna tu' ich mich ned, verstehst – was was is und was nix is. Und bevoreme ned auskenn was los is auf der Welt, belast ich mich nicht mit am andern Menschn und den ned mit mir, verstehst des ned? Weil ich die Susi mag und weil ich ihr des ned antu.

OMA. Des wirst aber einer Frau nie klarmachen können, Karl.

Tscharli zuckt die Achseln, legt sich ins Bett und zündet sich eine Zigarette an.

OMA. Was machst jetzt mit dem Ladn?

Tscharli zuckt die Achseln.

Tscharli geht im leeren Laden auf und ab. Aus der Hosentasche holt er ein kleines Notizbuch und sucht unter ›M‹ nach der Telefonnummer von seinem alten Freund Max Litzner. Er bleibt stehen und überlegt. Schüttelt dann den Kopf. Geht noch mal auf und ab. Wieder bleibt er stehen, holt eine Münze aus der Tasche. Er wirft sie in die Luft, fängt sie mit einer Hand auf. Läßt die Hand zunächst geschlossen, dann öffnet er sie ganz vorsichtig, als ob er Angst vor der Entscheidung hätte, die er jetzt dem Glück überlassen hat. Er wirft einen kurzen Blick auf die Münze, die die Zahl zeigt, schließt die Hand wieder, öffnet sie wieder und schaut die Münze noch mal an. Dann steckt er sie schnell in die Tasche und läuft aus dem Laden.

Im Büro der Jackpot GmbH & Co KG hängen und stehen verschiedene Spielautomaten. Hinter einem schäbigen

Schreibtisch sitzt Max Litzner, seriös und unauffällig gekleidet – ganz integrer Geschäftsmann. Der Eindruck des Seriösen wird allerdings wieder etwas geschmälert durch die Mitarbeiter von Max, die da im Raum sitzen, eine Versammlung von Ganoven und Schlägertypen der üblen Sorte. Eine Art Konferenz findet statt.

MAX. Wie ihr des machts – des is mir im Prinzip ganz wurscht. Wichtig is nur, daß wir immer dran denken, daß mir eine seriöse Firma san. Unsere Automaten san de letzten und neuesten Modelle – ois erstklassig. Da muß a jeder froh sein, wennas überhaupt aufstelln derf – wennas überhaupt kriegt. Des muß klar sein – des muß man den Leuten begreiflich machen.

EIN MITARBEITER *macht einen Einwand.* Des Problem is doch, daß de meisten scho langfristige Verträge mit andere Aufsteller ham. De ham ja oft gar kein Platz mehr.

MAX. Wo ein Wille ist ist auch ein Platz. Des muß man den Leuten begreiflich machen. Und wenn da scho wo andere Automaten stehn, de ned von uns san, dan muß man den Leuten in aller Ruhe begreiflich machen, daß unsere Automaten de bessern san und daß de andern wegtun müssen. Des versteht a jeder, wemmas ihm entsprechend erklärt. Wemma ihnen sagt, daß von uns beschützt wern und daß deswegn gar keine Schwierigkeiten mit de andern Aufsteller gibt.

MITARBEITER. Und wenns des ned wolln?

MAX. Wenns was ned wolln?

MITARBEITER. Wenns unsere Automaten ned aufstelln wolln?

MAX. Dann werns nicht beschützt. Und was des heutzutage heißt – wo jeden Tag alles Mögliche passiern kann – des muß man den Leuten dann begreiflich machen. Aba – ganz mit der Ruhe – keine Drohungen und nix.

Ein Mädchen kommt herein und flüstert Max etwas ins Ohr.

MAX. Wo?

MÄDCHEN. Er wart draußn.
MAX *steht auf. Zu den Mitarbeitern.* Mir redn glei weiter.
Er geht aus dem Büro in den Ausstellungsraum der Firma.

Der Ausstellungsraum ist eine große Halle, in der jede Menge Spielautomaten aller Art stehen. Er wird begrenzt durch eine Schaufensterfront, die zur Straße führt.
In einer Ecke, ganz hinten, ist eine kleine, provisorische Bar, an der Tscharli steht und wartet.
MAX *kommt aus dem Büro – sehr freundlich.* Ja... ja sowas! Ja, der Tscharli – Servus, wie gehts dir denn?
TSCHARLI *eher gedrückt.* Geht scho – geht scho. An saubern Ladn hast da.
MAX *bescheiden.* Aja – sghet – langsam, aber sgeht. Irgendwann mußma ja an später denken.
TSCHARLI. Jaja... sauberer Ladn. *Pause.* Spieln tust nimmer?
MAX *abwehrend als sei Spielen das Schlimmste auf der Welt.* I? Ja nix – gar nix. Da geht nix mehr. I rühr nix mehr an. Koa Kartn, koa Roulett ned und koane Pferdl. Nix mehr. Des is vorbei. Wie i mei letzte Strähne ghabt hat, in Monte Carlo drunt, da habema denkt, Maxe habema denkt, jetzt mußt aufhörn, jetzt werds Zeit, daß da Mensch gscheida werd'. Na, habe mit dem Geld des Gschäft aufgmacht. Naja – schaugma amoi wies lafft. Des is ja wahnsinnig hart des Berufslebn, des glaubtma gar ned.
Und wie gehts dir so oiwei?
TSCHARLI. I wollt mit dir redn...
MAX. Mhm.
TSCHARLI. Weilst du a oider Freund bist, habema denkt.
MAX. Mhm.
TSCHARLI. Weil ich da auch ein Gschäft an der Hand hätt – und da habema denkt, daß dich des interessiert – vielleicht...

Tscharli und Max stehen im Milchladen. Max schaut sich den Laden interessiert an. Er hat einen Zettel in der Hand, wo er sich immer wieder Notizen macht. Tscharli verfolgt ihn gespannt.

MAX. Oiso. Und wieviel hast du gsagt, brauchst jetzt?

TSCHARLI. Mei – so – zehn- bis fuchzehntausend. Je mehr desto besser, weile dann mehr Ware hab', verstehst.

MAX. Okay. Sangma zehntausend.

TSCHARLI. Des is aba scho as Minimum.

MAX. Des is jetzt wurscht. I schreib mir des jetzt ois amoi auf. Dann wernmas scho sehn.

TSCHARLI. Leihstma des Geld?

MAX *legt Tscharli den Arm um die Schultern.* Schau – leihn kannedas ned...

TSCHARLI. Ja, aba...

MAX. Aba an andern Vorschlag kanneda macha: Jetzt kennen mir uns scho so lang, da kanne doch ned von dir verlangen, daß du des ganze Risiko allein tragst.

TSCHARLI. Wie meinst?

MAX. Mir machen des Gschäft gemeinsam. Du bist da Besitzer und i bin dei Teilhaber. Wir machen Fifte-Fifte – und du hörst und siehst nix von mir. An stilleren Teilhaber wie mich findst du gar nimmer. Jetzt gemma in mei Büro und da machma an Vertrag, okay?...

Tscharli und Gustl in einem Billard-Salon. Tscharli ist intensiv mit dem Spiel beschäftigt, während Gustl bei einem Bier an einem Tisch sitzt und ein längeres Schriftstück liest, den Vertrag mit Max.

GUSTL *erregt.* Sag bloß, du hast des unterschriem?

TSCHARLI *gereizt.* I habs ja no ned unterschriem.

GUSTL. Wie kommt denn der auf dreitausendfünfhundert Mark, die du ihm im Monat zahln sollst? »Monatliche Vorauszahlung auf den Jahresgewinn«, was soll denn das heißen?

TSCHARLI. Aja – weil ich ihm gsagt hab', daßma Maximum fuchzehntausend Mark im Monat machen kann.

GUSTL. Ja, spinnst denn du?

TSCHARLI. Ich hab' doch ned glei gspannt, worauf der

naus will. Und weile des Geld ham wollt, habe ihm ja die Schaasn von dem Ladn positiv darstelln müssn.

GUSTL. A so eine Sau – da hatadi ja sauber bschissn.

TSCHARLI. Moanst i bin bläd und woaß des ned? Deswegn habe den Vertrag ja aa ned unterschriem.

GUSTL. Oder da! ... »Sollte der Teilnehmer mit den monatlichen Vorauszahlungen ganz oder teilweise in Rückstand ...«

TSCHARLI. Hör auf!

GUSTL *liest leise weiter, schaut dann auf.* Des hoaßt, daß er ohne einen Pfennig den ganzn Ladn übernehmen kann, wenn du de dreitausendfünfhundert Mark amoi ned zahln kannst. Ja, der spinnt ja! Woaßt was – des is ein Vertrag, der wider die guten Sitten is – den kannst du sogar jederzeit anfechten vor Gericht.

TSCHARLI. Dann kannen ja aa unterschreim.

GUSTL. Den unterschreibst du nicht.

TSCHARLI. Hast du des Geld?

GUSTL. Naa.

TSCHARLI. Sollte vielleicht zum Kussner geh und sagn: »Tut mir leid, Herr Kussner, wir müssn alles wieder rückgängig machen, mir is da ein kleiner Fehler unterlaufen, ich hab' nämlich das Geld doch nicht« oder so, vielleicht?

GUSTL. Ja.

TSCHARLI. Wirkle ned. Damit da Max dann den Ladn selber nimmt. Wirkle ned. I unterschreib den Vertrag – und dann – dann wernma scho sehn. Irgendwie geht des scho. Jedenfalls habe des jetzt ogfangt und jetzt mache des aa.

GUSTL. Wann mußtn spätestens unterschreim?

TSCHARLI. Morgn mittag.

Gustl nimmt einen Schluck aus dem Bierkrug. Man sieht ihm an, daß er eine Idee in seinem Kopf wälzt.

GUSTL. Kanni den Vertrag bhaltn – bis morgn früh?

TSCHARLI. Für was?

GUSTL. Weilen nomoi in Ruhe lesn möcht?

Tscharli schaut Gustl an, versucht zu ergründen, was sein Freund vorhat.
TSCHARLI. Von mir aus. *Pause.* Aber morgn mittag brauchen wieder. *Mit viel Trotz.* Weilen dann unterschreib!

Susi und Gustl stehen vor der Wirtschaft auf der Straße. Es ist schon spät. Hin und wieder gehen noch ein paar Leute vorbei. Auch Gäste kommen manchmal aus der Wirtschaft heraus.
GUSTL. Möchstn vielleicht ins Unglück rennen lassn?
SUSI *trotzig.* Des is sei Sach. Er hätts ja auch anders haben können.
GUSTL. Du bist genau so stur wie er.
SUSI *zuckt die Achseln.* Mei.
GUSTL *eindringlich.* Wenn er den Vertrag mim Max unterschreibt, dann isa gnagelt – weil er des nie und nimmer zahln kann jedn Monat. Und dann machtn der ander fertig. Und am Schluß habts ihr alle zwei nix. Er nix und du nix. Und dann kann er froh sein, wenn er überhaupt ohne an Haufn Schuldn da wieder rauskommt. Verstehst des nicht? Und mit euch zwei is dann aa aus.
SUSI *trotzig.* Des is soweso aus.
GUSTL *scheint kurz zu reagieren, ob so viel Sturheit, dann versucht er es noch einmal.* Red doch amal mit deim Vater!
SUSI. Des nutzt nix.
GUSTL. Schau! Du mußt ihm des ganz anders erklärn. Daß du und der Tscharli verlobt seids, hat mit dem Gschäft an sich gar nix zu tun – du kennst jemand, der ein Geschäft aufmachen will, und du könntest dich an dem Geschäft beteiligen – verstehst?
SUSI. Ja – und dann?
GUSTL. Und du gibst ihm nicht dein Geld, damit er das Gschäft machen kann, sondern du beteiligst dich an dem Geschäft – genauso wie der Max – bloß mit vernünftige Bedingungen. Ihr machts einen Vertrag, wo deine Rechte gleichberechtigt mim Tscharli gesichert sind, und dann seids ihr Partner, verstehst, Geschäftspartner. Mit euern

Privatleben hat des gar nix mehr zu tun. Des steht auf am ganz andern Papier, verstehst des?

SUSI. I scho. Aba obs der Papa versteht?

GUSTL. Des mußt du ihm so erklärn wie ich dir des jetzt gsagt hab'. Ganz ruhig und sachlich.

SUSI. Kannst du des ned machn?

GUSTL *überlegt kurz.* Isa drin?

SUSI. Ja.

GUSTL *nimmt Susi am Arm.* Komm!

Die beiden gehen in die Wirtschaft hinein.

Die Gaststätte ist leer. Am Stammtisch sitzen Erwin, Ruth, Susi und Gustl.

Erwin liest den Vertrag von Max durch. Schüttelt den Kopf.

ERWIN. Des is ja a Gängster. A sowas ausgschamts. Was des für Gängster san! ... Wenne des es, dann gfallt mir ja glei mei Brauereivertrag wieder. Des tate ja nia unterschreim, ja nia ned.

GUSTL *listig.* Wird ihm nix anders übrigbleibn.

Susi und Ruth schauen beide Erwin auffordernd an – aber Erwin möchte es noch einmal spannend machen, obwohl man merkt, daß er innerlich schon weich geworden ist. Außerdem möchte er den beiden Frauen natürlich zeigen, daß er was von Geschäften versteht.

ERWIN. Was is denn Ihre Meinung, Herr Seiler, über die Lukra ... die ... von dem Ladn, wie da de Schaasn so san, moane. Wie beurteilen Sie des?

Die Frauen schauen Gustl an.

GUSTL. Was die Gewinnerwartung betrifft, so bin ich da ganz zuversichtlich.

ERWIN. Aha ...

GUSTL. Für mich besteht gar kein Zweifel, daß dieser Laden die Möglichkeit zu einem sehr sicheren Einkommen bietet – keine goldenen Berge, aber ...

ERWIN. Des wolln mir ja soweso ned. *Zu Ruth.* Was sagstn du dazua?

RUTH. Mir müssn einfach schaun, daß mir des Geld, was

des Mädl geerbt hat ... daß des ned einfach verschleudert wird. Des sind mir auch ihrer Tante schuldig.
ERWIN. Wir möchtn uns einfach hinterher amal keine Vorwürfe machen müssn, daß mir da leichtsinnig gwesn san, verstehns, Herr Seiler. Des is des wo mir als Eltern drauf schaun müssen.
GUSTL. Da haben Sie ganz recht, Herr Hillermeier.
ERWIN. Ja ... dann, also von mir aus ... wenn meine Frau nix dagegn hat ...
RUTH. Fragst mich ja sonst auch ned.
Erwin winkt ab – ihm ist die Reaktion seiner Frau vor Gustl peinlich.
ERWIN. Wir müssn des jetzt ganz sachlich sehn, was des Beste für unser Tochter ist. Also – wenn Sie vielleicht dann einen Vertrag machen ... wegen so am Vertrag, Herr Seiler. Sie ham ja mit solche Sachen in Ihrer Versicherung öfters zu tun ... mir verlassen uns dann da auf Sie.
GUSTL. Danke ... mach ich selbstverständlich gern.
SUSI *fällt ihrem Vater um den Hals.* Danke, Papa! ...
ERWIN *tut als hätte er nie was dagegen gehabt.* Mir wolln dir doch ned im Weg stehn – wenn was sei Ordnung hat.

Tscharli, Gustl und Susi stehen im Laden.
Aus der Art wie sich Susi und Tscharli in einiger Entfernung gegenüberstehen, ist zu erkennen, daß noch immer Fronten bestehen.
TSCHARLI. Des mache ned.
SUSI *zu Gustl.* Jetzt siehstas amal selber. Da bine froh, daß das jetzt amal selber siehst wie er is. Des habe dir gleich gsagt, daßa des ned macht. Heiratn mag er ned und was anders mag er auch ned. Des möchte wissen, was der überhaupt mag.
GUSTL *verliert langsam auch die Geduld.* Was paßt dir denn jetzt da wieder ned, wenn de Susi des Geld bringt und ihr zwei gleichberechtigte Partner seids, wo a jede sei Hälfte hat. Möchst lieber dreitausendfünfhundert Mark an den

Herrn Litzner zahlen, jeds Monat? Und dich bscheissen lassn? Möchst des lieber, hm?
TSCHARLI. Mit meiner Verlobten brauch ich kein Vertrag machen. Entweder man vertraut mir oder man vertraut mir nicht. Und wenn nicht, dann hat des sowieso ois kein Wert.
SUSI. Mir sind nimmer verlobt.
TSCHARLI. Aha...
SUSI. Ich bin jemand, der sich an einem Geschäft beteiligen will und sonst niemand für dich. Und meine Bedingungen sind ehrlich und de kannst du annehmen oder nicht – und wenn nicht, dann halt nicht.
GUSTL. Im Geschäftsleben gibts bestimmte Regeln, die muß man akzeptieren, sonst kann man kein Geschäft machen.
SUSI. So – also – was is jetzt?
TSCHARLI *schaut Susi lang an.* Mir sin also nimmer verlobt?
SUSI *kämpft mit sich. Dann aber.* Nein.
TSCHARLI. Gut... wiest du meinst. *Pause.* Dann machen wir jetzt einen Vertrag.
GUSTL *aufatmend.* Oiso dann... Gschäft is Gschäft.

Der Jeansladen wird eröffnet. Die Regale sind voll mit Ware – die Wände sind in bunten Farben gestrichen oder tapeziert. Aus dem Milchladen von Frau Bachmeier ist eine hübsche, kleine Boutique geworden. Über den Schaufenstern die Aufschrift ›TSCHARLIES TSCHIENS‹. Heute, am Tag der Eröffnung, sind alle versammelt. Die Familie Hillermeier, Oma Häusler, Herr Heinrich, auch Max Litzner, sowie Gustl, Manni und Freunde von Susi und Tscharli. Es herrscht fröhliche Stimmung, es wird getrunken. Susi und Tscharli haben alle Hände voll zu tun. Während Tscharli sich um die Gäste kümmert, ist Susi schon dabei, einzelnen Bekannten die ersten Hosen, Hemden und Pullis zu verkaufen.
FRAU BACHMEIER *hat fast Tränen in den Augen.* Schön – wirklich – schön –. Sowas – was man alles machen kann.

Oiso dann ... Gschäft is Gschäft.

Des denkt kein Mensch mehr, daß des amal bloß ein Milchladen war.

Erwin *aufgeräumt.* Mir müssn alle mit der Zeit gehen, Frau Bachmeier, und wie mir jung warn – da hats zwar soiche Tschiens no ned gebn – aba ... aba – dafür hats andre Sachn gebn. Prost, Frau Bachmeier.

Susi verkauft im Laden einer Freundin ein T-Shirt.

Freundin. Mei – is des siass, a sowas siass, ob mir des paßt?

Susi. Probiers halt.

FREUNDIN. Solles probiern?
SUSI. Probiers halt!
Die Freundin nimmt das T-Shirt und geht hinter einen Vorhang, hinter dem eine kleine provisorische Umkleidekabine ist.
RUTH *zur Oma.* Freuen Sie sich ned, Frau Häusler, daß des jetzt noch alles so gut worn is?
OMA. Doch – doch. Ich freu mich schon.
Tscharli steht in der Nähe und hört das Gespräch mit.
RUTH. Mir hättn das Geld ja gleich gebn, mei Mann und ich. Mir ham uns bloß Gedanken gmacht – weil ma ja immer das Beste will für sei Kind.
OMA. Jaja.
RUTH. Und Sie wern sehn, Frau Häusler, wenn des alles amal eingspielt is und a bißl a Zeit vergangen is, dann kommen de Kinder von allein drauf, daß as gscheidste is, wemma heirat, wemma erst amoi was hat mitanand. Da braucht man dann gar nix mehr dazu tun.
Die Oma sieht Tscharli, zieht es daher vor, auf Ruths Ausführungen nur mit einem freundlichen Nicken zu antworten.
Herr Heinrich drängt sich durch die Menge und kommt auf Tscharli zu.
HEINRICH. Herr Häusler!
TSCHARLI. Ja, bitte?
HEINRICH. Entschuldigen Sie, Herr Häusler, ich wollte Ihnen nur etwas zeigen, ganz schnell nur.
Herr Heinrich geht mit Tscharli auf die Straße hinaus. Er bleibt vor dem Laden stehen, deutet auf die Reklameaufschrift über dem Laden: ›Tscharlies Tschiens‹.
TSCHARLI. Was is denn?
HEINRICH. Es geht mich ja eigentlich nichts an, Herr Häusler, aber Sie wissen doch, daß ich lange in England gelebt habe, nicht wahr?
TSCHARLI. Ja ... und?
HEINRICH. Ja ... also, das Wort Jeans schreibt man nicht mit Te-es-ce-ha und i-e-.

TSCHARLI *spielt den Unwissenden.* Ehrlich nicht?
HEINRICH. Nein.
TSCHARLI. Des macht nix – weil Tscharli schreibt man auch nicht mit Te-es-ce-ha und i-e-.
Herr Heinrich lächelt etwas verstört. Tscharli geht in den Laden und setzt sich mit einem Glas in eine Ecke und beobachtet die Gäste. Die Freundin von Susi kommt aus der Umkleidekabine, sie kauft den Pulli, Susi bietet ihr gleich noch was anderes an. Sie ist richtig in ihrem Element.
Gustl, der mit Max in ein Gespräch verwickelt ist, kommt in die Nähe von Tscharli.
MAX. Schau – wemma heut a Gschäft machn will, ganz wurscht was, dann mußma wissen, daß des Chikago is.
GUSTL *versteht nicht gleich.* Chikago?
MAX. Des is a so a Ausdruck von mir – aber der paßt auf ois. Schau – mei Vertrag mim Tscharli, der war Chikago, verstehst, fürn Tscharli – daßan ned unterschriem hat, des war aa Chikago, aber für mi. Und a so is heut ois Chikago. Wenn i heut an Automaten wo aufstelln will und de lassn mi ned, dann war des theoretisch für mi Chikago, verstehst, weile dann nix verdien. Aba i stelln dann trotzdem auf, verstehst, weile da meine Methoden hab' – und dann – dann is des wieder Chikago, aber für de andern. Woaßt jetzt was i moan?
Tscharlis Gesicht wird immer finsterer, während er diese Unterhaltung mithört und gleichzeitig Susi beobachtet, wie sie mit großer Geschäftstüchtigkeit bereits wieder einem Kunden etwas verkauft. Wie zufällig treffen sich dabei die Blicke der beiden. Sie lächelt – sie freut sich – Tscharli versucht mit einem Lächeln zu antworten, aber es gerät ihm etwas melancholisch ...

Es ist früher Morgen. Ein strahlend heller Sommertag. Tscharli liegt im Bett. Er öffnet die Augen – bleibt einen Moment mit geöffneten Augen liegen. Dann steht er ruckartig auf.
Er greift nach seinen Jeans, die am Boden liegen – zögert dann

Weil des nix is – für einen Menschen mit einer empfindlichen Sensibiliät – verstehst?

jedoch einen Moment und wirft dann die Jeans in eine Ecke. Langsam geht er zu seinem Kleiderschrank – öffnet ihn – betrachtet nachdenklich seine Kleidungsstücke.
Wenig später steht er in grauer Hose und Blazer in der geöffneten Wohnungstür. In der Hand hat er ein zu einer Rolle zusammengewickeltes Badetuch, in dem eine Badehose steckt.
Die Oma kommt aus dem Wohnzimmer.
Oma. Wo gehst du hin?
Tscharli. Zum Baden.
Oma *schaut Tscharlis Blazer und Hose an.* So gehst du zum Baden?

TSCHARLI. Logesch.
OMA. Gehst ned ins Gschäft?
TSCHARLI. Naa – da gehe nimmer hin.
OMA. Was?
TSCHARLI. Weil mir des ganz fad is, verstehst. – Drum geh i da nimmer hin. Drum schenke des jetzt der Susi. Mein Anteil.
OMA. Is des dein Ernst?
TSCHARLI. Logesch.
OMA. Und warum?
TSCHARLI. Weil des nix is – für einen Menschen mit einer empfindlichen Sensibilität – ein Gschäft – verstehst? Und drum schenke des der Susi und dann gehe zum Baden.
OMA. Ohmei – Karl...

Auf den Wiesen am Isarufer liegen schon ziemlich viele Menschen. Tscharli zieht sich langsam aus – legt Hose, Blazer und Hemd sorgfältig zusammen – ganz pedantisch, im Gegensatz zu seiner sonstigen Unordentlichkeit, legt er die Kleidung ins Gras.
Dann läuft er ins Wasser und schwimmt in die Mitte des Flusses.

6

Ois anders

Vor dem Haus, in dem Tscharli und die Oma wohnen, steht ein großer Möbelwagen. Die Türen des Wagens sind geöffnet. Die Ladefläche ist schon halbvoll – ein Teil der Möbel steht noch auf der Straße.
Der Hausbesitzer Fischhuber kommt mit seinem Mercedes vor dem Haus an. Er steigt aus – interessiert schaut er in den Möbelwagen. In seiner ganzen Haltung strahlt er etwas von einem Herrscher aus, der seine Besitztümer inspiziert. Dann geht er ins Haus.
In der Tür jedoch stößt er mit einem Möbelstück zusammen, daß so gewaltig ist, daß sein Träger darunter fast verschwindet. Daß ihm so etwas auf eigenem Grund und Boden passieren muß, hätte Herr Fischhuber nicht für möglich gehalten.
FISCHHUBER. He!
TRÄGER. Aufd Seitn!
FISCHHUBER. Kannst du ned aufpassn, du Ramml du, ha?
TRÄGER. Dir gibe nachad glei an Ramml!
Entschuldigens Herr Fischhuber.
FISCHHUBER. Ja, des möchte scho meinen.
Der Träger geht mit seinem Möbelstück weiter in Richtung Möbelwagen. Fischhuber will ihm in einer Zornesaufwallung nach, beherrscht sich aber gerade noch und geht ins Treppenhaus.

Frau Radlbeck, die mit ihrem Mann über der Wohnung der Häuslers gewohnt hat, verabschiedet sich von Frau Häusler und Tscharli.
Sie ist bepackt mit kleinen Einrichtungsgegenständen, die sie in Plastiktüten untergebracht hat, sowie einer Stehlampe, die

sie unter dem Arm trägt. Zur Verabschiedung stellt sie die Sachen ab. Die Lampe lehnt sie an die Wand.
FRAU RADLBECK. Pfüagott, Frau Häusler, und alles Gute und Ihnen auch, Herr Häusler.
Tscharlis Miene ist anzumerken, daß die Radlbecks nicht zu seinen favorisierten Nachbarn gehörten.
TSCHARLI. Danke – Wiedersehen.
OMA. Des wünsch ich Ihnen auch, Frau Radlbeck.
FRAU RADLBECK. Ned, dasse neugierig sei möcht, aber weil mir gestern no drüber gredt ham, mei Mann und ich ... was zahlt er jetzt Ihnen, daß sie aus dem Haus rausgehn, der Herr Fischhuber?
OMA. Ja ... also, mir ham da no gar ned ...
TSCHARLI *greift sofort ein.* Da is noch gar nix entschieden. Vielleicht gemma gar nicht raus.
FRAU RADLBECK. Aba – alle müssen doch raus – wenn des Haus wegkommt.
TSCHARLI. Müssen tun mir gar nix. Wenn mir uns finanziell nicht einigen können, dann bleim mir da herin.
FRAU RADLBECK. Hat er Ihnen schon ein Angebot gemacht? Also, uns hat er die ganzen drei Jahr Miete auszahlt, wo unser Vertrag no laffa tat.
TSCHARLI. Da kann ich jetzt noch nix sagn, weil mir noch in Verhandlungen sind. Er muß jetzt sowieso jedn Moment kommen, weil mir für heut verabredet warn.

Zwei Möbelträger kommen aus dem Stockwerk über den Häuslers die Treppe herunter. Sie tragen zusammen einen Schrank, der eine der beiden, der hinten geht, hat noch einen Tisch auf dem Rücken, dessen Beine gefährlich abstehen.
1. TRÄGER. Aufd Seitn!
2. TRÄGER. Vooor-sicht! Vooor-sicht!
Frau Radlbeck, Oma und Tscharli drücken sich in den Wohnungseingang, als die beiden Träger auf den Treppenabsatz runterkommen.
Der hintere der beiden Träger erwischt mit einem Tischbein die Stehlampe, die an der Wand lehnt, und spießt sie so auf,

daß sie über dem Tischbein hängt und er sie mitschleppt, ohne es zu merken.
Auch Frau Radlbeck merkt nichts, da sie so steht, daß sie es nicht sehen kann.
TSCHARLI. Also – auf Wiedersehen!
FRAU RADLBECK. Wiedersehn und alles Gute, gell.
Die Oma und Tscharli gehen in die Wohnung zurück. Frau Radlbeck nimmt ihre Plastiktüten auf und will die Treppe hinunter. Da fällt ihr ein, daß sie die Lampe dabei hatte. Suchend schaut sie um sich, sieht nichts – überlegt.
FRAU RADLBECK. Ja... wo isn jetzt?...
Sie beugt sich übers Geländer. Zwei Stockwerke tiefer sieht man Fischhuber die Treppe heraufkommen. Ihm entgegen kommen die beiden Möbelträger.
FRAU RADLBECK *ruft hinunter.* Sie – hallo! Ham Sie de Lampn mitgnommen?
Der Träger, der hinten geht, bleibt stehen, der vordere zieht – die Lampe, die am Tischbein hängt, löst sich und fällt Fischhuber vor die Füße und dort in Scherben.
FISCHHUBER. He! Könnts ihr ned aufpassen!
Frau Radlbeck hört den Krach – sieht die kaputte Lampe. Sie stürzt die Treppe hinunter.
FRAU RADLBECK. De schöne Lampn – des schöne Stück! Zerst lassens an Radio falln und jetzt is de Lampn aa no hi – i kannt glei woana...

Die Oma, Tscharli und Fischhuber sitzen im Wohnzimmer. Fischhuber hat gerade sein Angebot wiederholt.
TSCHARLI *steht auf.* Des is z'wenig.
FISCHHUBER. Also, Herr Häusler – ois was recht is – zwanzgtausend Mark is a schöns Geld, gell. No dazu wemmas quasi gschenkt kriegt.
TSCHARLI. Von geschenkt brauchma gar ned redn, Herr Fischhuber – weil der Mietvertrag von meiner Oma no neun Jahr lang geht – und wenn mir im Monat dreihundertsechzg Mark Miete zahln, dann san des in neun Jahr runde vierzgtausend Mark. Un des is as Doppelte.

FISCHHUBER. Des sind keine vierzgtausend Mark, sondern achtadreißgtausendachthundertachzg Mark.
TSCHARLI. Des is as selbe.
FISCHHUBER *wendet sich an die Oma Häusler.* Also, ich hab' Ihnen mein Angebot gmacht – und wenn Sie des ned annehmen wolln, dann muß ich die Angelegenheit meinem Rechtsanwalt übergebn, so leids mir tut, Frau Häusler. Ich hab' Ihnen immer für a vernünftige Frau ghalten, aba wenne mi da täuscht hab', dann streitma halt wenn Ihnen des lieber is.
OMA. Des möchte ned ...
TSCHARLI. Wieso ned? Dann streitma halt – bitte. Da brauchen mir gar keine Angst ham, weil kündigen können Sie uns nicht, Herr Fischhuber, nicht amal nach de neun Jahr, des wissen Sie genau. Und wenn mir ned rausgehn, dann können Sie des Haus aa ned abreißn lassn und dann kost Ihnen des mehr Geld als wenn Sie uns de vierzigtausend Mark glei zahln.
FISCHHUBER *lächelt.* Ihren Geschäftssinn in allen Ehren, Herr Häusler, aber Sie dürfen doch ned meinen, daß mir dann da nix einfallt, gell, damit mir uns da glei richtig verstehn.
Das Lächeln verschwindet aus Fischhubers Gesicht. Des is nämlich ned des einzige Haus was ich hab', und da hats scho andere gebn, de mich erpressn ham wolln ...
TSCHARLI. Des möchte wissn, wer da wen erpreßt.
FISCHHUBER. So, jetzt müssens aber vorsichtig sein, Herr Häusler, mit Ihre Äußerungen, gell, weil da san Sie noch zu jung und zu dumm dazu, daß i mir solche Beleidigungen gfallen laß von Ihnen.
TSCHARLI *regt sich auf.* Oiso – des is doch ...
FISCHHUBER. Vorsichtig.
OMA. Hör auf, Karl!
FISCHHUBER *steht auf – tut als ob er gehen wollte.* Wenns amoi Zeit ham, Frau Häusler, dann gehns amoi in mei anders Haus in de Rosenbuschstraß nüber, da wohnt im drittn Stock noch eine Familie, die ham auch nicht

rauswolln. De findns leicht, weil des no den einzign Deitschn san, de wo drin wohnen. Und dann fragns de amoi wies ihnen da gfallt. De genga nämlich jetzt freiwillig raus und zwar ohne daß an Pfennig kriegn von mir. De ham gmeint, daß sie meine Zwangslage ausnützen können, gell, aba dann hams mich kennenglernt – zwar von meiner Schokoladenseitn, verstehns, weil ich bin a Mensch der an an andern Menschn leben laßt, aber wenns sei muß, kanne anders aa – und zwar ganz anders.

TSCHARLI. Des wern mir ja sehn.

FISCHHUBER. Mit Ihnen red ich nicht – also, Frau Häusler – mein letztes Angebot: fünfundzwanzigtausend, wenns vorm Erstn draußen san – und wie gesagt, wegen an guaten Platz im Altersheim, da kann ich Ihnen behilflich sein bei der Stadt. Da hab' ich wen sitzen der wart scho lang drauf, daß er mir an Gfalln tun kann. Fünfazwangtausend – mei letzts Wort, weils nächste hat dann mei Anwalt. Pfüagott beinand.

Ein warmer Sommerabend. Es sind kaum mehr Lichter in dem Wohnhaus der Häuslers, da die meisten Parteien schon ausgezogen sind. Oma und Tscharli sitzen auf dem Balkon und essen.

OMA. Des müssma machn, Karl.

Tscharli kaut, schaut in den Hinterhof hinaus, sagt nichts.

OMA. Fünfundzwanzigtausend Mark is viel Geld.

TSCHARLI. Vierzigtausend is mehra.

OMA. Des kriegn mir nicht. Und wenn mir uns auf einen Prozeß einlassn mit dem Fischhuber dann ziehn mir den kürzern.

TSCHARLI. De Garmischer Bauernsau de gescheade. *Nach einer Pause.* Jetzt habe nämlich rausbracht an wen der Grund da verkauft wird.

OMA. An wen?

TSCHARLI. An eine englische Finanzierungsgesellschaft. Und de ghört wieder einem arabischen Ölscheich. Und den hat der Fischhuber in Garmisch kennenglernt.

OMA. Wen?
TSCHARLI. Den Ölscheich. Weil der dort ein Hotel kauft hat als Sommersitz. Verstehst – ein Hotel, mit dreihundert Zimmer. Weils ihm im Sommer zu heiß is in der Wüste.
OMA *ungläubig*. Geh!
TSCHARLI. Du hast ja koa Ahnung.
OMA. Von dem Geld geb ich dir zehntausend Mark, da kannst was anfangen damit und mit de restlichen fünfzehntausend machmas so wie du gsagt hast.
TSCHARLI. Zehn Prozent kamma kriegn – wemmas langfristig anlegt. Des sind hundertzwanzg Mark im Monat – und dei Rente noch, dann kannsta des Altersheim leistn und a bissl a Taschengeld hast dann aa no.
OMA. Ich brauch ja ned viel.
TSCHARLI. A bissl was brauchst scho. De machn öfters so Ausflüg, des kost aa was. Und dann brauchst amal was zum Anziehn, des kost aa was.
OMA. Zum Anziehn hab' ich gnug. Wenn mir des so machen, dann reicht mir des leicht.
TSCHARLI. Ich brauch aa koane zehntausend Mark.
OMA. Du brauchst eine Wohnung und eine Existenz.
TSCHARLI. Das Geld hättma damals braucht wie des mit dem Tschiensladen war.
OMA. Wie gehtsn eigentlich der Susi?
TSCHARLI. I habs jetzt scho lang nimmer gsehn. Angeblich hats jetzt an festn Freund. Werds dann scho irgendwann heiraten – aja – is ja wurscht...
Die Oma schaut Tscharli an, um zu sehen, ob es ihm wirklich so wurscht ist. Tscharli merkt es und lächelt.

Aus einem benachbarten Haus ertönt laute Radiomusik. Die Oma schaut über das Geländer auf ein erleuchtetes Zimmer im Nachbarhaus.
OMA. Jetzt is der Herr Gerhard heimkommen.
TSCHARLI. Is der immer no bei der Straßenbahn?
OMA. Jetzt isa bei der U-Bahn.

TSCHARLI *schaut in den Hof.* Eigentlich wars ganz schön – da...
OMA *will keine Sentimentalität aufkommen lassen.* Kümmerst dich morgn mal wegn einer Wohnung für dich?
Tscharli nickt...

Die Villa von Tscharlis Freund Peter Pickl – ein luxuriöser Bungalow mit großem, gepflegtem Garten. Im Garten ein großer Swimmingpool, um den ein paar elegante weiße Liegebetten gruppiert sind. Neben einer der Liegen eine fahrbare Hausbar.
Aus dem Wohnraum, in dem sich eine Blondine, Typ Mannequin, auf einer Couch räkelt, kommen Pickl und Tscharli auf den Swimmingpool zu. Pickl trägt einen schicken Bademantel, darunter Badehose. Tscharli in seiner üblichen Kleidung, Jeans, Jacke etc. In dieser Umgebung wirkt er etwas ärmlich.
TSCHARLI. Schön is da herin. Hast du jetzt dei Immobiliengschäft ganz aufgebn?
PICKL. Aja... ned ganz – so einzelne, größere Sachen mache schon noch. Aber keine Wohnungen mehr, des rentiertse nimmer. Seit sich da der Staat neigmischt hat mit der amtlichen Wohnungsvermittlung, da is des koa Gschäft mehr. Und dann is des ja nimmer so wie früher wos keine Wohnungen gebn hat.
Sie sind beim Pool angekommen.
PICKL *nimmt eine Flasche aus der Bar.* An Drink?
TSCHARLI *etwas gehemmt.* Ja, bitte.
PICKL. Wennst früher a Wohnung ghabt hast, dann ham sich zehn Mieter drum grissn und heut is grad umgekehrt, da mußt froh sei, wennst von zehn Wohnungen für eine an Mieter findst. Des san ungsunde Marktverhältnisse. Da is zvui baut worn, und in München besonders. Und mit de Provisionen is aa nimmer so – und dann hams unsern Berufsstand aa so schlecht gmacht, da mag man dann irgendwann nimmer.

Weißt, dafür bin ich mir zu stolz …

Pickl hat Tscharli einen Drink zurechtgemixt, den er ihm nun, ohne seinen Redefluß zu unterbrechen, in die Hand drückt.
TSCHARLI. Danke.
PICKL. Da reißt man sich an Fuß aus – im Grund für die Allgemeinheit – weil man doch immerhin einigen Leuten zu einem neuen Heim verholfen hat – da wird man angegriffen, da wird einem die Existenz untergraben und nur weil der Staat sich einmischt – da fragt man sich dann: wofür das alles.

TSCHARLI. Mhm.
Pickl läßt sich auf eine der Liegen nieder. Tscharli will sich ebenfalls auf eine Liege setzen.
PICKL. Sei so gut – setz di ned auf den Stuhl mit deiner Hosn, weißt, des Zeug is wahnsinnig empfindlich. Oder hast a Badhosn dabei?
TSCHARLI. Naa.
PICKL *ruft zur Blondine ins Wohnzimmer hinein.* Herzi, an Stuhl!

Nach einer Pause, als Herzi sich nicht sofort mit dem gewünschten Stuhl blicken läßt, diesmal schneidend. Herzi! *Zu Tscharli.* Du kannst übrigens jederzeit bei mir baden, wennst willst. Rufst mich an, dann machma an Termin aus – dann kannst badn bei mir.
TSCHARLI. Ja, ja.
PICKL. Weißt, dafür bin ich mir zu stolz – lieber schränk ich mich ein bißl ein, man muß ja nicht alles haben.
TSCHARLI. Ja, ich hab' dir nämlich schon am Telefon gsagt, daß – danke –
Er läßt sich auf den Holzstuhl nieder, den Herzi jetzt hüftwakkelnd anbringt.
... daß ich dich fragen wollt, obst du ein Appartement zur Hand hast aber...
PICKL. Wieviel Zimmer?
TSCHARLI. Ja... eins.
PICKL. Was derfsn kostn?
TSCHARLI. Mei... eher weniger.
PICKL. Schwer – sehr schwer.
TSCHARLI. Du hast doch gsagt, daß so viele Wohnungen gibt.
PICKL. Gibts – gibts. Jede Menge. Aber lauter teure. Billige gibts fast überhaupt nicht. Eigentlich gar nicht. Was kannst ausgebn?
TSCHARLI. Mei – so zwoahundert...
PICKL *lächelt mitleidig.* Da kriegst grad a Zelt in Thalkirchen aufm Campingplatz.

TSCHARLI. Aha...

PICKL. Ehrlich – unter dreihundertfuchzig geht gar nix.

TSCHARLI. Ja – und – hättst du da was an der Hand?

PICKL. Da muße mal nachdenken – s'is schwer. Ich bin ja auch nimmer so drin in dem Gschäft. Vor allem mit solche finanziellen Größenordnungen. Ich mach jetzt so Developing, verstehst, da gehts immer glei um Millionen und mehr – da muß ich jetzt zuerst amoi umdenken.

TSCHARLI. Was machst du?

PICKL. Des is schwer zum erklärn – des is, i sag dir ein Beispiel: sangma in Kanada werd' ein Stück Urwald gerodet, a paar tausend Hektar, weil da a Stadt gebaut werden soll – da werdn dann internationale Konsortien gegründet zur Finanzierung.

TSCHARLI *staunt.* Und des machst du?

PICKL. Ned allein – da sind mehrere Leut in so einem Konsortium, verstehst – und naja – einer davon bin ich. So geht des.

TSCHARLI. Aha...

PICKL. Ja.

TSCHARLI. Brauchats du ned vielleicht...

PICKL. Was?

TSCHARLI. Naja... weil ich nämlich auch an Tschob such – und weil du Kanada gsagt hast – Englisch kann ich fei.

PICKL. Des war nur ein Beispiel, des mit Kanada.

TSCHARLI. Aso...

PICKL. Tüchtige Leut brauch ich immer, des is klar. Ich müßt mir des überlegn mit dir – okay, des überlegn mir – aber jetzt is mir grad was eingfalln wegn so einem Einzimmerappartement.

TSCHARLI. Ehrlich?

PICKL. Mir is grad eingfalln, daß ich früher mal so ein paar Eigentumswohnungen kauft hab' – in Schwabing.

TSCHARLI. Schwabing waar pfundig...

PICKL *macht es spannend.* Des woaße jetzt ned ob da grad was frei is.

TSCHARLI. Aha.

Herr Heinrich, der Untermieter der Häuslers, kommt mit seinem Geigenkasten die Treppen herauf. Aus den oberen Stockwerken hört man schon Stimmen von Möbelpackern. Wieder zieht eine Partei aus.

1. MÖBELPACKER. Voor-sicht! Vooor-sicht! Halt, geh schiab do ned so narrisch.

2. MÖBELPACKER. I schiab doch ned.

1. MÖBELPACKER. Geh, wenne ziag, brauchst ja du ned schiabn.

2. MÖBELPACKER. Ja, dann ziag doch ned wenn i scho schiab.

1. MÖBELPACKER. Halt! Langsam... soo – langsam – langsam. Paß auf de Ecken auf!

Dann hört man einen Krach und gleich darauf die Stimme eines Mannes, Herrn Fischers, der ebenfalls in dem Haus gewohnt hat.

FISCHER. Können Sie ned ein bissl aufpassen – jetzt hams den Fuß abgschlagn!

2. MÖBELPACKER. Mir machn des wie mir des immer machn – und wenn Ihnen das nicht paßt, dann lassmas stehn und Sie suchen sich eine andere Firma.

Die Möbelpacker kommen Heinrich entgegen. Heinrich versucht auszuweichen, wird fast an die Wand gedrückt, kann sich gerade noch bücken und taucht dann unter dem Möbelstück wieder auf. Die Packer sind vorbei. Fischer kommt auf Heinrich zu. Auch Herr Fischer trägt kleinere Stücke selbt hinunter.

FISCHER. Herr Heinrich – auf Wiedersehen, alles Gute.

HEINRICH. Auf Wiedersehen, Herr Fischer, alles Gute.

FISCHER *geht weiter – von weiter unten ruft er noch einmal.* Wann ziehn Sie denn aus? Hams schon was gfunden?

HEINRICH. Das weiß ich noch nicht genau. Ich werde schon was finden.

FISCHER. Irgendwas findt man immer – Wiedersehen – und alles Gute.

Fischer geht weiter – da kommen ihm die Möbelpacker wieder entgegen – mit demselben riesigen Möbelstück wie vorher.

FISCHER. Was is denn jetzt?
2. MÖBELPACKER. Mir kommen nicht umd Eckn – des habe ja glei gsagt.
FISCHER. Ja – und jetzt?
1. MÖBELPACKER. Jetzt lassmas zum Fenster nunter. Vorsicht!
Der andere Möbelpacker schiebt – Fischer kann gerade noch ausweichen, dann kippt das Möbelstück und zerschlägt eine Fensterscheibe am Treppenabsatz ...
2. MÖBELPACKER *schaut über die Ecke des Möbelstücks zum Fenster auf die Straße hinunter.* Des geht ja gar ned, des geht ja gar nia.

Bei den Eders, den Nachbarn von Häuslers, stehen im Schlafzimmer und im Gang Möbelstücke, Kisten und Kartons herum, es herrscht ein wüstes Durcheinander – alles deutet darauf hin, daß sich das Ehepaar Eder ebenfalls auf den Umzug vorbereitet.
Frau Eder liegt im Bett – Herr Eder durchwühlt im Gang mit einer Taschenlampe verschiedene Kartons.
Frau Eder schreckt hoch – aufgeweckt aus ihrem Halbschlaf durch ein lautes Poltern im Gang.
FRAU EDER. Alfons! ...
EDER *aus dem Gang.* Au! Kruzefix – Glump vareckts –
FRAU EDER. Was is denn – Alfons?
EDER. Ah – weilma nix sieht da heraußn –
FRAU EDER. Des habe dir aber gsagt, daßde de Lampn erst am Schluß abmontiern sollst. Was suchst denn eigentlich?
EDER. Den Rotwein suche und de Eier, weile ned schlafn kann.
FRAU EDER. Dann nimmst halt a Schlaftablettn.
EDER. Möchst mich vergiftn, ha? Da isa ja – der Wein – wo san de Eier?
FRAU EDER *gequält.* Im Kleiderschrank.
EDER. Was hamman de Eier im Kleiderschrank verlorn, ha?

FRAU EDER. Weiles in de alte Schürzn eigwicklt hab' damits ned kaputtgehn beim Umzug.

Eder kramt im Kleiderschrank – findet die Schürze, wickelt vorsichtig die Eier aus – eines nimmt er, dann versucht er es wieder einzuwickeln, es gelingt ihm nicht richtig – kurz entschlossen nimmt er die Eier und legt sie in eine Schublade des Schranks. Dann kommt er mit einem Glas, einer Flasche Rotwein und zwei Eiern in das Schlafzimmer und setzt sich aufs Bett. Bedächtig schlägt er die Eier in das Glas und gießt den Rotwein darüber. Man hört Geigenspiel durch die Wand aus Heinrichs Zimmer. Eder lauscht andächtig – auf dem Nachttisch sucht er nach einem Löffel zum Umrühren – findet nichts. Daraufhin wischt er seinen Zeigefinger an der Pyjamahose ab und rührt mit dem Finger um.

Dann setzt er sich ins Bett, mit dem Rücken zur Wand gelehnt, und lauscht dem Geigenspiel, das jedoch kurz danach plötzlich abbricht ...

EDER. Horch!

FRAU EDER. Was denn?

EDER. Horch, wie stads jetzt is – direkt unheimlich.

FRAU EDER. Sonst hast immer gschimpft wenn der Heinrich aufd Nacht Geigen gspielt hat.

EDER *sentimental.* Des hörn mir jetzt nie mehr – nie mehr im Lebn. Andere Leut müssen ins Konzert geh wenns an Kunstgenuß ham wolln – und mir ham des umsonst ghabt.

FRAU EDER. Jetzt hamma ja dann a Zimmer mehr in der neuen Wohnung, da kannstn ja mitnehmen den Heinrich, wenna dir so abgeht. Der weiß sowieso ned wo er hin soll.

EDER. I bin ja ned narrisch – mir wars ja grad gnug wennema dem sei Gefiedel jedn Tag anhörn müßt. Wenne denk was uns der auf de Nerven ganga is mit seiner Kratzerei – jahraus, jahrein. Daßd fei ja nix sagst zu ihm – oder hast scho was gsagt?

FRAU EDER. Ich hab' nix gsagt. Jetzt gib a Ruh und schlaf

und leucht mir ned immer ins Gsicht mit der Taschenlampn.
Eder legt sich ins Bett – spielt noch mit der Taschenlampe, deren Strahl er über die Zimmerdecke wandern läßt. Er kann nicht schlafen – sucht Streit mit seiner Frau.
EDER. Vermietn müssma des Zimmer auf jedn Fall – aba a Student kimmt mir nicht ins Haus, des merksta.
FRAU EDER *müde.* Ich hab' ja gar nix gsagt von am Studenten.
EDER. Und a Ausländer aa ned! Und überhaupt such ich mir den raus der bei uns Untermieter werd' und nicht du.
FRAU EDER. Des machst.
EDER. Daß du so ruhig schlafn kannst wenn mir jetzt aus einer Wohnung ausziehn müssn wo mir zwanzg Jahr lang gwohnt ham.
FRAU EDER *setzt sich stöhnend im Bett auf.* Daß du koa Ruh gebn kannst.
EDER. Weil mir des Schicksal von dem Heinrich im Kopf rumgeht. Wo sannan de Schlaftablettn?
FRAU EDER. In am Karton.
EDER *steht auf.* In welchem?
FRAU EDER. In dem wo Putzmittel draufsteht.
EDER. Du hast a Ordnung – aba des werd' anders in der neuen Wohnung, des sageda.
EDER *stolpert in den Gang hinaus, wieder stößt er an irgendwas. Er flucht.* Kreuz – Kruzefix, Glump – vareckts.
Frau Eder sinkt erschöpft in die Kissen ...

In der Wohnung nebenan räumt Herr Heinrich seine Geige in den Kasten – die Oma sitzt im Sessel.
OMA. Wenn der Herr Fischhuber für mich einen Platz in so einem Heim besorgen kann, dann kann er das für Sie auch, bestimmt, Herr Heinrich.
HEINRICH. Ich kann mir das gar nicht leisten – finanziell – und – ich, ich bin auch nicht der Mensch für – das sind Leute, die ich nicht kenne ...

OMA. Dann lernen Sies halt kennen. Ich kenn ja da auch niemand.
HEINRICH. Sie tun sich da leichter, Frau Häusler, ich kann das nicht, das ist eine Gemeinschaft – da muß man sich erst wieder eingewöhnen, da gehört man nicht dazu – wer weiß, was das für Menschen sind.
OMA. Des sind halt Leut wie mir auch.
HEINRICH. Und dann werd' ich dort Schwierigkeiten haben mit dem Musizieren. Das will man dort bestimmt nicht. Dann gibt es Beschwerden und ich muß mich mit Menschen herumstreiten, die ich gar nicht kenne. Das kann ich nicht. Das weiß ich genau – das kann ich nicht.
Die Oma schaut Heinrich mit skeptischem Blick an – sie findet, daß er die Dinge unnötig kompliziert.
OMA *etwas strenger.* Was wollns denn dann machen? Wo wollns denn dann hin?
HEINRICH. Als ich sechsunddreißig nach England gegangen bin, war ich dort für kurze Zeit einmal verheiratet.
Oma Häusler schaut erstaunt.
HEINRICH. Ja – das hab' ich Ihnen nie erzählt. Und jetzt hat mir meine ehemalige Frau wieder geschrieben – vielleicht – ich weiß nicht – vielleicht geh ich dorthin.
OMA. Des is doch dann überhaupt das Beste für Sie.
HEINRICH. Ja ... also ... ob das wirklich so gut ist, weiß ich auch nicht – das ist nämlich – wie soll ich sagen ... wir hassen uns nämlich, sie haßt mich und ich hasse sie. Wir konnten uns nie ausstehen.
OMA *fast amüsiert.* Immer noch?
HEINRICH *ganz ernsthaft.* Ja, natürlich. Und wie.
Die Oma weiß nicht genau, was sie von Heinrichs Äußerungen zu halten hat. Da sie seine Lebensuntüchtigkeit und seine Schrullenhaftigkeit kennt, schlägt sie jetzt einen strengeren Ton an.
OMA. Also, Sie suchen sich jetzt ein Zimmer – und wenn Sie eines habn, dann sagn Sies mir. Und vorher ziehn mir da nicht aus. Sie sind ja schlimmer wie ein kleines Kind!

Tscharli steht vor einem Appartementhaus in Schwabing. Er schaut auf die Uhr. Geht ein paar Schritte auf und ab. Schaut wieder auf die Uhr.
Aus dem Haus kommt ein Mädchen, ziemlich hübsch, aber mit einem leichten Stich ins Ordinäre. Tscharli lächelt sie an – das Mädchen zeigt ihm deutlich die kalte Schulter.
Vor dem Haus kommt ein Sportcoupé an.
PICKL *steigt aus.* Hast scho lang gwart?
TSCHARLI. Ich wollt grad wieder gehn, weil ich scho denkt hab', daßd nimmer kommst.
PICKL. Tschuldige – aber i bin im Büro aufghaltn worn.
TSCHARLI. Ausgesprochen unfreundliche Zähne wohnen in dem Haus.
PICKL *grinst.* Mim Charme geht da nix.
TSCHARLI. Des habe gspannt.
Die beiden gehen ins Haus. Pickl voran.
Tscharli und Pickl gehen einen endlos langen, ziemlich dunklen Gang entlang, der sein Licht nur von den Fenstern an den Stirnseiten erhält. Pickl drückt auf einen Lichtknopf. Nichts tut sich. Er geht weiter. Vor einer Tür bleibt er stehen, zieht einen Schlüssel aus der Tasche. Dann überlegt er kurz, legt sein Ohr an die Tür und horcht einen Moment.
TSCHARLI. Wohnt da no wer drin?
PICKL. Habe scho kündigt.
Pickl klingelt. Nach einer Weile klingelt er noch mal. Nichts tut sich. Er steckt den Schlüssel ins Schlüsselloch – kann aber nicht aufsperren, weil der Schlüssel von innen steckt.
TSCHARLI. Vielleicht is niemand da.
PICKL. Da Schlüssel steckt – von innen.
PICKL *ruft durch die Tür.* Wenn Sie nicht aufmachen, hol ich die Polizei!

Man hört Schritte aus der Wohnung. Die Tür wird geöffnet. Ein junger Farbiger macht auf – geht aber gleich wieder ins Zimmer zurück, ohne Pickl eines Blickes zu würdigen. Pickl geht gleich voran. In dem winzigen Einzimmerappartement sieht es verheerend aus – auf dem Boden liegen Matratzen,

leere Flaschen, volle Aschenbecher, es herrscht ein wüstes Durcheinander von Kleidungsstücken, die zum größten Teil auf dem Boden liegen.
In einer Ecke auf einer Matratze liegt eine Frau mittleren Alters, der man den Berufsstand der Gunstgewerblerin auf den ersten Blick ansieht.
TSCHARLI *ist das alles peinlich.* Tschuldigung...
PICKL *geht gleich auf das Fenster zu und öffnet es.* Puh! *Zu Tscharli.* Laß dich ned störn – schau dir alles in Ruhe an.
Tscharli steht etwas unschlüssig im Zimmer – zieht es dann vor, ins Bad zu gehen.
Im Bad sieht es noch schlimmer aus als im Wohnraum. Aus dem Bad hört Tscharli die Stimme Pickls und der Frau im Wohnraum.
PICKL. Was is jetzt mit der Miete von de letzten zwei Monat?
FRAU. Ich bin krank – ich kann nicht arbeiten. Das habe ich Ihnen geschrieben. Sie haben doch noch die Kaution.
PICKL. De hat für zwei Monat greicht und jetzt is vernascht. Am ersten wird de Wohnung neu vermietet. Heut is Donnerstag – am Samstag san Sie draußen, sonst laß ich Sie zwangsräumen.
FARBIGER. You can't do that!
Tscharli kommt aus dem Bad – steht im Flur, schaut in den Wohnraum.
PICKL. Sie sind hier nicht gemeldet – Sie müssen ganz still sein.
PICKL *wendet sich an die Frau.* Sind mir uns klar?
Die Frau nickt.
PICKL *zu Tscharli.* Was sagstn so? Is doch ganz gemütlich für a einzelne Person. Wennsta vorstellst, daß aufgräumt is und gweißelt – is doch was – oder?
Tscharli schaut noch etwas unschlüssig – dann geht er zur Wohnungstür hinaus. Pickl folgt ihm.
PICKL. Gemma zu mir ins Büro – dann können mir alles bereden. Ich hab' mir des noch einmal überlegt – weil du

gsagt hast, daßd auch einen Tschob suchst – da ist mir jetzt auch was eingfalln ...

Herr Heinrich kommt auf das Haus zu – vor dem Haus steht ein Möbelwagen. Die Eders ziehen aus.
Heinrich will das Haus betreten – kann aber nicht gleich hinein, weil ihm zwei Packer mit Eders großem Schrank entgegenkommen. Er tritt zur Seite und will warten, bis die Packer herausgekommen sind. Als diese jedoch mitten unter der Haustür durchgehen, hört man aus dem Treppenhaus Eders aufgeregte Stimme.
EDER. Halt! Stehn bleim!
Die Packer lassen mitten im Eingang den Schrank ab, so daß er den Durchgang völlig versperrt.
1. PACKER. Glaubstas, daß mi der no ganz wahnsinnig macht?
2. PACKER. Was willan jetzt scho wieder?
Eder zwängt sich vorbei – über dem Arm hat er noch Kleidungsstücke hängen. Er rüttelt an der Tür des Schranks – sie ist versperrt.
EDER. Wo is der Schlüssel?
1. PACKER. Zugsperrt ham Sie selber.
Heinrich steht daneben – unschlüssig, ob er sich auch da durchzwängen soll oder nicht. Eder drückt ihm den Packen Kleidungsstücke in die Arme.
EDER. An Moment amoi, bittschön!
Eder sucht überall in allen Taschen nach dem Schlüssel. Die Packer setzen sich inzwischen auf Möbelstücke, die neben dem Wagen stehen, und beginnen Brotzeit zu machen. Eder findet einen Schlüsselbund, probiert mehrere Schlüssel, zerrt und rüttelt an der Schranktür, bis sie schließlich mit einem Ruck nachgibt. Mit dem Öffnen der Tür rutscht die Schublade heraus, in die er am Abend zuvor die Eier gelegt hatte. Die Eier fallen auf den Boden.
EDER *befriedigt*. So – jetzt is passiert – weil sie die Eier in Schrank tun muß. Jetzt hamma scho an erstn Schadn.
EDER *zu den Packern*. Sind Sie versichert?

1. PACKER *zum Kollegen.* Glaubst, daß mi der no wahnsinnig macht.
EDER *zu Heinrich, seines eigenen Schadens froh.* Wies im Sprichwort heißt – dreimal umzogn – einmal abbrennt. Aba des zahlt er mir – auf Heller und Pfennig zahlt er mir des ois der Fischhuber. Was wollte jetzt eigentlich – aso.
Eder reißt Heinrich die Kleidungsstücke aus der Hand, stopft sie in den Kleiderschrank.
EDER. Mir ham ned ausziehn wolln – mir nicht – und wenn was hi is dann zahlta halt. Mir solls recht sein.
Er drückt den Schrank zu – die Tür klemmt, er tritt mit dem Fuß dagegen, schließt ab.
EDER *zu den Packern.* So – weg mit dem Glump.
1. PACKER. Jetzt is Brotzeit.
EDER *trotzig.* Ich will in mein Haus hinein!
1. PACKER. Dann gengas halt eine.
EDER. Der Eingang ist verstellt – bis jetzt wohnen wir noch da herin – und Sie verstellen mir nicht den Eingang von meim Haus!
1. PACKER *steht auf.* Glaubst, daß mi der no wahnsinnig macht.
Heinrich betrachtet irritiert, was da vorgeht. Drohend geht der Packer auf Eder zu – Eder weicht aus – mit einem Tritt schiebt der Packer den Schrank zur Seite, so daß ein Zwischenraum entsteht, durch den Eder und Heinrich ins Haus hineinkönnen.
EDER *geht aber nicht hinein – sondern wendet sich befriedigt an Heinrich.* Des wollte nur wissen – *und ganz unvermittelt.* So – und was machma jetzt mit Ihnen?
HEINRICH. Mit mir – wieso?
EDER. Wo ziehn Sie hin?
HEINRICH *weist auf eine Zeitung, die er gerade gekauft hat.* Ja – ich wollte grade sehen, welche Möglichkeiten ...
EDER. Nixnix – kommens mir gehn jetzt schnell ind Wirtschaft nüber auf a Halbe.
HEINRICH. Ja – ich ...

Ja – ich wollte grade sehen, welche Möglichkeiten ...

EDER *nimmt Heinrich am Arm.* Kommens – ich wollt sowieso mit Ihnen redn. Mit ziehn in eine größere Wohnung, da ham mir ein Zimmer übrig und des kriegn Sie.
HEINRICH. Ja ... aber ...
EDER. Nix aber! Sie san eine Nervensäg eine furchtbare – des wissen Sie selber – aber jetzt habe mich dran gwöhnt und jetzt nehmen Sie des Zimmer und aus!
Heinrich ist nicht in der Lage, sich gegen die Vitalität Eders durchzusetzen. Er folgt ihm willig in Richtung Wirtshaus.

Pickls Büro – mit protziger Geschmacklosigkeit eingerichtet. Tscharli sitzt vor Pickls Schreibtisch – auf dem Schreibtisch steht ein großer Plastikkoffer, der wie ein Musterkoffer eines Vertreters aussieht. Der Plastikkoffer ist voll mit Kosmetika aller Art.

In einer Ecke des Raumes stehen noch mehr Koffer der gleichen Art. Tscharli hat eines der Cremetöpfchen in der Hand und studiert die Aufschrift.

TSCHARLI. Ich hab' gmeint du machst jetzt ›Developing‹ in Kanada und so?

PICKL. Auch – mach ich auch. Aber in der wirtschaftlichen Krise in der mir uns befinden, mußma auf mehrere Füß stehen. Des is eine Tochterfirma von uns, die de Kosmetiksachn herstellt und da ziehn wir jetzt einen Großvertrieb auf – und da hättest du eine wirklich echte Chance.

TSCHARLI. Ich mach kein Vertreter.

PICKL. Du brauchst doch kein Vertreter machen – du bist eine Art Manager – de Vertreter san de anderen. Du kaufst den Koffer für zweitausend Mark – des is kein Geld – als Demonstrationsobjekt sozusagen – und mit de zweitausend Mark erwirbst du das Recht, andere Vertreter unter dir zu beschäftigen. Und für jeden, den du bringst, kriegst eine Provision von fünfhundert Mark – und von jedem Vertreter den deine Vertreter bringen, kriegst wieder eine Provision. Und wennst des zwei Jahr lang gmacht hast, bist ned bloß reich, sondern wohlhabend.

TSCHARLI. Ich versteh aber nix von Kosmetik.

PICKL. Des is doch ganz wurscht. Des sind erstklassige Präparate aus Amerika – da braucht man nix verstehen. Des steht alles hinten drauf. Und wennst eine Existenz suchst, dann is des eine – des derfst mir glaubn.

TSCHARLI *steht auf.* Ich überleg mir des.

PICKL. Was is mit dem Appartement – nimmstas?

TSCHARLI. Des möcht ich mir auch noch mal überlegen.

PICKL. Ich weiß zwar nicht, was da noch zum Überlegn gibt bei dreihundertfuchzg Mark Miete für a Wohnung in

Und wenn du eine Existenz suchst, dann ist des eine.

der Gegend – aber wennst meinst. Bloß, daß dann halt ned weg is – weil solche Appartements sind gsucht in Schwabing.
TSCHARLI. Ich ruf dich an.
PICKL. Okay – wenne ned im Büro bin, bine daheim – und mei Angebot steht, gell – wennst badn willst kannst jederzeit kommen ...
TSCHARLI. Mhm.

Susi hat gerade in ihrem Jeansladen einer jungen Frau mit Kind Hosen für das Kind verkauft. Sie kassiert den Betrag und gibt dem Kind aus einer Schale noch ein Bonbon mit.
SUSI. Da – schau her – da hab' ich noch was für dich. *Zur Kundin.* Auf Wiedersehen, vielen Dank.

Kaum ist die Kundin draußen, beginnt Ruth, Susis Mutter, weiterzureden. Sie war beim Einkaufen und hat ihre Tochter besucht. Während Susi die Kundin bediente, hatte ihre Mutter in den Regalen, die voller Ware sind, herumgestöbert.

RUTH. Mir kannstas doch sagn, Susi – ich versteh des doch!

SUSI. Wenneda sag, dassa ned da war, Mama ...

RUTH. Dann kommt er bestimmt noch. Wirst schon sehen. Den treibts jetzt rum – wos jetzt aus dem Haus ausziehn müssn. Jetzt weiß er ned wo er hinsoll – da wird er dann schon irgendwann zu dir kommen. Ich kenn die Männer. Der kommt zu dir, der Tscharli und sucht an Halt, glaub mirs.

SUSI *gequält.* Jetzt hör doch auf, Mama.

RUTH. Ich sag dir des bloß, damitst vorbereitet bist. Da wirst leicht schwach als Frau, wenns am Mann schlechtgeht – und außerdem wär des nicht nett dem Günter gegenüber. Weil der meints wirklich ernst mit dir – den darfst nicht enttäuschen.

SUSI. Erstens gehts am Tscharli nicht schlecht ...

RUTH. Ich mein ja nicht finanziell – wenns des Geld kriegn vom Fischhuber, dann hat er ja auch was – aber gefühlsmäßig, werstas sehen – den treibst jetzt umeinanda.

SUSI. ... Und zweitens is aus zwischen uns. Und des wird auch nix mehr. Wenns amoi aus is dann is aus.

RUTH. Alte Liebe rostet nicht, sagt man ... Mir täts halt leid um an Günter – des hätt er nicht verdient.

SUSI *trotzig.* Des weiß ich selber – da brauch ich keine Tips von dir.

Zu Susis Glück betritt ein Kunde den Laden.

RUTH. Wennstas selber weißt – des is ja recht dann ... Pfüadi! ...

Die Kantine von Gustls Versicherung ist an diesem Nachmittag fast leer. Nur vereinzelt sitzen ein paar Versicherungsangestellte herum, die schnell einen Kaffee trinken.

An einem der Tische Gustl und Tscharli. Gustl hat es sichtlich eilig, hastig stürzt er eine Tasse Kaffee hinunter.

GUSTL. Ja ... is irgendwas Bestimmtes was du mit mir bereden willst? Mir pressierts nämlich – ich muß gleich wieder ins Büro nauf, weil ich eine Besprechung hab'.

TSCHARLI. Naa – nix direkts ... eigentlich. Mir müssen ja jetzt ausziehn, das weißt ja. Ich such jetzt a Wohnung und an Tschob, verstehst ... und da hab' ich denkt, mir redn da mal drüber, was du so meinst.

GUSTL. Des is blöd – weils ma jetzt pressiert.

TSCHARLI. Dann hol ich dich um fünfe ab wenns Büro aus is – dann gehn mir irgendwohin und dann könnma in Ruhe redn.

GUSTL. Des is blöd – weil – ich wohn ja jetzt mit der Inge zamm, des weißt ja – und sie kocht immer aufd Nacht – und wenne da ned komm – weiß ja, wie Frauen da so sind.

TSCHARLI. Jaja – klar. Ich wollt nämlich mir dir redn – weil ich beim Peter war ...

GUSTL. Was willstn mit dem Schlawiner?

TSCHARLI. Wega a Wohnung, verstehst – aba er macht jetzt so kleine Immobilien nimmer. Mir ham uns dann was angschaut was ihm selber ghört – in Schwabing.

GUSTL *steht auf, trinkt den letzten Rest Kaffee im Stehen.* Hhm ...

TSCHARLI. Dann hat er mir auch a Angebot gmacht wega am Tschob – da wollt ich mit dir redn was du meinst – überhaupt – verstehst ...

GUSTL. Du entschuldige – aba ich muß jetzt wieder nauf – wie machman des? ...

TSCHARLI. Wennst du keine Zeit hast ... is klar.

GUSTL. Naa, Schmarrn – da redn mir scho drüber – kannst ned morgn zu uns kommen – aufd Nacht – de Inge kocht was – dann lernstas gleich kennen – und dann bereden mir alles – magst?

TSCHARLI. Okay – Tschau ...

Gustl geht eilig weg – Tscharli bleibt noch sitzen, starrt in seinen Kaffee – zündet sich eine Zigarette an ...

Vor dem Haus Häusler steht der Möbelwagen fertig gepackt. Die Türen des Möbelwagens werden geschlossen. Die Packer setzen sich ins Führerhaus und warten.
Eder steht vor dem Haus mit seiner Frau und Heinrich. Sie verabschieden sich von Oma Häusler und Tscharli. Oma und Tscharli haben ihr gutes Gewand angezogen, weil sie anschließend einen Termin im Altersheim haben.
EDER. Mir passn scho auf auf ihn –
Heinrich, um den es sich handelt, steht gerührt daneben.
EDER. Da könnens sich drauf verlassen. Und mir sin ja ned aus der Welt ...
FRAU EDER. Mir freun uns, wenn sie uns bsuchen – kommens nur recht bald!
EDER. Auf Wiedersehen – alles Gute, gell. *Man reicht sich die Hände.*
OMA. Auf Wiedersehn – Herr Eder. Wiedersehn.
TSCHARLI. Auf Wiedersehn.
HEINRICH *gibt der Oma die Hand – er kann kaum sprechen.* Danke ... danke für alles.
Heinrich nimmt Omas Hand in beide Hände. Der Oma wird es allmählich zu sentimental.
OMA. Ahgeh! Für was denn?!
HEINRICH. Für alles – für alles Dank.
OMA. Mir sehn uns ja – ich bsuch Sie dann und Sie können mich ja auch bsuchen. Wiedersehn, Herr Heinrich.
TSCHARLI. Wiedersehn.
Die Oma und Tscharli gehen die Straße hinunter. Herr Heinrich steht noch einen Augenblick mit seinem Geigenkasten da und schaut den beiden nach.

Das Altersheim, das Tscharli und die Oma besichtigen, ist peinlich sauber – hell und freundlich. Auch von innen kann man erkennen, daß es sich um einen hochmodernen Bau handelt, der erst vor kurzem erstellt wurde.

Die Oma und Tscharli werden von der Schwester Oberin, der Leiterin des Heimes, herumgeführt. Freundlich grüßt sie die Bewohner des Heims, die ihr entgegenkommen. Achtungsvoll erwidern diese den Gruß.

OBERIN *zur Oma.* Zuerst zeige ich Ihnen Ihr Zimmer – das wird Sie sicherlich am meisten interessieren.

OBERIN *bleibt vor einer Tür am Gang stehen, schließt auf.* Bitte sehr, Frau Häusler.

Oma und Tscharli gehen in das Zimmer.

TSCHARLI. Des is ja ganz leer.

OBERIN. Sie können Ihre eigenen Möbel mitbringen.

TSCHARLI. Groß is ned.

OBERIN *freundlich belehrend.* Es ist ausreichend. Man hält sich ja nicht den ganzen Tag im Zimmer auf.

Die Oma mustert den Raum, nickt.

TSCHARLI. Kamma da wo kochen?

OBERIN. Das Essen wird gebracht – für kleinere Gerichte – Tee, Kaffee – gibt es eine Teeküche.

Oma Häusler geht zum Fenster – schaut hinaus.

OBERIN. Man schaut hier überall ins Grüne – das beruhigt die Nerven ...

Als nächstes besichtigen sie den Theatersaal. Die Oberin öffnet die Tür. Die Oma wirft einen Blick in den Saal, der sehr modern ausgestattet ist. Rotgepolsterte Stuhlreihen – eine Bühne.

OBERIN. Der Theatersaal.

TSCHARLI. Was wird da gspielt?

OBERIN. Wir haben jeden Monat die verschiedensten Aufführungen.

TSCHARLI. Wer spielt da, zum Beispiel?

OBERIN. Die Laienspielgruppe des Polizeipräsidiums – Schüleraufführungen, Lichtbildervorträge.

TSCHARLI. Muß man da hingehen?

OBERIN. Niemand muß hier irgend etwas. Am nächsten Dienstag zum Beispiel zeigt Herr Kaplan Althäusler Dias über seine Priesterweihe und Primiz.

TSCHARLI. Aha ...

Nachdem sie noch den Fernsehraum, die Kapelle, das Bräustüberl und den Park gesehen haben, gehen die Oberin, Oma und Tscharli einen anderen Gang entlang, dessen Wände mit fröhlich bunten Mosaiken belegt sind. An einer Ecke bleibt Tscharli vor einer Wandtafel stehen – eine Art schwarzes Brett, auf dem verschiedene Anschläge angebracht sind. Oma und Oberin gehen weiter. Tscharli überfliegt die Anschläge. Eine Karte mit einem Sinnspruch, die ihn besonders fasziniert, steckt er ein, nachdem er sich vergewissert hat, daß niemand ihn dabei sieht. Dann läuft er hinter der Oma und der Oberin her.

Die Oma deckt den kleinen Tisch auf dem Küchenbalkon ihrer Wohnung zum Abendessen. Tscharli kommt in die Küche – er hat sich umgezogen.
OMA. Ißt du nix?
TSCHARLI. Der Gustl hat mich eingeladn.
Die Oma setzt sich an den Tisch – auch Tscharli setzt sich für einen Moment. Er schaut in den Hof hinaus, der ziemlich still ist.
TSCHARLI. Was sagstn so?
OMA. Zu was?
TSCHARLI. Wegen dem Altenheim?
OMA *zögert einen Moment mit der Antwort.* Mei – des kamma ned vergleichn mitananda.
TSCHARLI. Des stimmt ...
OMA. Man kann nicht sagn, daß ned schön is ...
TSCHARLI. Des kamma einfach ned vergleichn.
OMA. Da kamma sich auch dran gwöhnen.
TSCHARLI *besorgt.* Meinst schon?
OMA. Doch doch.
Tscharli greift in die Tasche seiner Jacke – holt die Karte heraus mit dem Sinnspruch, die er in dem Heim mitgenommen hat. Er liest den Spruch für sich durch – muß lachen.
Oma. Was is?
TSCHARLI *liest vor.* Wer morgens dreimal schmunzelt,

Wer morgens dreimal schmunzelt ...

mittags nicht die Stirne runzelt, abends singt, daß alles schallt, der wird hundert Jahre alt ...
OMA. Wo hastn des her?
TSCHARLI. Des war an der Tafel ghängt.
OMA. Zeig her.
Tscharli gibt der Oma die Karte.
OMA *setzt ihre Brille auf und liest.* Wer morgens dreimal schmunzelt, mittags nicht die Stirne runzelt, abends singt, daß alles schallt, der wird hundert Jahre alt ...
Die Oma schaut Tscharli an, runzelt die Stirn, beide müssen lachen ...

Gustls Wohnung ist eine Eineinhalb-Zimmer-Mansarde in einem Neubau. Von einem schmalen Gang gehen Bad und Küche ab – die Küche hat noch einen Durchgang, der in den kombinierten Wohn-Schlafraum führt. Die Möblierung ist – wie bei vielen jungen Paaren mit wenig Geld – improvisiert. Es

gibt einen Eßtisch, eine Sitzecke mit einer Couch, auf der auch geschlafen wird, ferner ein paar Korb- und Plastikmöbel.
An den Wänden hängen Plakate und Zeichnungen, die von Inge, der Freundin Gustls, stammen.
Man hat gerade gegessen – Tscharli und Gustl sitzen am Tisch – Inge beginnt abzuräumen.
INGE. Hats euch gschmeckt?
GUSTL. Sehr gut wars.
INGE *zu Tscharli.* Hats Ihnen nicht gschmeckt?
GUSTL. Sag halt Tscharli zu ihm – oder, Tscharli?
TSCHARLI. Jaja – logesch ...
INGE. Also Tscharli, hats dir gschmeckt?
TSCHARLI. Jaja – sehr gut wars – ganz gut.
INGE. Jetzt mach ich euch noch einen Kaffee – dann könnts reden.
GUSTL. Magst an Kaffee? Sie macht an sehr guten Kaffee.
TSCHARLI. Ja – wegen mir ned ...
INGE. Ist gar kein Problem. Setzts euch da hinüber! ... *Sie deutet auf die Sitzecke.* Ich mach den Kaffee und ihr könnts inzwischen reden.
TSCHARLI. Mir können ja da sitzenbleibn.
INGE. Da drübn ist es gemütlicher – ich räum gleich die Sachen weg.
Auf der Couch liegen eine Mappe mit Graphiken, diverse Zeichnungen, Papier etc.
GUSTL. Ich machs schon.
INGE. Laß, laß! Das sind Entwürfe. Ich mach das schon.
Tscharli steht auf – etwas irritiert.
GUSTL. Sie ist Graphikerin – weißt, bei am Werbebüro.
INGE. Public-relation-Firma.
TSCHARLI. Aha ...
GUSTL *deutet auf die Kunstwerke an den Wänden.* Des is ois von ihr.
TSCHARLI. Aha ...
INGE. Ach – das sind alte Sachen. Ich mach jetzt ganz andere Sachen. Interessierst dich für sowas, Tscharli?

TSCHARLI. Ja ... schon ...
INGE. Ich zeig dir dann später meine neue Mappe – wenns dich wirklich interessiert. – Interessierts dich wirklich?
TSCHARLI. Logesch.
INGE. Jetzt mach i den Kaffee – dann könnt ihr reden.
Sie schwirrt durch den Durchbruch in die Küche ab. Als Tscharli sich eine Zigarette anzündet und das Streichholz auf eine Schale am Tisch legen will, mahnt Inge, die von der Küche aus alles mitkriegt und alles im Auge hat, ihren Freund.
INGE. Gustl! Einen Aschenbecher!
Gustl steht auf, sucht nach einem Aschenbecher – aber Inge bringt ihn gleich selbst.
INGE. Wir rauchen nämlich nicht mehr, weißt du.
TSCHARLI *schaut Gustl an – lächelt.* Du rauchst nimmer?
GUSTL. Sie vertragt den Rauch nicht.
Tscharli schaut irritiert auf seine Zigarette – Inge wedelt mit der Hand in der Luft.
INGE. Laß nur – bei Gästn störts mich nicht. Es ist nur – in der kleinen Wohnung – wir schlafen ja da herin. Ich mach das Fenster ein bißchen auf.
Auf dem Weg zur Küche öffnet Inge das Fenster.
GUSTL. Also – du warst beim Peter ...
TSCHARLI. Ja ... des heißt ... ich hab' ihn angerufen, weil ich doch a Wohnung such und ...
INGE *aus der Küche.* Welcher Peter?
GUSTL. Den kennst du ned.
INGE. Der Peter Schreier?
GUSTL. Der Peter Schreier doch ned – der Peter Pickl.
INGE. Kenn ich den?
GUSTL. Naa. *Zu Tscharli.* Ja, und hat er dann a Wohnung ghabt?
TSCHARLI. Ja – jetzt paßt auf! Ich ruf in seim Büro an, da sagt mit eine Frau, die ich nicht kenn, daß er sein Büro jetzt woanders hat. Ich laß mir die Nummer gebn – ruf dort an – da war er aa ned, sondern daheim. – Und weißt wo der jetzt wohnt?
GUSTL. Wo?

Inge. Gustl?
Gustl. Was denn?
Inge. Jetzt hast du die elektrische Kaffeemühle doch nicht repariert.
Gustl. Ich hab' dir doch gsagt – du sollst an gemahlenen Kaffee kaufen.
Inge. Du hast gesagt, daß du sie reparierst.
Tscharli. Mir brauchen doch jetzt kein Kaffee.
Gustl. Ich machs schon. Nimm die alte derweil!
Inge *bringt eine alte Handmühle.* Ich kann das nicht.
Gustl *beginnt Kaffee zu mahlen. Zu Tscharli.* Wo wohnt er jetzt?
Tscharli. Der wohnt jetzt in Grünwald in einer Villa – mit Swimmingpool – wie ich hinkommen bin, erzählt er mir gleich, wie schlechts ihm geht.
Gustl mahlt so laut, daß er Tscharli nicht ganz richtig versteht.
Gustl. Was?
Tscharli verstummt.
Gustl. Moment.
Gustl bringt die Kaffeemühle in die Küche – kommt wieder zurück, setzt sich.
Gustl. So.
Tscharli. Und wie ich ihn dann nach einer Wohnung frag, stellt sich heraus, daß er in einem Appartementhaus in Schwabing, verstehst, wo ...
Inge. Wartet doch einen Moment – ich bin gleich fertig.
Gustl. Wart a bissl – sonst mußt alles noch amal erzähln. Sie kommt ja gleich.
Tscharli zieht an seiner Zigarette – schaut Gustl an. Gustl zuckt die Achseln. Tscharli grinst.
Tscharli *leise.* Können mir ned schnell – bloß auf a Stund, gemma irgendwohi – trinkma was und redn a bißl. Bloß a Stund.
Inge *erscheint in dem Durchbruch zum Wohnzimmer mit einem süßen Lächeln auf den Lippen und gar nicht so bös – eher neckisch gemeint.*

Was haben die Herren da zu flüstern? Hm?
GUSTL. Der Tscharli hat gmeint, ob mir noch schnell noch wo hingehn – auf a Stund – bloß.
INGE *fühlt sich eingeladen.* Find ich eine prima Idee – wohin? Aber nichts wo ich mich jetzt noch umziehn muß... bitte! Überlegts euch was Nettes – bin gleich fertig.
Inge verschwindet, als der Wasserkessel zu pfeifen beginnt. Tscharli und Gustl schauen sich an.
TSCHARLI *schaut auf die Uhr – wie zufällig.* Sag amoi – kann des sein, daß scho zehne is?
GUSTL *begreift.* Mußt gehn?
Tscharli nickt – schaut in die Küche. Die Luft scheint rein zu sein. Er steht auf und schleicht zur Tür – Gustl mit ihm. An der Tür verabschieden sich die beiden. Tscharli deutet in Zeichensprache an, daß er Gustl anrufen wird. Gustl nickt.
GUSTL *leise.* Ich kann nix dafür – bist mir ned bös?
Tscharli schüttelt den Kopf und schon ist er draußen. Gustl geht in den Wohnraum zurück. Inge kommt mit dem Kaffee aus der Küche – stutzt.
INGE. Was ist denn los? Wo ist er denn?
GUSTL. Er hat wegmüssen.
INGE *empört.* Ja – sag mal – der kann doch nicht einfach weggehn – einfach so!
GUSTL. Kanna scho – der Tscharli kann des scho.
INGE. Des soll dein bester Freund sein – von dem du mir die großen Sachen erzählt hast?! Nette Freunde hast du.
GUSTL *leise vor sich hin.* Ghabt.
INGE. Wie bitte?
GUSTL. Nix.
Gustl setzt sich, gießt sich Kaffee ein...

Tscharli steht vor Susis Haus. Schaut nach oben – in Susis Zimmer brennt Licht. Er zögert – holt eine Münze aus der Tasche – wirft sie hoch – fängt sie auf – schaut. Dann geht er in das Haus.
Oben läutet er an der Klingel zu Susis Wohnung. Es dauert

einen Moment – dann öffnet Susi. Sie hat einen Morgenrock an.
SUSI. Tscharli …
TSCHARLI. Servus …
SUSI. Ja …
TSCHARLI. Hast schon gschlafn?
SUSI *zögernd.* Naa …
Im Hintergrund sieht man die Tür zu Susis Zimmer offenstehen. Im Bett liegt ein junger Mann. Tscharli sieht ihn – und der junge Mann sieht ihn.
Susi geht zu der Zimmertür und schließt sie.
TSCHARLI. Is des der Günter?
SUSI. … Ja …
TSCHARLI. Aha …
SUSI. Is irgendwas?
TSCHARLI. Was soll sein?
SUSI. Wennst vorher angrufn hättst …
TSCHARLI. Was wär dann gwesn?
SUSI. Ja … ja … dann hätt ich gwußt, daß du kommst.
TSCHARLI. Des war bloß so a Idee von mir – Tschau!
SUSI. Tschau …
Beide bleiben trotz Verabschiedung noch stehen.
SUSI. Wo ziehstn hin?
TSCHARLI. Nach Schwabing.
SUSI. Meldst dich mal?
TSCHARLI. Schaumamoi … Jetzt geh nei – sonst verkältst dich.
Tscharli küßt Susi flüchtig auf die Wangen – dann geht er die Treppen hinunter. Susi schaut ihm nach – Tscharli hebt kurz mit einem Lächeln die Hand – grüßend und verabschiedend zugleich. Susi geht in ihre Wohnung zurück.

Vor dem Haus Häusler steht wieder der Möbelwagen. Einer der Packer kommt aus der Haustür und hat noch diverse kleinere Einrichtungsgegenstände unter dem Arm. Er reicht sie seinem Kollegen, der im Wagen steht und die einzelnen Möbelstücke festbindet.

Man erkennt dabei, daß es sich um das Mobiliar der Häuslers handelt. Der Packer, der im Wagen steht, will die Gegenstände, die ihm sein Kollege reicht, vorne bei der Tür verstauen.

1. PACKER. Ned da vorn! Hint hi! Mir fahrn doch zerst in das Altersheim.

2. PACKER. Des sagst du mir jetzt?!

1. PACKER. Wieso?

2. PACKER. Weile jetzt ois anders rum neigricht hab'. Altersheim hint und Schwabing vorn.

1. PACKER. Denkda nix – weil mir ham no a vui größers Problem.

2. PACKER. Was?

1. PACKER. Weile jetzt grad ghört hab', daß des bloß a Einzimmerappartement is in Schwabing – und des im Altersheim is aa bloß oa Zimmer – und des was mir jetzt aufgladn ham san Möbel für mindestens vier Zimmer – merkst was?

Die beiden Packer schauen sich an – dann läßt der zweite seinen Blick über die Menge des Mobiliars schweifen.

2. PACKER *ernsthaft und trocken.* Des geht ja gar ned...

1. PACKER *genauso ernsthaft.* Des geht nia ned...

2. PACKER *überlegt.* Jedenfalls gehts nicht nebeneinanda...

1. PACKER. Und überananda täts auch nicht gut ausschaun...

2. PACKER. Des tat ja greislich ausschaun – oa Schrank überm andern.

1. PACKER. Des ging nur wenns lauter Hängeschränk wärn...

2. PACKER. Genau – dann gings... vielleicht... Aber so gehts nicht...

Die Oma und Tscharli kommen die Treppe herunter. Tscharli trägt noch verschiedene Plastiktüten – prall gefüllt mit allem möglichen Kleinzeug. Die Oma hat eine Zimmerpflanze im Arm.

Auf einem Treppenabsatz bleibt sie plötzlich stehen.

Mir is als wie wenn mir was vergessen hätten.

TSCHARLI *dreht sich um.* Was is?
OMA. Hamm mir nix vergessen? Mir is als wie wenn mir was vergessen hätten.
TSCHARLI *überlegt.* I schau nomoi nauf...
Er stellt die Tüten ab und läuft die Treppen zur ehemaligen Wohnung hinauf. Die Oma bleibt am Treppenabsatz stehen, stellt die Pflanze ab und schaut aus dem Fenster in den Hof. Oben geht Tscharli durch die Zimmer der Wohnung, die jetzt völlig leer sind, so daß jeder Schritt hallt. In seinem Zimmer bleibt er etwas länger – schaut sich um. Sein Blick fällt auf ein Fenster, das halb offen steht. Mechanisch geht er darauf zu und schließt es.
TSCHARLI. Glump!
Dann verläßt er die Wohnung. Am Treppenabsatz nimmt er die Tüten wieder auf, die Oma ihre Pflanze, und so gehen die beiden zum letzten Mal die Treppen des alten Hauses hinunter in den Gang, der zur Haustür führt.
OMA. Hast überall gschaut?
TSCHARLI. Überall.
OMA. Mir kommts trotzdem vor, wie wenn mir was vergessn hättn.
TSCHARLI. Mir auch...
Die beiden gehen zur Tür hinaus und steigen in den Möbelwagen, der sich langsam in Bewegung setzt...